DEA를 통한 지방행정 정보화

DEA를 통한 지방행정 정보화

김 건 위 著

한국학술정보(주)

책 머리에

박사논문을 끝내고 나니 후련하다는 생각보다는 아쉬움이 많이 남게 됩니다. 이번 박사논문을 쓰면서 논문의 내용보다 더욱 소중히 얻은 것이 있다면 심사과정에서의 교수님들과의 발전적 토론이었던 것 같습니다. 그러나 이에 상응한 제 노력의 부족으로 내용이 많이 만족스럽지 못하다는 생각은 지울 수 없습니다.

하지만 이러한 글이 나오기까지 저를 위해 많이 애써주신 분들이 계십니다. 무엇보다 지도교수님이신 정윤수 교수님께 감사드립니다. 정윤수 교수님에 대해선 靑出於藍이라는 한자성어는 저에게 장차 해당되지 않을 것 같습니다. 정윤수 교수님께서는 따뜻한 가슴과 냉철한 이성, 그리고 무엇보다도 제자를 사랑하시는 마음으로 저를 위해 기도해주시는 애정이야말로 계속되는 학업에 있어 배워야 할 점이라 생각됩니다. 다음으로 제가 학위를 취득하기까지 많은 분들이 도움을 주셨습니다. 학교 선배님으로 때론 엄한 교수님으로 한국적 행정을 몸소 실천하시는 김병훈 교수님, 수업 때 엄하시지만 돌아서면 따뜻이 맞아주시는 박천오 교수님, 항상 인자하시고 좋은 말씀주시는 서성원 교수님, 제 앞길을 걱정해 주셔서 항상 염려해 주시는 선정원 교수님, 논문을 쓰면서 지방자치에 대해 많은 부분을 도와주신 임승빈 교수님과 프로포절때부터 조언을 아끼지 않으신 주재현 교수님께 감사를 드립니다. 또한 힘들 때마다 저를 위해 기도해주시는 김성철 교수님, 그리고 매번 뵐 때마다 조언을 잊지 않으셨던 조일호 차관님. 이 분들의 고마움이 없었다면 이 논문이 나오기는 힘들었을 것입니다. 또한 박사논문을 심사하면서 밤늦게 까지 논문을 읽고 문장을 다듬어 주시고 통계적 남용에 대해 조언을 아끼지 않으신 김현성 교수님, DEA의 한계와 발전방향을 제시해 주신 윤경준 교수님, 그리고 박사과정 중에 항상 친형처럼 따뜻한 감동과 가르침을 주신 김태진 교수님께 진심으로 감사를 드립니다.

이론으로만 배우던 행정을 현장과 접목시키는 데 도움을 주신 분들이 계십니다. 강남구 ISP를 하면서 시스템적 사고와 System-Dynamics의 방향을 제시해 주신 충북대학교 경영정보학과의 김상욱 교수님, 강남구 ISP에서 뿐만이 아니라 CEO의 참모습을 보여주신 (주)솔리데오시스템즈 김숙희 대표이사님께 감사를 드립니다.

업무상 만남으로 시작되었지만 이제는 친형 이상의 사이가 된 세 명의 고마운 분들이 계십니다. 행정자치부의 자치정보화담당관실 임진영 선생님, 동양문화의 이성재 차장님, 그리고 자치정보화지원재단 연구원 시절 때 기초자치단체 정보화수준측정을 마무리하면서 따뜻한 인간애를 보여준 이준철 책임연구원님께 감사의 말씀을 드립니다.

학문의 길로 정진토록 지속적인 조언과 아낌없는 사랑을 주신 선배님이 계십니다. 신용식 박사님께 감사의 말씀을 드립니다. 신용식 선배님과 함께한 7년이란 어찌보면 짧지 않은 기간동안 나누었던 많은 얘기와 토론의 시간은 제가 한층 성숙될 수 있었던 좋은 기회였습니다. 선배님께서 하시는 모든 일이 잘 되시기를 진심으로 바랍니다. 힘든 학업 중에서도 많은 도움을 주신 이재성 박사님께도 감사의 말씀을 드립니다. 또한 희노애락을 같이 하며 즐거운 마음으로 연구를 했던 후배 용기, 병주, 성훈, 태웅, 광호, 진주에게 감사의 말을 전합니다.

제가 여기까지 이르게 된 데에는 부모님의 헌신적인 희생과 사랑이 없었다면 생각지도 못했을 것입니다. 항상 저를 걱정을 하면서도 강한 사람이 되도록 이끌어 주신 아버님 그리고 어머님께 감사드립니다. 또한 매형과 누님 그리고 동생 상연의 애정이 없었다면 좋은 결과는 기대하기 힘들었을 것입니다. 또한 중국의 역사와 철학적 사고를 가르쳐주신 장인어른과 아프신 몸에도 내 아들 준범을 길러내신 장모님께 진심으로 감사의 말씀을 드립니다. 준범을 위해 휴학까지 해서 이제는 어엿한 사회인이 된 처제와 따뜻한 마음을 지닌 처남에게 감사를 드립니다. 무엇보다도 공부하는 남편

을 위해 힘든 직장생활을 하면서 일체의 힘든 내색조차 않고 뒷바라지에
전념한 아내 신기에게 모든 영광을 바치고 싶습니다. 아내의 헌신적이고
각고의 노력이 없었다면 박사학위 취득은 힘들었을 것입니다. 남몰래 눈물
흘리고 힘겨워하였지만 사랑하는 아들 준범과 있을 때 행복한 표정을 짓는
신기에게 감사를 드리며 이 논문을 바칩니다.

2006년 3월
김 건 위

목 차

표 차례

그림 차례

제1장 서 론

제1절 문제의 제기

IMF경제위기 이후 우리나라는 행정부문의 생산성을 높이기 위해 다양한 작업이 진행되어 왔다. 그 동안 제시된 공공부문 생산성 향상을 위한 방안들의 핵심은 공공부문 운영·관리의 중점을 기존의 '투입에 대한 통제 및 절차의 준수여부'로부터 '성과중심'으로 전환하는데 있었다. 성과중심은 할당된 재원을 정해진 절차에 따라서 사용하였는지, 어느 정도의 성과를 가져왔는지에 대한 평가가 전제되어야 하는 것으로, 제대로 된 평가가 이루어지지 않은 상태에서는 공공부문 생산성 향상이라는 소기의 목적을 달성하는 것은 쉽지 않다.[1]

공공부문 운영의 중점을 성과위주로 전환하여 성과의 높낮이에 따라 차별적 보상을 함으로써 효율성을 향상시킨다고 할 때, 가장 중요한 전제는 성과에 대한 적절한 평가여부가 될 것이다. 특히 정보화분야에 있어서는 정보화투자에 따른 성과는 대부분 눈에 보이지 않는(invisible), 무형적

---

[1] 정보화와 생산성의 관계에 대한 논의는 1980년대 후반부터 활발해지기 시작하여 2000년대에 많은 연구가 이루어지고 있다. 이 입장은 두 부류로 나누어지는데 하나는 정보화가 생산성 향상에 공헌하지 못했다는 입장이며, 다른 하나는 정보화로 인해 생산성이 향상되었다고 보는 입장이다(김기환·정명주, 2003). 그 가운데 이윤식·오철호(1998)는 공공조직에서의 정보화와 생산성에 초점을 맞추어, 조직과 관련한 매개변수인 정보화에 대한 조직의 순응도와 조직의 규모 등을 같이 고려함으로써 정보화와 조직생산성의 관계를 분석하였다. 그들의 연구결과 조직의 크기는 정보화와 정부생산성관계에 별 영향을 미치지 않았으나, 조직의 정보화에 대한 순응도는 양자의 관계에 영향을 주고 있음을 증명하고 있다.

(intangible) 성격이 짙어 투자 대비 이익을 계량화시켜 제시하는 데 어려움이 존재한다. 따라서 대부분의 조직에서 정보화투자에 따른 성과측정이 이루어지지 못하고 있다고 볼 수 있다(전자신문, 2003.4.17). '솔로우의 역설'과 같이 IT투자가 조직의 성과로 이어진다는 점을 통계적으로 확인하기도 어려운 게 사실이다(전자신문, 2003. 5. 2).[2] IT분야 투자성과의 정확한 측정을 위해서는 무엇보다도 IT가 조직의 목표 및 전략 달성과 업무성과 향상에 어느 정도 관계가 있고 어느 정도 기여했는지에 대한 접근이 이뤄져야 할 것이다. 그렇다면 IT성과평가의 올바른 접근방향과 개선책을 제시하는 것이 학문적 연구과제라 할 수 있을 것이다.

우리나라에서는 국가정보화를 위한 여러 구상들이 중앙정부 차원에서 계획·실행되어 왔고, 분야에 따라서는 어느 정도 성과를 거두었다고 판단된다. 그러나 지방정부는 아직까지 상대적으로 행정정보화를 체계적으로 추진하지 못하고 있는 실정이다(김숙희·김건위, 2000). 이는 독자적인 지방자치단체 행정정보화의 추진전략에 관한 연구가 시급함에도 불구하고, 기존의 연구방향은 중앙정부 차원의 정보화에만 집중적으로 이루어져 왔기 때문으로 볼 수 있다. 지방정부의 정보화에 관한 연구가 있지만 대부분 논의의 초점을 광역자치단체의 정보화에 두고 있다. 또한 기초자치단체 정보화에 관련된 연구의 경우도 정보시스템구축에 관련된 기술적 요인에 국한하여 왔을 뿐 성과에 관한 논의는 거의 이루어지지 못하였다.

우리나라 정보화는 단기간에 많은 성과와 발전을 이루고 있는 것으로 보인다. 하지만 실제 정보화에 대한 평가, 특히 대민접점에 있는 기초자치단체의 정보화분야 성과측정은 여러 가지 지표를 가지고 점수를 종합하는 지표체계방식을 적용하고 있다. 때문에 투입 대비 원하는 효과가 나타나고 있는지의 여부를 측정하는 데 일정한 한계가 있을 수 있다. 가령 정보화의

---

2) 생산성역설에 자주 인용되는 Solow의 유명한 표현인 "You can see the computer age everywhere except in the productivity statistics"에 잘 나타나 있다(Solow, 1987).

기반이 되는 N/W, H/W, S/W 등의 보급정도에 따라 성과를 평가할 경우 그 자체로도 의의는 있지만 조직의 내적 정보화활용 제고를 통해 조직 외적인 대국민 서비스 향상이 이루어졌는가를 판단하기는 어렵다.

따라서 기초자치단체의 정보화가 효과적으로 진행되고 있는가를 진단하기 위해서는 새로운 방법을 모색할 필요성이 제기된다. 공공부문은 민간부문과 달리 산출물이 무형적인 경우가 많고 또한 모든 변수를 포함시키는 절대적 측정보다는 상대적으로 측정이 용이한 상대적 측정이 유용할 때가 많다. 상대적 비교를 통해 해당 기관이 비효율적으로 나타났을 때 그 원인을 파악하여 정책 대응을 할 수 있도록 정책적 함의를 제시한다면 공공부문의 성과측정의 곤란성을 어느 정도 해결할 수 있을 것이다. 이러한 문제의식 하에 본 연구에서는 기초자치단체를 중심으로 새로운 접근방법을 적용시켜 보고자 한다. 그 이유는 행정부문의 구체적인 정보통신망 활용사업이나 정보화계획은 중앙정부보다 지방자치단체 단위로 진행되고 있으며, 특히 기초자치단체는 대민접점의 위치에서 주민과 가장 밀접한 관련을 맺고 있기 때문이다.

제2절 연구의 목적

지방자치제도의 부활과 함께 정부의 행정서비스 수요는 더욱 늘어났으며, 지방자치단체는 이에 대한 대응성을 높이기 위해 새로운 정보기술을 행정에 도입하여 활용하고 있다. 정보시스템의 도입과 활용은 행정의 효율적인 운영, 의사결정의 투명성 및 효과성을 제고할 뿐만 아니라 지방자치단체가 지향하는 행정의 능률향상 및 대주민 편의성 증진에도 유용한 수단으로 평가되고 있어 그 확산의 속도는 더욱 빨라질 것으로 보인다.

현재 중앙 및 지방정부는 전자정부 조기 정착을 위한 각종의 정보화정책을 개발하여 사업을 적극 추진하고 있으며, 특히 기초자치단체는 직접적으로 주민에게 서비스를 제공하는 지역정보화의 추진주체로서의 역할을 요구받게 됨에 따라 정보화의 중요성이 크게 부각되고 있다.[3] 따라서 대민접점에서 지역주민에게 영향력이 지대한 기초자치단체의 정보화 정책이 원하는 성과를 달성하고 있는지의 여부를 평가할 필요성이 제기된다. 이러한 평가의 중요성에도 불구하고 현행 평가제도는 다음과 같은 문제점들을 가지고 있다.

첫째, 주어진 목표를 얼마나 충실히 이행하였는가는 중요하게 평가되고 있으나 얼마만큼의 자원을 사용하여 그 목표를 달성하였는가는 평가되지 않을 가능성이 있다. 즉 투입과 산출의 연계에 의한 평가가 이루어지지 않을 수 있다.

둘째, 가중치 배분에 있어 정보화사업 주체간의 비교가능성을 감소시키고 아울러 전체의 성과를 파악하지 못하는 단점을 지닐 수 있다. 다시 말해, 각 지방자치단체 정보화의 평가는 통일된 평가지표에 따라 가중치를 부여하여 평가하기 때문에 한 자치단체의 절대적 평가는 가능하나, 평가결과가 우수한 자치단체와 그렇지 못한 자치단체를 비교하여 성과에 따른 자치단체간 경쟁을 유도할만한 평가체계를 갖추고 있는지에 대해서는 한계가 있다. 각 평가지표의 가중치에 따른 점수를 단순합계하여 총점을 계산하는 방식은 부분별 지표에 의한 부분별 추진상황은 파악할 수 있지만, 전체로서의 정보화의 성과를 측정하는 데는 한계가 있다.

따라서 지방자치단체가 수행하고 있는 정보화를 상대적인 관점에서 비

---

[3] 정보화를 통해 모든 서비스는 홈페이지를 통한 단일창구에서 해결이 가능해지고 있다. 즉, 해당 자치단체의 홈페이지에 접속하지 않더라도 정부의 포털사이트를 통해 민원문제의 해결이 가능해져서 극단적으로 보면 정보화는 지방자치와 trade-off의 관계를 가질 수도 있다. 본 연구는 이와 관련한 깊이 있는 논의는 하지 않지만 정보화를 추진하기 위해서는 기초자치단체의 정보화가 어느 정도의 수준에 도달해야 하며, 일정수준에 도달하는 과정에서 효율적으로 추진될 수 있는 정책함의를 제시하는데 의의를 두고자 한다.

교하여 우수한 자치단체의 사례를 그렇지 못한 사례와 대비시킴으로써 효율적 진행을 위한 준거틀을 형성할 수 있는 평가체계의 새로운 도입이 필요하다. 즉, 부분별 지표의 단순합계식 평가가 아니라 복수의 투입과 산출요소를 동시에 포괄하여 전체적인 성과를 파악할 수 있는 평가방법의 도입이 필요하다.

결국 현행 정보화의 평가방식이 갖는 문제에 대한 검토와 아울러 문제점이 있다면 이를 보완해 줄 수 있는 새로운 평가방법의 도입을 검토하는 것이 필요하다. DEA는 이러한 문제점을 시정할 수 있는 대안적 평가방법으로 특히 유용하다고 할 수 있다. DEA는 단순한 목표의 달성도가 아니라 목표달성과 관련된 투입요소를 분석적으로 고려할 수 있다. 또한 평가지표별로 상이한 복수의 투입과 산출요소를 특정한 가중치를 부여하지 않고 동시에 평가모형에 포함시킬 수 있고, 측정대상이 되는 유사조직들간의 비교를 통해 상대적 효율성을 측정함으로써 다른 측정방법들이 제공해주지 못하는 유용한 관리정보를 추가적으로 제공한다. 따라서 산출요소의 결합이 쉽지 않은 공공부문의 효율성을 용이하게 측정할 수 있다.

본 연구는 기존 연구의 한계를 보완하면서 지방자치단체의 정보화 효율성 향상과 관련하여 좀 더 유용한 정보를 제공하고자 다음과 같은 수행체계로 구성한다.

첫째, 자치단체별 특성차를 고려한 가중치를 찾아내어 결과의 객관성을 확보하는 방법으로 자료포락분석(Data Envelement Analysis: DEA)[4]의 기본모형을 변형시킨 모형을 적용한다. 이를 통해 차이가 발생할 시 기존방식과 DEA방식간의 차이가 나타나는 원인을 검증하고 기존 지방자치단체의 정보

---

4) DEA는 김용(1990), 자료포락분석(곽영진, 1993), 자료봉합분석(홍한국, 2000) 등으로 각기 다르게 번역되어 사용되고 있어 경영학과 행정학에서의 용어상의 통일을 보지 못하고 있다. 하지만 행정학 분야에서는 정윤수(1995)의 연구가 「정책분석평가학회보」에서 공식적으로 '자료포락분석'이라는 용어를 사용한 이후, 후속 연구들이 '자료포락분석'이라는 용어로 통일되어 사용하고 있기 때문에 본 논문에서는 자료포락분석 또는 DEA로 통일해서 사용하고자 한다.

화수준평가 내지는 정보화사업평가의 대안적 방법으로 DEA의 활용가능성을 검토한다.

둘째, 기존의 기초자치단체 평가방식은 시군구를 하나로 묶어 평가를 진행하고 있다. 이러한 평가방식은 개별 시군구의 상황이 서로 다르다는 사실이 무시될 가능성이 있다. 따라서 기존 방식과는 달리 시군구로 나누어 효율성에 대한 분석을 한 후 이에 대한 결과를 기초로 기존의 방식에서 나타난 순위와 비교한다. 이를 통해 자치단체별 특성차를 고려한 연구의 필요성 여부를 검토한다.

셋째, 시군구별 효율성 측정결과를 바탕으로 효율적으로 나타난 집단과 비효율로 나타난 집단을 구분한다. 이어서 이들 집단간 효율성 차이를 가져오는 원인분석을 통해 중앙정부가 비효율적인 자치단체의 효율성을 높일 수 있는 정책대안을 제시하고자 한다. 이를 위해 효율적 집단과 그렇지 못한 집단간의 평균차이를 검정하는 t-test를 실시한다.

넷째, DEA는 비효율적으로로 나타난 집단에 대해서 효율성을 향상시킬 수 있는 정보(가중치: lambda)를 제공해 준다는 장점이 있다. 이러한 정보를 토대로 비효율적인 개별 자치단체에 대해서는 효율화시킬 수 있는 투입 및 산출변수의 최적치를 산출해 낸다. 이를 통해 개별 자치단체별로 효율화방안에 대한 구체적 값을 도출하여 해당 자치단체에 효율화방안에 대한 상세 정보를 제공한다.

지방자치단체 정보화에 대한 부적절한 평가는 조직의 방향을 잃게 하고 성과결과의 되돌이(feedback)를 손상시킬 우려가 있으며 이를 보완하는 객관적 평가지표를 발견하는 것을 어렵게 한다. 민간부문의 재무적 성과중심의 측정방법(BSC기법 등)과 중앙정부 중심의 획일적 평가는 피평가기관의 특성이 무시된다는 문제점이 내재되어 있다. 또한 효율성을 측정하기 위해 설정된 지표들이 서로 상충되는 경우가 있었고 평가지표의 단위가 정해져 있지 않을 경우 각 부분별 효율성을 결합(aggregate)하여 총괄효율성을 구할 수 없다는 어려움이 문제로 자리잡고 있었다. 따라서 피평가기관의 특성과 운영환경이 반영되어 피평가기관별로 선호되는 배점이나 가중치를 구하여 기관을 평가하는 것은 기존의 연구의 한계를 어느 정도 보완해 줄 수 있는 방법이 될 것이다.

본 연구에서는 DEA를 활용하여 비슷한 환경에 놓인 지방정부간의 상대적 효율성을 구하고, 그 결과 비효율적으로 나타난 자치단체와 다른 자치단체를 비교하여, 어느 부분이 비효율적인가를 파악해서 정보화 추진에 있어 유념해야 할 정책적 함의를 도출하고 이를 통해 바람직한 평가방향을 제시하자는데 본 연구의 목적을 두고자 한다.

제3절 연구의 범위와 방법

1. 연구의 범위

우리나라 기초자치단체의 정보화에 대한 평가 가운데 지속적인 평가가 이루어지는 것으로 행정자치부와 자치정보화지원재단이 공동으로 수행하는 '기초자치단체정보화수준측정'을 들 수 있다. 1999년에 정보화평가를 위한 지표설정 연구에 이어 2000년부터 매년 지속적인 평가가 이루어지고 있다.5) 이러한 자치단체를 대상으로 한 기존 평가연구 및 평가체계에 대해 검토한 후 이를 보완하는 방향으로 연구가 이루어진다면 현실개선에 좀 더

---

5) 2003년 2월부로 자치정보화지원재단이 없어지고, 그 기본취지를 이어받은 자치정보화조합이 2002년 기초자치단체정보화수준측정을 수행한다. 그 이유는 기존의 재단보다 자치정보화조합이 전자정부법 제50조 및 지방자치법 제149조의 법적근거를 두고 있어 업무의 원활한 수행이 가능하기 때문이다. 본 논문에서는 2001년도 기초자치단체의 정보화수준을 측정한 자치정보화지원재단의 자료를 많은 부문 이용했기 때문에 자료와 관련되어 자치정보화조합보다는 자치정보화지원재단으로 통일하여 사용한다.

도움을 줄 수 있을 것으로 기대할 수 있을 것이다.

정보화 분야는 다른 분야와는 달리 시간상으로 단기간에 변화가 많이 나타나기 때문에 평가대상이 되는 자치단체에 대한 자료의 최신성이 매우 중요하다고 볼 수 있다. 따라서 본 연구에서는 2002년도에 수행된 행정자치부·자치정보화지원재단의 기초자치단체 대상 정보화관련 자료를 적극 활용하고자 한다. 행정자치부와 자치정보화지원재단은 매년 기초자치단체 정보화수준측정을 위해 자료를 수집하여 평가를 하고 있기 때문에 지표체계와 함께 지표의 변화과정을 관찰하는데 참고할 가치가 있다.

본 연구의 시간적 범위는 2001년 1월 1일부터 2001년 12월 31일까지 조사된 자료로 한정하며, 연구대상은 2001년 12월 조사시점에서 기초자치단체로 분류되고 있는 232개 시·군·구를 분석대상으로 하였다.

2. 연구의 방법

연구방법은 정보화 평가와 관련한 문헌고찰과 한국전산원 및 행정자치부의 자료분석을 통해 DEA를 실행한다. 문헌고찰 및 관련 자료를 검토한 후 이를 토대로 DEA를 분석하기 위한 투입 변수 및 산출변수를 추출하며, 추출된 변수는 DEA전용 EMS통계패키지를 활용하여 분석한다.

첫째, 문헌고찰을 통해 DEA의 이론적 개념과 상대적 효율성의 개념을 정립하고, 기존의 선행연구를 이론적으로 정리한다. 또한 기존의 정보화 관련 연구경향을 파악하고자 기초자치단체를 대상으로 한 정보화수준측정 및 정보화평가 관련 국내외 자료를 수집·분석한다. 이와 함께 측정 및 평가 방법론에 관한 국내외 문헌과 각 자치단체의 정보화계획, 정보화관련 전문기관에서 발간한 연구보고서 등을 분석한다. DEA는 투입 및 산출변수의 추출 후 이를 토대로 효율성을 얻을 수 있는 방법으로 어떠한 변수를 추출하는가에 따라 결과가 달라지기 때문에 변수 추출이 가장 핵심적인 사안이다. 이를 위해 기존 연구를 토대로 핵심적인 변수를 추출하는 작업이 중요하다.

둘째, DEA연구는 절대 효율성 측정이 아닌 상대적 결과를 나타낸다. 따라서 비슷한 업무를 수행하는 자치단체를 대상으로 서로간의 효율성 비교를 통해 효율과 비효율의 결과가 나타나므로 연구대상이 많을수록 연구의 신뢰성은 높아진다. 이를 위해서 자치단체를 대상으로 조사가 매년 이루어지고 있는 행정자치부와 자치정보화지원재단가 매년 조사한 자료분석을 통해 투입 및 산출변수를 도출한다.[6]

셋째, 실증분석에 활용된 통계방법으로는 DEA분석, t-test를 사용한다. 통계패키지로는 EMS를 활용한다. 지방자치단체간 상대적 효율성을 분석하기 위해 DEA분석에 EMS를 활용하며, 효율적 집단과 비효율적 집단간의 효율성 차이가 발생할 시 이에 영향을 미치는 변수확인을 위해서 t-test 등을 활용한다.

DEA가 활용되는데 있어 그간 연구자들이 힘들었던 것은 DEA전용 소프트웨어의 확보가 쉽지 않았으며 이로 인해 그간의 연구가 활발히 이루어지지 못한 측면을 부인할 수는 없다. DEA기법이 범용적으로 활용되기 위해서는 상용화된 통계패키지의 적용이 필요할 것인데, 이를 위해 학습용으로 제공되고 있는 EMS 통계패키지를 사용하고자 한다. 또한 그간 대중화된 SAS를 이용한 분석방법도 소개한다.

본 연구는 다음과 같은 연구의 흐름으로 지방정부의 상대적 효율성 측정을 통해 지방정부의 정보화 성과를 측정하며 비효율적으로 나타난 자치단체에 대해서는 개선방안을 제시하고자 한다.

---

6) 행정자치부의 기초자치단체 정보화수준측정자료집에서는 해당 자치단체별 Z-값을 부록에 수록하고 있다. 또한 각 자치단체별 점수를 구하는 공식을 밝히고 있기 때문에 Z-값을 역으로 계산해 나가면 해당 자치단체의 정보화관련 자료를 얻을 수 있기 때문에 법 상으로 문제는 없다고 보여진다.

24

〈그림 1-1〉 연구의 수행체계도

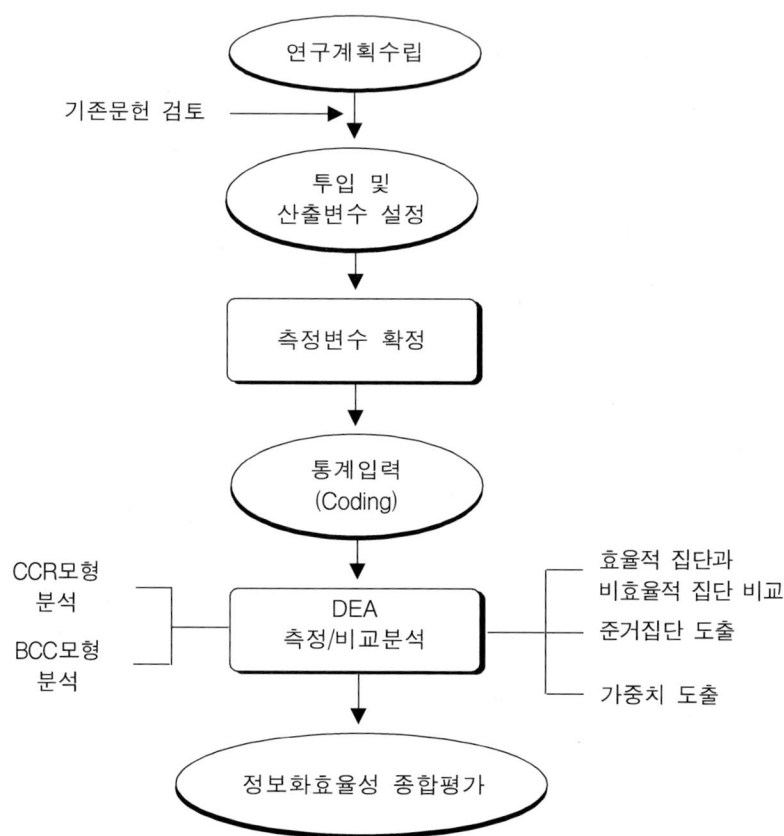

기존문헌 검토 →

연구계획수립

투입 및
산출변수 설정

측정변수 확정

통계입력
(Coding)

CCR모형
분석

BCC모형
분석

DEA
측정/비교분석

효율적 집단과
비효율적 집단 비교

준거집단 도출

가중치 도출

정보화효율성 종합평가

제2장 정보화 성과측정을 위한 DEA의 이론적 고찰

DEA 연구는 다양한 분야에서 수행되어 왔으며, 그 내용은 동일한 목표 또는 목적을 갖는 조직의 상대적 효율성을 평가하기 위한 도구로 1978년 Charnes 등에 의해 개발되어 소개된한다. 그리 수리계획법이다. DEA가 소개된 이후 이 분석방법은 은행, 병원, 약국, 대학, 법원, 지방정부 등과 같은 매우 다양한 조직에 응용되어 왔다.[7] 그러나 지방정부에 대한 정보화를 대상으로 DEA를 활용해서 효율성을 측정한 연구는 거의 없다고 보여진다. 이러한 문제의식 하에 본 연구에서는 정보화 관련 평가자료를 중심으로 지방정부에 대한 상대적 효율성 결과를 도출하고 비효율적인 지방자치단체에 대하여는 효율적인 방안을 제시하고자 한다. 이러한 맥락에서 본 장은 다음의 세 부분으로 나누어 구성하고자 한다.

제1절에서는 성과측정 개념으로서의 효율성 개념을 살펴보고자 하며, 제2절에서는 성과측정의 효율성 개념에 부합되는 측정방법을 모색하고자 기존의 평가지표체계에 대해 비판적으로 고찰해 본다. 제3절에서는 DEA에 관해 이론적으로 설명을 하고자 한다. 그 내용은 첫째로 DEA이론의 발달과 특성에 관한 연혁을 살펴보고, 둘째로 DEA에 관한 이론을 정리하여 설명한다. 셋째로 행정학 분야에서의 적용사례를 살펴서 연구경향과 DEA의

---

7) DEA를 활용한 연구들은 구체적으로 재무/금융분야(은행, 은행지점, 신용조합, 상호기금), 의료/보건(병원, 요양소, 1차진료기관, 약물중독자치료소, 약국, 의사), 교육/학교분야(대학교, 대학학과, 대학도서관, 학교도서관, 초등학교, 학군, 교육프로그램), 공공서비스(산림구역, 공공도서관, 경찰서비스, 교도소, 법원, 상수도, 지방정부), 에너지(발전소/산업, 전기유통/공급업, 석유회사, 광산), 교통(항공사/항공산업, 공항, 항공기 정비기술, 철도), 기타(대리인, 통신, 도시, 국가, 공기업, 야구선수, 논문집, 중소기업개발센터, 제품) 등으로 나누어 분류할 수 있다.

충족요건을 파악하고, DEA의 적용에 있어 SAS를 통한 통계처리의 범용화를 위해 그 사용방법에 대해 살펴본 후, EMS사용방법에 대해 살펴보고자 한다. 마지막으로 DEA의 유용성과 적용시 유의사항에 대해 설명하고자 한다.

제1절 성과측정으로서의 효율성

1. 성과측정의 의의

공공부문에서 실시하는 다양한 정책과 사업은 그 성격상 수익적 측면으로 인정되지 않고 있기 때문에 생산성을 향상시키려는 혁신의 노력이 가시적으로 나타나지는 않는다. 즉, 정부의 독점적 지위와 성과향상에 대한 무보상, 그리고 정부조직의 비소멸성 등은 성과를 향상시켜야 할 실질적인 이유를 찾기 어렵게 만들고 있다. 이러한 현실을 변화시키기 위해 활용될 수 있는 방법 중의 하나가 바로 성과관리(performance management)이다(Osborne et al., 1998: 203-210).[8] 그런데 성과관리의 궁극적 목적이 조직의 성과를

---

8) Osborne & Plastrik은 공공부문에서 성과를 향상시키기 위한 전략적 방안으로 '기업관리(enterprise management),' '관리경쟁(managed competition),' 그리고 '성과관리(performance management)' 등 세 가지를 제시하고 있다. 이 중 기업관리는 성과전략의 가장 강력한 방법으로 공공부문을 민간의 기업처럼 시장체제 내의 무자비한 경쟁상태에 놓이게 하는 형태이며, 관리경쟁은 경쟁적 벤치마킹을 통해 유사한 조직의 성과를 측정하고 이를 비교함으로써 성과를 유도해 내는 방식이다. 마지막으로 성과관리는 성과척도, 성과기준, 성과보상 및 처벌제 등을 활용해 공공조직의 동기부여를 하는 방식이다. 그런데 공공부문의 경우 앞서의 두 가지 방식은 정부적 특성, 독점적 지위로 인한 시장에 대한 노출정도가 적기 때문에 실제로 사용하기에는 곤란한 측면이 있으며, 이때 활용할 수 있는 방법이 성과관리로서 정부의 독점권을 유지하며 성과전략을 추진하기 때문에 공무원들

개선하고, 관리자들을 위한 통제체계(control mechanism)와 책임체계 (accountability mechanism)를 개선시키며, 성과를 개선하기 위해 조직구성 원들을 동기유발시키는 것이라는 점을 감안한다면 성과측정이 성과관리에 있어 핵심적인 과정으로 이해할 수 있을 것이다.[9]

이러한 성과측정은 '정책이나 사업의 단기적ˆ장기적인 목표를 성취하기 위하여 사업의 활동 결과와 그 영향을 측정ˆ분석하고 목표달성 여부를 지 속적으로 평가하는 과정'으로 정의할 수 있을 것이다(김두현, 2002: 3). 즉, 성과측정은 사업이나 정책의 효과성 즉, 사업목표를 얼마나 달성했는가를 심도있게 측정하고 평가하여, 그 원인과 효과의 관계에서 특정수준의 성과 를 내게 된 이유를 분석하는 작업이라고 하겠다.

그러나 성과측정을 실제로 수행하기란 쉽지는 않다. 그것은 성과측정의 핵심인 성과라는 개념 자체가 불분명하고, 상당히 다의적이고 복합적인 의 미를 내포하고 있기 때문이다(Rogers, 1990: 14; 김영기, 1991: 9-11). 즉, 일반적으로 성과를 구성하는 요소들은 측정대상에 따라 투입(input), 행위 (activity), 산출(output), 결과(outcome), 영향(impact) 등으로 구분할 수 있는데, 이들 개별 요소들이 그 자체로 일정부분 성과를 제시하여 주기도 하 지만 대부분의 평가활동과 연구들은 투입물, 산출물, 결과, 영향 등 제반 요 소들간의 상관관계에 의해 그 성과를 분석하고 있는 것이다.

이러한 성과의 개별 요소간 상관관계에 따라 성과평가의 기준은 다양하 게 구분될 수 있다. 성과를 투입과 행위를 통하여 발생하는 결과를 1차적 산출물로 볼 것인가 아니면 2차적 산출물인 욕구충족이나 가치실현에 미친

이 덜 위협적으로 느끼고 이에 대한 저항을 감소시킬 수 있다는 장점이 있다고 지적하고 있다(Osborne et al., 1998: 185-210). 하지만 DEA의 경우 관리경쟁과 성과관리 두 가지를 동시에 가능하게 할 수 있기 때문에 유용성이 크다고 할 수 있다.

9) 성과측정의 중요성에 대해서 정정길(2000: 503)은 성과를 정확하게 평가하는 것이 신공공관리의 성공을 좌우하는 핵심요소라고 주장하고 있으며, 제갈돈 외 (2000: 284)도 성과관리는 체계적인 성과평가를 통하여 정책결정과 정책집행의 투명성 보장, 그리고 집행결과의 책임성을 확보할 수 있다고 설명하고 있다.

결과나 영향까지 확대해 볼 것인가에 따라 성과평가의 범위는 달라질 수 있다. 즉, 어디에 초점을 맞추느냐에 따라 효과성(effectiveness), 효율성(efficiency), 생산성(productivity) 등 다양한 기준들이 제시될 수 있는 것이다.

일반적으로 성과평가의 기준은 투입물, 산출물, 결과 등의 요소에 기초한 상관관계를 통해 효율성과 효과성을 평가의 지표로 삼고 있는 것으로 보인다. 즉, 효율성은 투입과 산출간의 관계를 통해 파악하는 것(Hatry, 1980: 312)으로 행정기관이 행정서비스를 생산 및 제공하는데 있어 인력이나 예산 등 자원을 얼마나 경제적으로 활용하고 있는가 혹은 주어진 자원을 통해 얼마나 많은 행정서비스를 산출하고 있는가 하는 측면에서 평가하고 있다.

반면 효과성은 정책이나 사업을 통해 추진기관이 의도한 목적에 대한 실현 정도 혹은 조직 활동의 결과물인 산출이 목표로 제시한 상태를 실질적으로 성취한 정도를 의미한다고 볼 수 있다(Hatry, 1980: 312). 이것은 행정활동의 궁극적인 영향 또는 효과에 기초하여 주어진 목적 혹은 존립가치를 얼마나 실질적으로 실현하고 있는가를 나타내고 있기 때문에 정책이나 사업의 성과를 보다 분명하게 제시해 줄 수 있는 기준이 될 수 있을 것이다.

2. 생산성개념과의 비교를 통한 효율성

행정학 분야에서는 효율성의 개념을 생산성, 효과성 등의 행정용어와 혼용하여 사용되고 있다. 대부분의 효율성 정의는 생산성 개념의 정의를 위해 비교대상으로 설명되어지고 있기 때문에 생산성 개념과의 비교를 통해 효율성에 대한 개념을 좀 더 명확히 내릴 수 있을 것이다.

정부의 생산성과 관련하여 주로 사용되는 전문용어는 Efficiency,

Effectiveness, Productivity라고 할 수 있다. 유종해 외(1984), 윤재풍(1991) 등 다수학자들에 의하여 Efficiency는 '효율성'이라고 번역하여 '투입단위당 산출' 혹은 '산출과 투입의 비율'로 사용되며, Effectiveness는 '효과성'으로 번역되어 '조직목표의 달성도'로 그리고 Productivity는 '생산성'으로 번역되어 사용되고 있으나 생산성의 내용이 무엇인가에 대해서 다양한 견해가 존재하고 있다.

문제는 주로 효율성과 정부생산성에서 발생한다고 볼 수 있다(오철호·정용관, 2002). 효율성은 정부생산성과 같은 것으로 사용되고 있어서 다소의 혼란소지를 안고 있는 것으로 보인다. 생산성 개념의 범위에 대한 의견 불일치도 효율성, 효과성, 생산성의 정의에서 나타나고 있다. 정부조직의 효율성(Efficiency)에 대한 정의를 보면 다수의 행정학자들(민진, 1988: 박연호, 1994: 유종해, 1991: 윤재풍, 1991, 이종수, 1988)은 공공부문에서 효율성을 '투입에 대한 산출의 관계'로 정의하고 있다.[10]

효과성(Effectiveness)은 '바람직한 목표 내지 만족기준에 대한 산출의 관계'로 정의되고 있다. Barnard(1938)가 조직목표달성과 효율성을 구별하기 위하여 만들어낸 개념인 조직의 효과성이 생산성과 유사개념으로 간주되기도 한다. 그러나 Quinn(1978: 42)은 "그 효과성이 산출의 질, 고객만족, 목표달성, 체제유지, 조직생존능력의 개념을 내포하고 있기 때문에 Barnard의 생산성 개념과 마찬가지로 불명확해졌다"고 주장한다.

---

10) DEA는 효율성을 구하는 기법이다. 이영균(1994)의 정의에 따라 '효율성'과 '효과성'이 합해진 개념을 '생산성'으로 본다면, 기존 DEA분석은 효율성측정에 관한 분석기법이다. 하지만 행정학 분야의 DEA연구에서 '생산성'이라는 제목으로 연구된 것으로, 전병관(2002), 임동진·김상호(2000), 김태일(2000)을 들 수 있는데 이는 효율성을 생산성과 동일개념으로 다룬 것이다. 하지만 공공부문 생산성의 개념에는 주민만족도 등의 질적 개념이 포함된 개념이라는 것에 대해서는 대부분의 학자가 동의하고 있다. 따라서 기존 DEA연구는 질적 내용까지는 다루고 있지 않으므로 '생산성'이라는 제목을 정하는 것은 타당치 않다. '효율성'도 절대적 효율성이 아닌 다른 집단과 비교해서 상대적으로 측정된 개념이므로 가장 정확한 표현은 '상대적 효율성'이라고 볼 수 있다.

생산성(Productivity)의 개념에 대해서도 견해가 나누어지는데, 다수의
학자들의(김규정, 1990; 박연호, 1994; 신종순, 1988; 윤재풍, 1991; 유종해
외, 1984; 이종수, 1988) 견해를 따르면, 효율성과 효과성을 합한 개념을
효율성으로 정의하고, 이 효율성을 정부생산성과 동일한 개념으로 다루고
있다.

특히 김광주(1995)는 정부생산성의 개념을 종합적으로 정리하기 위하여
공무원, 교수, 연구원, 시민단체회원, 언론인 및 정당인 등 여론선도집단을
대상으로 정부생산성에 관한 설문조사를 실시하였는데, 〈표 2-1〉에서 나타
난 바와 같이 그의 연구결과는 학계의 다수설이라고 할 수 있는 정부생산
성이 곧 효율성 또는 능률성이라는 항목에 응답자들의 약 16%만이 동의하
고 있음을 보여주고 있다.[11]

〈표 2-1〉 정부생산성의 개념

정부의 생산성	제1선택(%)	제2선택(%)	소 계(%)
주 민 만 족	51명(55.4)	-	51(26.3)
경 영 효 율	18명(19.6)	16(17.4)	34(17.5)
경 제 성	2명(2.2)	22(23.9)	24(12.4)
능 률 성	7명(7.6)	10(7.6)	17(8.6)
효 율 성	8명(8.7)	7(7.6)	15(7.7)
효 과 성	5명(5.4)	5(5.4)	10(5.2)
민 주 성	-	11(12.0)	11(5.7)
기 타	1명(1.1)	21(22.8)	22(11.3)
소 계	92명(100)	92(100)	194(100)

* 출처: 김광주(1995)

대신에 주민만족을 정부생산성의 가장 중요한 측면으로 파악하고 있으
며(55.4%), 다음으로 경영상의 효율성(19.6%)이 주요개념으로 인식되고

---

11) 설문에서 효율성은 능률성과 효과성의 혼합개념으로 사용되었다.

있다. 이렇게 보면, 주민의 입장에서 정부를 평가하는 주민의 만족도와 조직내부과정을 평가하는 경영효율이 정부의 생산성을 구성하는 주된 요소라고 할 수 있을 것이다. 다시 말해 이 연구결과의 특징은 기존의 지배적인 생산성개념이라고 할 수 있는 능률성 혹은 효율성보다는 주민 또는 고객의 입장에서 정부를 평가하는 질적인 측면에서의 고객만족도가 정부의 생산성을 측정하는 가장 중요한 척도로서 자리매김하고 있다는 것이다.

종합해 볼 때, 정부업무에 있어서의 생산성측정의 내용은 전통적 의미에서의 투입 대비 산출이라는 기계적 효율성개념이 지배적으로 그 중요성을 인정받고 있음을 부인할 수는 없지만, 그와 동시에 공공부문에서 강조되어야 하는 고객의 만족도 개념 역시 같이 고려하는 포괄적 의미에서의 생산성개념이 설정되어야 할 것이다.

효율성의 개념은 혼용되어 사용되고 있으나 대다수 학자들의 의견을 종합하면 투입단위 산출 혹은 산출과 투입의 비율로 견해가 모아지는 것으로 판단되어 진다. 이를 통해 생산성 개념과의 관계를 요약하면, 지방정부의 생산성 개념에 대한 견해는 이론적으로는 능률성과 효과성이 혼합된 개념으로 인식되며 현실적으로는 주민만족, 경영효율 그리고 경제성이 지방정부 생산성 개념의 핵심을 이루고 있다고 볼 수 있을 것이다. 이를 통해 본 연구에서 다루는 '효율성'의 개념은 즉 생산성의 일부를 구성하는 개념으로 파악하며, 서비스 산물을 생산하기 위해 사용된 인적 물적 자원을 포함하는 자원의 투입에 대한 서비스의 양적 측면이 강조된 산출의 비율로 정의하고자 한다.[12]

---

12) 생산성 지표의 중심은 역시 투입에 대한 산출의 비율인 효율이다(이재성, 1987: 42). 또한 생산성은 적어도 측정의 차원에서는 효율성과 동일한 개념으로 사용되고 있다(윤경준, 1995: 14). 물론 정부활동은 재화가 아닌 서비스의 형태로 공급되는 경우가 대부분이기 때문에 질적 서비스가 포함되지 않은 협의의 생산성은 의미가 없다고 볼 수도 있다(임동진·김상호, 2000: 219). 하지만 중앙정부의 생산성이 대부분 질적 서비스인데 반해 지방정부는 계량화가 가능한 양적서비스를 상당수 포함한다고 볼 수 있다. 따라서 정보화를 연구대상으로 하여 효율성을 측정할 경우에는 효율성과 능률성을 동일시하는 개념정의를 사용해도 별 무리가 없을 것이다.

3. 성과측정으로서의 부분적 효율성

효율성의 개념을 성과와 연결시켜 검토할 필요가 있다. 성과는 일이 이루어진 결과를 지칭하는 것으로서 흔히 행정의 이념과 관련하여 여러 차원들을 포함하는 개념이다(Jones and Grasso, 1985: 10-19). 즉, 정부활동의 성과에는 경제적 측면을 지칭하는 효과성, 효율성은 물론 사회 내의 각 계층이나 집단, 관할 구역 사이나 내의 배분문제를 다루는 형평성과 그리고 시민들의 선호나 수요를 전체적으로 반영하는 정도를 의미하는 대응성 등이 포함되는 개념이다(김인·김영기·류기형, 1991). 이렇게 볼 경우 효율성의 개념은 성과의 한 부분을 나타내는 개념이다. 그러나 정부 활동의 성과에서도 효과성이나 효율성이 차지하는 비중이 크므로 성과의 연구는 많은 부분을 공유한다고 볼 수 있다.

효율성의 개념과 관련하여 다음과 같은 세 가지 질문에 대한 합리적 답변이 필요하다(Lovell, 1993). 첫째가 생산조직의 투입요소(산출물)가 다수일 때 어떤 투입요소(산출물)를 분석에 포함시킬지의 여부, 둘째가 어떤 방법으로 총괄해야 할 지의 여부, 마지막이 생산조직의 잠재능력을 어떻게 결정해야 하는가의 문제이다.

Knight(1933)는 첫 번째 및 두 번째 질문에 대해서 다음과 같이 설명하고 있다. 생산조직이 사용하는 모든 투입요소와 산출물을 분석에 포함시키면 에너지보존법칙에 따라 모든 생산조직의 효율성 비율이 1의 값을 갖게 된다. 실질적으로 문제가 되는 것은 모든 투입요소와 산출물을 분석에 포함시켰을 때가 아니라 오히려 충분한 투입요소와 산출물을 포함시키지 못했을 때이다. Stigler(1976)가 지적하듯이 비효율성이 나타난 이유는 포함시켜야 할 변수, 제약변수를 누락시킨 결과, 그리고 생산조직의 경제적 목적을 옳게 반영하지 못한 결과일 수도 있다. Stigler의 이러한 견해는 Kopp, Smith, & Vaughan(1982)에 의해 뒷받침된 바 있다.

그럼에도 불구하고 이러한 부분적 효율성 개념이 유용하며 필요할 때가 있다. 생산조직의 목적 또는 제약조건을 알 수 없거나 논쟁의 대상일 때 부분적 효율성 개념이 유용하다는 것이다.[13] 부분적 효율성의 측정 필요성이 관련자료가 부족한 상황에서 입증된 바 있다(전용수·최태성·김성호, 2002: 6). 따라서 완벽한 효율성 측정이 불가능할 경우 제약된 환경에서의 부분적 효율성 개념의 도입을 통해 조직을 평가하고, 효율성 차이의 원인을 검정하는 것이 설득력을 지닐 수 있다고 본다. 이는 앞에서 살펴본 바와 같이 효율성 개념과 관련하여 개념적 혼동이 많으며 통일된 견해를 발견하기란 쉽지 않기 때문이다. 무엇보다도 성과개선이 시급한 현재의 시점에서는 더욱 그러하다.[14]

지방정부가 한가지 투입요소만을 사용하여 한가지 산출요소만을 생산한다면 그 조직의 효율성은 '산출/투입'이라는 산술적 표현에 따라 비교적 간단하게 측정될 수 있다. 그러나 한 가지 투입요소를 사용하여 금액으로 환산할 수 없는 여러 산출요소들을 생산하거나, 금액으로 환산할 수 없는 여러 투입요소들을 사용하여 한 가지 산출요소를 생산하거나, 금액으로 환산할 수 없는 여러 산출요소들을 생산하는 경우라면, 이 조직의 효율성을 측정하는 경우에는 세심한 주의를 기울여야 한다.

---

13) 한 사업이나 조직의 이상적(즉 최대) 효율성을 알 수 있다면 현실적인 효율성 측정은 이러한 기준에 비추어 이루어질 수 있을 것이다. 그러나 공공조직의 경우 그러한 이상적 효율성을 계산하는 것은 가능하지 않으며, 이는 조직의 생산체계를 규명하거나 이론적인 산출능력을 계산하는 것이 불가능하기 때문이다. 이처럼 기준이 모호할 경우 또는 원인과 효과간의 관계가 명확히 규명될 수 없는 경우 목표형성이나 성과평가에 있어 준거집단을 활용할 수밖에 없다(Johnson & Lewin, 1984: 225).
14) 부분적 효율성의 개념을 공공부문에 적용할 시 이러한 기준을 충족시켜 주기 위해서는 변수의 추출이 그만큼 중요하게 된다. 이러한 변수를 기초로 상대적 효율성을 측정할 수 있다. 하지만 여기서 개념상의 혼동이 생길 수 있어 주의를 요한다. 즉, 부분적 효율성의 개념은 모든 변수를 고려할 수 없기 때문에 핵심적인 변수만을 기초로 효율성 측정이 이루어지는 개념을 뜻하며, 상대적 효율성은 절대적이지 않은 동질적인 집단간의 비교에 의해 효율성을 측정하는 것을 의미한다.

공공조직의 효율성 측정이 어려운 것은 공공조직의 생산과정이 대개 이러한 세 가지 경우 중 한 가지에 속하기 때문이며(윤경준, 1998: 259), 이 논문의 사례인 지방정부 정보화의 효율성측정도 예외는 아닐 것이다. 측정 대상이 되는 조직이 이러한 세 가지 중 하나의 상황에 있다면 효율성 측정에 있어서 다음과 같은 상호 관련된 문제들이 검토되어야 한다.

첫째, 측정모델의 설정문제로서 어떤 투입요소와 산출요소가 측정모델에 포함되어야 하는가 이다. 한 조직의 효율성을 제대로 측정해 내기 위해서는 그 조직의 모든 투입·산출요소를 모델에 포함시키는 것이 바람직할 것이다. 하지만 조직의 생산과정에 영향을 미치는 모든 요소를 규명해 내는 것도 어려울 뿐만 아니라 너무 많은 투입산출요소를 포함시킬 경우 측정기법 측면에서도 한계가 나타나게 된다. 그렇다고 너무 적은 요소들만 포함할 경우, 측정모델의 타당성이 저하되기 때문에 측정대상 조직의 가장 중요한 투입·산출요소들이 신중하게 선정되어야 한다.

둘째, 측정에 있어 어떠한 접근을 취할 것인가의 문제이다. 각 조직이 나타내는 효율성은 비교대상이 조직들이 보여주는 평균적인 효율성 수준과의 비교를 통해서 측정될 수도 있고 이러한 조직들이 달성 가능한 최고수준의 효율성과의 비교를 통해서 측정될 수 있다. 전자는 평균적 효율성 측정이며, 후자는 프런티어(frontier) 효율성 측정인데 본 논문에서는 후자의 접근법을 취한다.

셋째, 효율성 측정에 사용될 기법의 선택문제이다. 기법의 선택은 앞서의 두 번째 문제에 대한 연구자의 입장에 의해 결정될 문제이다.

제2절 기존의 평가방식에 대한 비판적 고찰

1. 우리나라 정보화평가의 현황

본 장에서는 우리나라 정보화평가의 전개과정을 살펴보고, 정보화평가가 이루어지는 유형과 종류, 체계, 그리고 본 연구의 주된 관심사인 수준평가를 중앙과 지방으로 구분하여 설명하고자 한다.

1) 우리나라 정보화평가의 전개

우리나라 정보화평가의 전개과정은 3단계로 구분하여 설명할 수 있다(김준한, 2003: 2-4). 단계별로 구분지어 설명하면, 1단계는 초기의 사업별 평가시기(1990-1996), 2단계는 정보화사업평가의 제도화시기(1997-1999), 그리고 현재의 정보화평가확장시기(2000년-현재)로 구분할 수 있다.[15]

첫째, 평가초기에는 정보화사업별로 평가가 이루어진 시기였다. 우리나라에서 본격적 정보화사업의 효시가 1987년부터 시작된 국가기간전산망구축사업이라고 할 때, 그 일환으로 추진된 '고용관리전산망'사업에 대한 평가(한국전산원, 1990)가 본격적 정보화평가로서의 최초의 작업이라 할 수 있다(김준한, 2003: 3). 이 시기에는 사업별 평가, 부문별 평가, 그리고 평가방법론 개발이 진행되었으며, 그 바탕에는 정보화촉진기금 조성을 통한 대규모 지원이 큰 힘이 되었다(한국전산원, 1995abc; 1996ab, 1997).

둘째, 정보화사업평가의 제도화는 '97년부터 시작되었다. 1997년 2월 제3차 정보화추진위원회에서 정보화사업평가에 대한 기본방향과 평가방법 등을 그 내용으로 하는 '공공정보화사업평가기본계획'이 확정되면서 제도화가

---

15) 정보화평가의 전개와 관련된 내용은 김준한(2003)의 내용을 토대로 요약·정리했다.

시작되었다(정충식, 2001: 13). 이 계획에 의하면 모든 정보화사업평가는 각 사업주관기관이 평가하는 '자체평가'를 원칙으로 하고, 자금이 많이 소요되거나 사회경제적 파급효과가 큰 경우 '중점평가' 대상사업으로 민간전문가로 구성된 정보화평가위원회에서 평가하도록 하였다(한국전산원, 2000a: 7). 이 시기에는 평가계획 수립, 평가편람에 의한 평가, 그리고 정보화촉진기본법에 의한 한국전산원에 정보화평가부가 신설된 시기였다.

셋째, 정보화사업의 급속한 증가로 인해 2000년부터 평가범위가 확장되게 된다. 정보화사업의 증가 및 전자정부 실현목표가 세워지면서 정보화평가 대상과 범위의 확장 필요성이 높아졌다. 이에 따라 2000년 3월 제12차 정보화추진위원회에서 '국가정보화평가기본계획'을 심의·확정하였다. 그 내용의 핵심은 기존 평가에 더하여 정보화수준평가를 평가에 포함시키는 것이 골자였다(한국전산원, 2000a: 8-9). 정보화수준평가는 2000년에는 40개 중앙행정기관을 대상으로, 2001년에는 광역자치단체로 확대되게 된다.

특이한 사항은 최근에 정보화평가주체가 다기화되고 있다는 점이다. 정보화활동의 확대에 따라 정보화추진위원회가 주관하는 것 이외에도 국무조정실의 기관평가에서는 '기관역량평가'의 하위영역에 정보화평가가 있다. 또한 행정자치부는 기초자치단체, 기획예산처는 공기업, 그리고 정보통신부는 민간기업의 정보화를 평가하고 있다. 그리고 정보화평가에 사전평가가 포함되는 것으로 해석될 경우 각종 계획수립과정의 검토·조정 활동, 기획예산처가 수행하는 정보화예산요구서에 대한 검토, 정보통신부의 정보화지원사업계획서에 대한 심사 및 감사원에서 실시하는 정보화사업에 대한 감사도 정보화평가활동에 포함시킬 수 있을 것이다.

2) 정보화평가의 유형과 종류

(1) 기존의 정보화평가 유형과 종류
정보화평가가 이루어지는 유형과 종류를 정리하여 보면 다음과 같다.

첫째, 평가주체에 따른 구분으로 누가 평가하느냐에 따라 자체평가와 외부평가로 구분할 수 있다. 자체평가는 사업을 추진한 주체 내부에서 시행하는 것이고, 외부평가는 이와는 상관없는 제3의 인물 혹은 기관이 시행하는 것이다.

둘째, 평가시점에 따른 구분이다. 사업추진과정에 비추어 볼 때 평가를 언제 하느냐에 따라 사전평가, 과정평가, 사후평가 등으로 구분할 수 있다. 현재 대부분의 평가는 과정평가 혹은 사후평가에 치중해 있고 사전평가는 미흡한 실정이다(정명주, 2001: 262).

셋째, 평가대상 및 평가내용에 따른 구분이다. 현재 정보화평가 대상은 정책에 대한 평가와 기관에 대한 평가로 구분할 수 있다. 먼저, 정책에 대한 평가는 대부분의 경우 단위사업이나 프로그램, 혹은 프로젝트에 대해 시행되고 있다. 이들 단위프로그램들이 속해 있는 분야를 단위로 한 종합적인 평가가 실험적으로 시행되고 있다. 다음으로 기관에 대한 평가는 기관을 몇 가지로 구분하여 중앙행정기관, 광역지방자치단체, 기초자치단체, 기타 정부산하기관을 포함한 각종 공공기관 등에서 평가가 시행되고 있다.

평가내용은 먼저, 사업평가의 경우 사업계획에 대한 평가, 집행과정에 대한 평가, 추진결과에 대한 평가 등으로 구분하여 계획의 적절성, 추진과정에 대한 효율적 운영에 대한 평가, 그리고 추진결과 그 목표 달성도 등을 포함한 효과성 평가가 시행되고 있다. 다음으로 기관에 대한 평가는 대개 기관의 정보화수준에 대한 평가로 정보기반을 어느 정도 어떻게 확충하여(input) 실제로 얼마나 활용(output)하고 있으며 그 결과 어떤 효과가 나타나고 있는가 하는 측면에 대한 평가가 시행되고 있다. 이상의 논의를 종합하여 평가주관기관별로 평가의 종류와 유형을 정리하면 〈표 2-2〉와 같다.

〈표 2-2〉 평가 주관기관별 평가의 종류와 유형

주 관	평가명	평가유형		대 상	내 용	비 고
		자체/외부	사전/사후			
정보화 추진 위원회	정보화 사업 평가	자체/외부	사 후 (과 정)	전체 정보화 사업	사업의 필요성, 계획의 적정성, 추진의 효율성, 성과의 달성도 등	
	정보화 수준 평가	외 부	과 정 (사 후)	중앙 행정기관	정보화 비전전략, 전자적 민의 수렴, 전자행정, 정보화 기반 등	
국 무 조정실	지식정부 구현노력 평가	외 부	사 후	중앙 행정기관	홈페이지 평가, 민원처리의 전산화, 전자결재 및 전자유통 등	2002년부터 정추위 정보화 수준 평가로 통합
행 정 자치부	광역지자체정보화수준평가	외 부	사 후	광역자치 단체	정추위 정보화 수준평가와 동일	
	기초지자체정보화수준평가	외 부	사 후	기초자치 단체	정보화 지원, 정보화 투자, 정보화 설비, 정보화 조직 및 인력, 정보화 활용 등	
	정보자원 조 사	외 부	사 후	공공기관	정보화 기반, 정보화 예산, 정보공동이용, 정보화 인력 및 교육, 정보기술 기반, 정보시스템 활용 등	정보통신부와 공동 주관
기 획 예산처	국가공공기관 정보화 성과분석	외 부	사 후	공공기관	정보자원현황, 예산절감, 인력변동, 업무처리절차 변화 등	2002년부터 정보자원 조사로 통합

*자료: 양재진·정명주·정진우(2001: 118)

정보화수준평가의 평가주체는 정보화추진위원회와 행정자치부가 수행하고 있다. 정보화수준평가는 모두 외부기관을 통해 평가되기 때문에 사업추진주체와 상관없이 제3자가 평가한다는 측면에서 자체평가에 비해 객관성을 확보할 수 있다는 장점이 있다. 뿐만 아니라 평가 전문가가 참여하게 됨으로써 평가방법론이나 그 기법을 활용하는 데에 상당한 전문성을 확보할 수 있다는 점에서 과학적이고 엄밀한 평가를 시행할 수 있다. 그러나 사업에 대한 파악여부가 용이하지 않아서 이를 위한 비용이 많이 든다는 단점이 있을 수 있다.

평가시점은 모두 사후평가를 하고 있으며, 평가대상은 중앙행정기관, 광역자치단체와 기초자치단체가 된다. 중요한 것은 평가대상에 따라 차별화가 될 수 있도록 시행됨으로써 중복평가로 인한 불필요한 행정 및 경비를 낭비하는 일이 없도록 하는 것이다.

(2) 동종 행정기관의 평가

동종 행정기관 사이의 비교를 통하여 성과를 평가하는 방법은 두 가지 유형으로 분류할 수 있다(전용수·최태성·김성호, 2002; 김태일, 2000: 186).

첫 번째는 지표체계에 의한 평가이며, 두 번째는 계량모형에 의한 평가이다. 먼저, '지표체계에 의한 평가'란 평가의 최상위 목적으로부터 최하위의 평가지표까지 일련의 계층적 모형을 구성한 후, 각 단계의 항목들마다 적절한 가중치를 부여하고 이들을 단계적인 합산에 의하여 최종 평가점수를 구하는 방법을 지칭한다. 다음으로 '계량모형'에 의한 평가는 투입과 산출로 이루어지는 계량모형을 구성하여 평가하는 것으로서 DEA분석이 대표적이라 볼 수 있는 평가기법이다.

지금까지 공공부문의 효율성 평가에는 거의 모든 경우에 지표체계에 의한 평가가 적용되어 왔다(김태일, 2000: 187). 그런데 최근 행정학자들은 동종 행정기관들 사이의 상대적 효율성 평가에서 계량모형의 하나인 DEA 기법을 사용할 것을 권고하고 있으며 이 기법을 적용하여 행정기관 사이의 효율성을 평가한 사례를 발표하고 있다. 이러한 논의는 기존의 평가방식이 성과를 측정하기에 문제점이 있기 때문으로 기존 지표체계에 의한 평가를 비판적인 시각에서 살펴볼 필요가 제기된다.

최근 들어 각종 정보화 효과를 평가하기 위한 다양한 노력들이 증가하고 있으며, 정보화사업 및 정보화수준제고를 위한 정부의 정보화정책에 있어서도 그 효과 및 정책목표 달성도를 평가하기 위한 시도가 진행되고 있다(한국전산원, 1999, 2000, 2001; 행정자치부·자치정보화지원재단, 1999, 2000, 2001, 2002).

정보화정책의 평가에 있어 우선적으로 결정해야 하는 것은 평가대상이다(정명주·윤상오, 2001: 133). 이러한 평가는 거시적인 측면과 미시적 측면으로 나누어 볼 수 있는데, 전자에 속하는 것으로 대규모 국가정보화 사업평가와 중앙행정기관과 지방자치단체 등에 정보화수준평가를 들 수 있다(임수경, 1999; 한국전산원, 2000; 정보화평가위원회, 2001). 후자에 속하는 것으로 IT, IS프로젝트에 대한 성과평가를 들 수 있다. 여기서는 거시적인 측면에서의 정보화사업평가와 정보화수준평가를 중심으로 고찰한다.16)

첫째, 정보화사업평가는 정부기관에서 대규모 자원과 예산을 투입하여 실시하고 있는 각종 정보화 프로젝트에 대하여 비용대비 성과를 평가하는 것이다. 정보화사업평가는 각 사업별 특성에 따라 개별적인 평가체계와 지표를 개발해야 하는 것으로 공통적인 평가모형 및 지표를 개발하기가 어려워서 여러 집단간의 상대적 효율성 평가를 하는데 적합하지 않다. 따라서 본 논의에서는 제외한다.

둘째, 정보화수준평가는 기관의 성격에 따라 중앙행정기관, 광역자치단체, 기초자치단체 등으로 나누어 볼 수 있다. 정보화수준평가는 각 부처별 또는 지방정부별로 어느 정도 전자정부를 구현하고 있는가에 대해 공통적인 평가체계와 지표를 개발할 수 있고, 이것을 적용하여 범정부 차원의 전자정부 구현정도와 각 부처별, 지방정부별 전자정부 구현정도를 매년 평가할 수 있다. 따라서 본 연구에서 적합한 논의대상이 된다고 볼 수 있다.

정보화수준평가에 있어 '정보화수준'이란 정보화정책을 실시하고, 전자정

---

16) IT, IS평가는 그 시행이 있은 후 그 해당 사업만을 대상으로 평가가 이루어진다. 따라서 여러 집단간의 비교평가가 힘들고, DEA적용에 있어 부적합하므로 본 연구의 논의에서 제외한다.

부 구현을 위해 노력한다고 볼 때, 정보화정책이나 전자정부가 궁극적으로 지향해야 할 목표에 대하여 현재 어느 정도나 도달해 있는가를 뜻이다. 따라서 '정보화수준평가'란 정부부처 및 지방정부를 비롯한 정보화 주체가 정보화의 궁극적인 목표달성을 위한 주요 요소들을 어느 정도나 확보하고 활용하고 성과를 내고 있는가를 객관적으로 평가하는 것이다(임수경, 1995: 17).

3) 정보화평가체계

정보화평가체계가 어떻게 이루어지고 있는가를 정보화추진위원회를 중심으로 살펴본 후, 정보화평가를 수행하는 조직 및 역할과 법적 근거를 살펴보고자 한다. 먼저 정보화 수행 조직 및 역할은 다음과 같다.

〈그림 2-1〉 정보화 평가체계

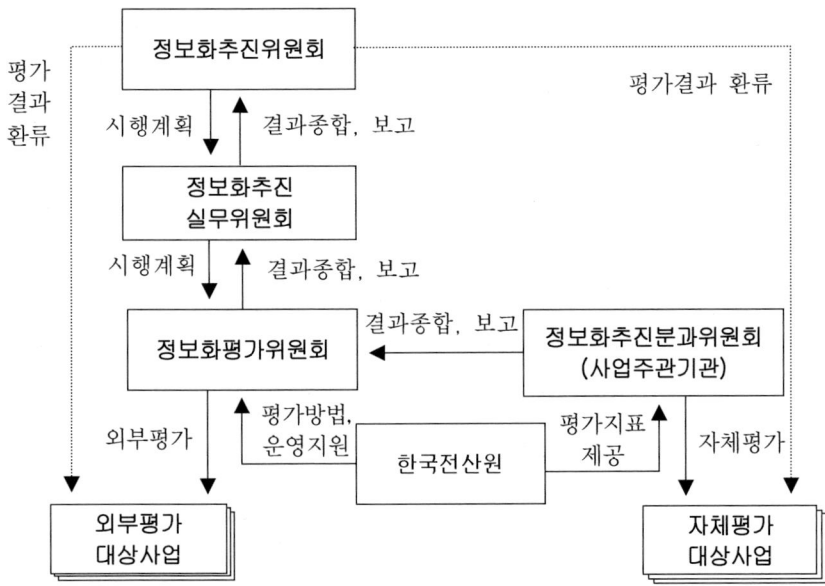

*자료: 이석재·이유택 (2001: 37)

첫째, 정보화추진위원회 및 실무위원회는 국가정보화 평가에 대한 기본
방향 설정, 정보화사업 외부평가 대상 및 정보화수준평가 대상선정, 국가정
보화 평가계획 및 평가결과 심의의 역할을 담당한다.

둘째, 정보화평가위원회의 위원은 산·학·연 민간인 전문가 20명 내외
로 구성하고, 공공정보화사업 평가 세부 추진계획 수립 및 실시, 정보화수
준 평가 세부 추진계획 수립 및 실시한다.

셋째, 정보화추진분과위원회(사업주관기관)는 공공정보화사업 자체평가
계획 수립 및 심의, 자체평가 실시 및 자료제출 등 외부평가에 협조를 의
뢰한다.

넷째, 평가전문기관(한국전산원)은 공공정보화사업 평가 및 정보화 수준
평가 지원, 정보화 평가제도 및 평가방법론 연구개발, 정보화평가위원회 운
영 지원한다. 정보통신부는 연도별 국가정보화 평가시행계획 수립, 정보화
평가위원회 구성 및 운영계획 수립, 정보화 평가결과 종합 및 보고하는 업
무를 담당한다.

다음으로 정보화사업평가의 법적 근거로서 우선 '정부업무등의평가에관
한기본법'[17]을 들 수 있다. 이 법이 정하고 있는 '정부업무등'에는 중앙행
정기관 및 그 소속기관과 지방자치단체가 추진하는 업무 및 관련사항을 포
함하고, 여기에는 '기관평가'[18] (기본법 제2조3항), '특정과제평가'[19] (제2조4
항), '자체평가'[20] (제2조5항)를 규정하고 있다. 다음으로 전자정부구현을위
한행정업무등의전자화촉진에관한법률을 들 수 있다. 이 법에서 다루는 성

---

17) 이 법은 효율적 평가체계 확립을 위해 2001년 1월 18일 제정·공포되어, 같은
   해 5월 1일부터 시행되고 있다.
18) 기관평가라 함은 행정기관을 대상으로 업무의 추진내용 및 집행성과, 이를 추
   진하는 기관의 역량, 업무추진에 대한 국민 만족도 등을 종합적으로 평가하는
   것을 말한다.
19) '특정과제평가'라 함은 국민의 관심도가 높거나 국가적·사회적 현안으로 대두
   되는 사안, 제도적 개선이 필요한 사안 등에 대하여 평가하는 것을 말한다.
20) '자체평가'라 함은 행정기관이 자체적으로 선정한 업무의 추진내용 및 집행성
   과, 이를 추진하는 기관의 역량 등을 평가하는 것을 말한다.

과평가(제46조)에서는 중앙사무관장기관의 장은 각 행정기관이 추진한 전자
정부사업을 종합평가하여 그 결과를 정보화추진위원회와 국회에 제출하여야
하며, 다만, 정보화추진위원회가 직접 평가를 실시하는 경우에는 그러하지
아니하다고 규정하고 있다. 이에 대한 평가에는 행정기관의 전자정부사업의
추진성과, 행정기관간 성과의 비교, 문제점 및 개선방안, 향후 추진계획 및
그 밖에 평가를 위하여 필요하다고 인정되는 사항을 대상으로 한다.

정보화사업평가의 직접적 근거가 되는 것은 역시 정보화촉진기본법이라
할 수 있다. 정보화촉진기본법 제9조(제7호)에서는 위원회의 기능을 정하
고 정보화촉진시책의 추진실적평가에 관한 사항의 정보화추진위원회 심의
하도록 하고 있다.

정보화촉진기본법 시행령 제4조(제4항 및 제5항)에서는 위원회의 운영
에 관하여 규정하고 정보화촉진시책 추진실적의 평가를 위해 필요시 전문
가에 의한 검토보고와 정보화촉진시책 추진실적 평가내용을 정보화촉진시
책에 반영하도록 하고 있다.

정보화촉진기본법 시행령 제7조(제3항 제2호)에서는 분과위원회에 관하
여 정하고 분과위원회는 소관분야와 관련된 정보화추진실적의 평가를 심의
하도록 하고 있다.

정보화추진위원회 운영세칙 제13조에서는 사업의 점검·평가에 관한 사
항을 정하고, 정보화촉진등에 관한 사업이 부진한 경우 등 정보화추진위원
장이 필요하다고 인정하는 경우 추진상황 점검·평가하도록 하고 있다.

2. 기존 수준평가방식의 한계

기존에 진행되고 있는 정보화수준측정에 대한 현재의 측정방식의 한계
를 살펴보고, 구체적으로 본 논문의 연구대상이 되는 기초자치단체에 대한
수준측정의 평가방식의 문제점에 대해 논의한다.

1) 정보화수준평가의 한계

중앙행정기관 정보화 수준평가의 문제점에 대해서는 최근 들어 서진완 (2001, 2002), 윤상오(2002) 등에 의해서 주로 논의되고 있다. 서진완 (2002)은 정보화수준평가에 대하여 평가목적과 활용, 평가모형 및 측정지 표, 평가방법, 평가주체, 평가시기, 평가대상기관 등으로 나누어 문제점을 제시하고 있으며, 윤상오(2002)는 평가목적, 평가결과 활용, 평가모형 및 지표, 평가대상, 평가관점 및 철학 등으로 나누어 제시하고 있다.

이들 연구에서 공통적으로 지적되는 문제점은 먼저 평가가 미래지향적 이고 발전적인 성과관리로 연계되지 못하고 현재수준에 대한 진단에 그치 고 있으며, 평가결과가 공식적으로 되돌이되어 정부부처의 정보화 수준 제 고에 적극적으로 활용되지 못하고 있다는 것이다. 또한 서로 다른 성격과 규모를 가진 기관에 대하여 순위부여 방식의 평가로 인하여 정보화의 우선 순위를 왜곡시키는 결과를 초래하기도 한다는 것이다.

평가모형에서도 어디까지를 정보화 수준의 범주로 볼 것인가에 대하여 논란의 여지가 있으며, 현행 시스템 위주의 공급자 중심의 정보화 개념규 정으로 인하여 국민들의 입장에서 체감하는 정보화 수준에 대한 평가가 누 락되는 문제점도 있다. 또한 평가지표의 적절성과 타당성의 문제가 제기되 기도 하고, 서로 다른 기관에 동일한 지표를 획일적으로 적용하는 것이 문 제점으로 지적되고 있다.[21] 이 밖에 평가주체와 평가시기, 평가위원회의 구성 등에 대해서도 일부 문제점이 지적되고 있다.

정보화수준평가는 각 부처의 정보화에 대한 객관적인 수준을 파악하고 각 기관의 정보화 추진노력의 장단점을 진단하여 기관 정보화의 효율적인

---

[21] 이 같은 지적은 중앙행정기관의 경우에 타당하다고 볼 수 있다. 업무특성과 대 민접촉에 있어 부서별 차이가 나타날 가능성은 충분하지만 이러한 상황을 무 시한 채 평가가 이루어질 경우 문제가 발생할 소지가 있을 것이다. 하지만 지 방정부, 그것도 기초자치단체의 경우는 업무특성과 주민접촉에 있어서 동질적 업무의 수행이 많기 때문에 지방자치단체별 차이는 크지 않을 것이다.

추진을 위한 개선방향을 제시하고, 우수기관이나 사례 등을 언급하여 타 기관에 정보화 추진을 위한 동기를 부여하는 것을 목적으로 하고 있다(정보화평가위원회, 2001). 평가결과는 정보화추진위원회에 보고된 후 향후 기관의 정보화 추진에 적극 반영하도록 되어 있으며, 평가결과 우수한 기관으로 선정된 경우 타 기관의 정보화추진 방향의 모델로 홍보 및 확산하는 한편, 정보화 추진이 부진한 기관은 모범기관에 대한 벤치마킹을 통해 정보화추진전략에 동기를 부여하고자 하는 데 있다(정보화평가위원회, 2001).

정보화수준평가는 평가목적상 과거지향적 성격과 미래지향적 성격을 동시에 갖고 있다. 그러나 실질적인 측면에서는 과거지향적 성격이 주로 부각되고 미래지향적 성격은 소홀히 되고 있는데 그 이유는 평가가 기관간 상대비교(순위, 등급부여)에 보다 중점을 두고 있기 때문이다. 그러나 서로 다른 기능과 성격을 갖는 기관간에 동일한 기준을 두고 하는 경쟁은 정보화 성과와 조직성과 제고를 위한 정보화가 아니라 평가를 위한 정보화, 순위를 위한 정보화, 대외적 과시를 위한 정보화가 될 가능성이 있다(윤상오, 2002: 237).

첫째, 정보화에 대한 평가대상기관간의 상대적인 순위는 파악할 수 있으나 절대적인 수준을 파악하기는 곤란하다는 보다 근본적인 문제점을 갖는다.[22] 그리고 피평가기관이 평가결과를 활용하는 데 한계가 나타난다. 그 이유는 평가결과에 포함되어 있는 개선방안에 대한 비중이 높지 않을 뿐만 아니라 그나마 피평가기관에 부여된 평가순위에 묻혀 제대로 관심을 받지 못하기 때문이다. 평가결과의 활용이 제약되는 또 다른 이유는 평가결과에 대한 공식적인 되돌이 과정이 존재하지 않고 평가결과에 따른 구속력이 없기 때문이다. 그 이유는 평가결과가 예산 등과 직접적인 연계가 안되어 있기 때문이다. 따라서 피평가기관이 수준평가에 신경을 쓰는 이유는 평가결과가 기관의 정보화에 직접적인 영향을 미친다기보다는 언론보도나 공개된

---

22) DEA를 통한 분석도 기존 방식이 갖는 상대적 효율성 측정의 한계를 가지고 있다. 따라서 본 연구 역시 한계를 지니게 된다.

46

순위에 따른 책임과 질책 때문이다(소영진, 2001).

둘째, 평가지표의 선정문제이다. 지나치게 많은 지표는 평가기관에게 자료수집과 가중치 부여 및 점수화 등에 과도한 시간과 노력을 요구하고 피평가기관에게 과중한 업무부담을 초래함으로써(서진완, 2001: 소영진, 2001) 평가에 대한 거부감을 조성할 수 있다.

셋째, 가중치 설정의 문제이다. 평가를 통하여 종합점수를 내고자 할 때, 지표간 중요도나 기여도의 차이로 인해서 가중치의 문제가 발생하게 된다. 현재 일반적으로 항목간 가중치를 내는 방법으로는 단순설문조사에 의한 가중치부여방법, 델파이(Delphi)를 통하여 가중치를 산정하는 방법, 지표간 중요도 비교를 통한 AHP분석기법을 활용하는 방법, 요인분석을 통한 요인 적재치를 가중치로 활용하는 방법, 종속변수와 독립변수간 회귀계수를 가중치로 활용하는 방법이 있다. 하지만 가중치가 어느 한 항목에 집중적으로 치우친 결과가 나타날 경우에는 문제가 크다. 이는 행정자치부·자치정보화지원재단이 AHP를 활용해서 가중치를 구한 결과를 보면 잘 나타나고 있다.[23] 2000년부터 2002년까지 구한 가중치 가운데 정보화투자부문의 측정항목은 1개 뿐(정보화예산비율)인데 이에 대한 가중치가 월등히 다른 지표의 가중치보다 높기 때문에 자연히 예산이 많은 자치단체의 수준이 높게 평가되는 문제점이 나타난다.

넷째, 많은 지표들간의 중요도와 수준이 서로 다르고 구체적 지표와 포괄적 지표가 복합됨으로서 평가결과의 타당성을 위협할 수도 있다. 지나치게 많은 지표(복잡한 지표)는 지나치게 적은 지표(단순한 지표)보다 못할 수도 있다. 가장 큰 이유는 평가결과의 활용을 저해하기 때문이다. 너무 많

---

23) 가중치 설정을 위해 자치단체 공무원과 지역의 전문가로 하여금 AHP를 위해 고안된 설문에 기입하도록 하고 있어서 표면상으로는 참여에 바탕을 둔 긍정적 측면이 부각될 수 있다. 하지만 문제는 그 간 시행해 온 자치단체 정보화수준측정에 있어 가중치의 중요성을 나름대로 해당 자치단체의 공무원들이 인식하고 있기 때문에 자기가 속한 자치단체의 유리한 분야에 높은 가중치를 준다는 점이 문제점으로 나타나고 있다.

은 지표는 피평가기관 구성원들에게 무관심과 무차별성을 유발하고, 지표
간 인과관계 규명이 어려워지며 이에 따라 평가결과 환류를 통한 변화관리
나 성과관리를 어렵게 만든다(Kaplan & Norton, 1996).[24]

다섯째, 현재의 정보화수준평가는 각 관점, 그리고 각 지표들을 상호 독
립적인 것으로 간주하고 있다. 즉 각 관점간의 상관관계 및 인과관계, 각
지표간의 관계, 그리고 정보화 요소와 조직성과간의 관계 등에 대한 논의
를 통한 수준평가가 이루어지지 않고 있다는 것이다(이석재, 2000).

전자정부 구현을 위한 정보화의 구성요소가 목표와 수단의 계층제 형태
로 서로 밀접한 연관관계를 갖는 것과 마찬가지로 정보화 수준평가를 구성
하는 관점들간, 그리고 측정지표들간에도 서로 밀접한 인과관계가 존재한
다. 그러므로 각 관점간 인과관계에 대한 고려가 없는 정보화 수준평가는
평가결과가 분절적·단편적일 수밖에 없어서 종합적이고 인과적 사고를 통
한 정보화 수준향상과 성과관리에 활용되기 어렵다.[25]

여섯째, 지금까지 이루어진 정보화수준평가는 일회적이고 단기적인 성격을
갖는다. 정보화수준평가는 매년 일관성 있는 평가모형을 활용하여 시간의 경
과에 따른 수준변화를 파악하고 이를 조직의 장기적인 발전과 성과관리에 활
용하기보다는, 이벤트성 행사로서 단발적으로 현재의 순위나 점수가 어떠한
가에 머무르고 있는 측면이 강하다.

외국의 경우, Accenture(2000, 2001, 2002)는 2000년 이후 매년 유사한
정보화수준평가 모형을 적용하여 세계 여러 나라의 전자정부 성숙도 수준
을 평가하고 이를 발표함으로써 년도별로 각 나라의 정보화수준이 어떠한
변화를 보이는가를 제시하고 있으며, Brown University(2000, 2001), DG

---

24) 실제 기초자치단체정보화수준측정의 경우 2002년 평가에 적용된 지표는 5개
부문 19개 지표로 다른 평가지표보다 적음에도 불구하고 자치단체 공무원과의
인터뷰결과 상당한 부담으로 자리잡고 있었다. 이러한 이유에는 평가의 책임이
전산직 공무원에만 귀속되고 있어 문제가 더욱 심화된다고 본다.
25) 이를 보강하기 위해 LISREL분석을 통한 지표간 인과관계의 규명이 필요하다
고 본다.

Information Society(2001, 2002) 등도 매년 동일한 평가모형으로 평가를 진행하여 시간의 경과에 따른 피평가기관의 정보화수준 변화를 추적하고 이를 성과관리에 반영하도록 노력하고 있다.26)

일곱째, 현재 진행되고 있는 중앙행정기관의 정보화 수준평가는 조직의 성격과 규모와 고객관계 등을 고려하지 않은 채 동일한 평가모형과 지표를 적용하여 평가를 진행하고 있다. 따라서 정보화 수준평가를 위한 일반모형은 필요하지만 일반모형의 획일적 적용은 문제가 될 수 있다. 이질적인 기관에 동일한 평가모형과 지표를 획일적으로 적용하는 것은 평가결과의 타당성을 떨어뜨리고 피평가기관의 평가결과에 대한 불신과 반발을 야기하며, 이로 인하여 평가결과의 활용과 성과관리에도 상당한 문제를 유발한다.

마지막으로 가장 중요한 부분일 수 있는 목적지향적인 면에서 그렇지 못하다는 것이다. 수준측정의 목적은 분명 전자정부에 대한 기반이 어느 정도 충족되고 있는가를 보는 것이다. 하지만 여러 평가지표들(독립변수)이 과연 무엇을(종속변수) 달성키 위해 측정되는가를 다시금 생각해야 한다. 요약하면 투입 대비 산출이 효과적이라고 보았을 때 이러한 측정의 부재가 현재 나타나고 있다. 따라서 기존의 물리적 기반위주의 평가가 과연 무엇을 지향하는 지를 명확히 해야 할 것이다.

2) 기초자치단체 정보화수준평가의 실증적 문제점

자치정보화지원재단이 수행하는 기초자치단체 정보화수준측정에서 활용되는 지표중의 일부와 재정력 지수 및 재정여건지수27) 등의 상관관계를28)

---

26) 매년 같은 지표를 사용해서 시계열 분석을 한다는 것은 타당하다. 하지만 정보화 분야는 변화가 빠르기 때문에 너무 이러한 틀에 얽매이는 것은 곤란할 것이다. 가령, e-mail, LAN 보급정도는 예전에는 중요한 지표가 될 수 있었으나, 현 시점에 적용한다는 것은 의미가 없을 것이다.

27) 재정력여건지수는 도로정비사업의 보정에 사용되고 있는 지수로서 해당 자치단체의 재정력 역지수를 전자치단체 재정력역지수의 평균으로 나누어 계산한다.

분석한 결과(행정자치부, 2002: 64-65)를 통해 우선적으로 재정과 순위와
의 관계를 살펴보고자 한다.

〈표 2-3〉 재정력 및 재정여건지수와 정보화지표간 상관계수

	재정력	재정여건	정보예산	서버도입	PC 수	네트워크	정보인력	주민교육	LAIB
재 정 력	1.000	-.461*	.486*	.116	.261*	.034	.135*	-.041	-.244*
재정여건	-.461*	1.000	-.513*	-.285*	-.183*	-.013	-.190*	-.123	-.025
정보예산	.486*	-.513*	1.000	.430*	.274*	-.054	.286*	.138*	-.033
서버도입	.116	-.285*	.430*	1.000	.158*	-.101	.408*	.158*	.035
P C 수	.261*	-.183*	.274*	.158*	1.000	.026	.170*	.146*	.064
네트워크	.034	-.013	-.054	-.101	.026	1.000	-.047	.006	.051
정보인력	.135*	-.190*	.286*	.408*	.170*	-.047	1.000	.127	.155*
주민교육	-.041	-.123	.138*	.158*	.146*	.006	.127	1.000	.242*
L A I B	-.244*	-.025	-.033	.035	.064	.051	.155*	.242*	1.000

　* 상관관계는 0.05수준(양쪽)에서 유의
　** 출처: 행정자치부(2002: 64)

재정력지수와 제반 평가지표와 상관관계를 살펴보면 정보화예산비율이
나 공무원1인당 PC수, 정보부문 인력 등 정보화지원 및 기반과 관련된 지
표는 양의 상관관계가 도출되고 있어 재정력이 우수한 자치단체에서 정보
화수준도 높게 나타나고 있다.

이에 비해 인구대비 정보화교육 참가 주민비율이나 관리대상 정보종수에
대비한 LAIB(Local Administration Information Bank) DB구축 정보종수의
비율 등은 정보활용의 측면에서는 상관관계가 유의하지 않거나 오히려 음의
상관관계가 나타나는 현상을 보이고 있다.

즉,

$$재정여건지수 = \frac{당해자치단체의재정력역지수}{\sum 자치단체의재정력역지수/도의개수}$$

28) 상관관계의 계수(r)의 절대값이 r〉0.90이면 '아주 높은 관계', .70≤r≤.90이면
'높은 관계', .40≤r≤.70이면 '비교적 높은 관계', .20≤r≤.40이면 '낮은 관계',
.20 미만이면 '아주 낮은 관계'가 있다고 말할 수 있다(김호정, 2001: 317).

재정력 및 재정여건지수와 자치정보화지원재단의 기초자치단체에 대한
정보화 평가점수와의 상관관계를 보면, 재정력지수와 각 정보화분야별(5개
영역) 점수 및 총점수와의 상관관계는 모두 5%의 수준 하에서 유의한 양의
관계를 보여주고 있다. 한편 정보화예산비율과 이들 점수와의 상관관계도
마찬가지로 모두 1%의 수준 하에서 통계적으로 유의한 양의 상관관계를 보
여주고 있으며, 재정여건지수의 경우 음의 상관관계를 보여주고 있다(행정
자치부, 2002: 66-67).

결국, 재정력이 풍부한 자치단체일수록 정보화 관련 예산비율도 높게 나
타나고 있으며 각 분야별 정보화 수준이 높게 평가되고 있다.

〈표 2-4〉 재정력 및 재정여건지수와 정보화 평가점수간 상관계수

	재정력	재정여건	정보예산	지원점수	투자점수	기반점수	조직점수	활용점수	총점수
재 정 력	1.000	-.461*	.486*	.244*	.486*	.286*	.263*	.309*	.508*
재정여건	-.461*	1.000	-.513*	-.169*	-.513*	-.185*	-.289*	-.302*	-.483*
정보예산	.486*	-.513*	1.000	.410*	1.000*	.285*	.396*	.362*	.814*
지원점수	.244*	-.169*	.410*	1.000	.410*	.129	-.161*	.178*	.344*
투자점수	.486*	-.513*	1.000*	.410*	1.000	.285*	.396*	.362*	.814*
기반점수	.286*	-.185*	.285*	.129	.285*	1.000	.230*	.329*	.640*
조직점수	.263*	-.289*	.396*	-.161*	.396*	.230*	1.000	.361*	.637*
활용점수	.309*	-.302*	.362*	.178*	.362*	.329*	.361*	1.000	.678*
총 점 수	.508*	-.483*	.814*	.334*	.814*	.640*	.637*	.678*	1.000

* 상관관계는 0.05수준(양쪽)에서 유의
** 출처: 행정자치부(2002:66)

우리나라 정보격차의 현황, 자치단체의 재정력과 정보지수와의 관계 등
의 내용은 다음과 같다(행정자치부, 2002: 68-69).

첫째, 우리나라의 지역간 정보격차는 정보인식 등의 측면보다는 주로 정
보기반 측면에서 나타나고 있다.

둘째, 개별 기초자치단체의 정보화 수준과 재정력과의 관계를 분석한 결

과 자치단체의 재정여건이 열악할수록 정보화 수준, 한 자치단체의 정보화
예산 및 정보화투자와의 음의 상관관계는 더욱 뚜렷이 나타나고 있음을 알
수 있다. 이러한 정보투자 지수에 비해서 정보화활용과의 상관관계는 그리
높지 않거나 유의하지 않은 것으로 나타나고 있다. 결국, 재정력이 열악한
자치단체일수록 정보화투자가 열악한 수준이라는 점을 의미한다.

　결국 현행 수준측정은 재정여건이 다른 단체보다 나은 단체에 유리한
체계로 구성되어 있다는 것을 보여준다. 물론 재정여건이 좋아서 정보화에
힘을 쏟는 것은 바람직한 현상이지만, 기존의 방식은 열악한 자치단체에게
는 불리하게 작용할 수밖에 없는 한계를 지니게 된다. 그렇다면 예산 및
인력을 많이 투입한 경우 어느 정도의 산출 혹은 성과를 내는지를 측정할
경우 이러한 문제가 완화될 수 있는지의 여부를 살펴볼 필요가 있을 것이
다. 이러한 문제점을 극복하기 위해 지표체계에 의한 방식과 대비되는 계
량모형인 DEA를 활용해서 기초자치단체를 대상으로 측정을 하고자 한다.

제3절 DEA의 이론적 논의

1. 발달과 특성

1) 발　달

　효율성을 측정하고자 하는 시도는 Koopmans(1951)와 Debreu(1951)의
영향을 받은 Farrell의 연구에서 시작되었다. Farrell(1957)에 의해 기술적
효율성(technical efficiency)과 배분적 효율성 혹은 가격효율성(allocative
or price efficiency)으로 구분되었으며, 그 후 Fieldhous와의 공동연구
(1962)를 통해 추가된 규모효율성(scale efficiency)을 포함하여 세 종류로

구분하고 있다(정윤수, 1995: 278).

Farrell은 기술적 효율성과 배분적 효율성의 구체적인 척도를 처음으로 제시하였으며 특히, 기술적 효율성의 측정을 위한 DEA모형을 개발했다. Farrell은 관찰대상(observation set) 중에서 먼저 최상실행곡선(best practice units)을 지정하고 지정된 최상실행개체와 비교하여 다른 의사결정 개체들의 상대적 효율성을 측정하기 위한 선형계획기법을 개발했다. 또한 최근의 논문들은 하나의 산출물만을 측정의 대상으로 사용했던 Farrell의 원래 공식을 좀 더 일반화시켰다. Charnes, Cooper 그리고 Rhodes(1978)는 복수의 투입물과 복수의 산출물을 사용할 수 있도록 Farrell의 계산과정을 일반화시켰다. Schinnar(1980)는 자료포락과정(data enveloping procedure)을 응용하여 투입물과 산출물의 오목각(convex hull)을 만들어 그 표면으로부터 각 개체의 효율성을 측정하는 효율적인 연산방식을 개발했다.

2) 특 성

자료포락분석모형은 다음과 같은 몇 가지 특성을 갖는다(정윤수, 1995: 278).

첫째, 복수의 투입물을 사용하여 복수의 산출물을 생산하는 복잡한 생산 구조하에서 생산함수의 구체적인 형태가 알려져 있지 않거나 또는 그들간의 투입-산출관계를 적절히 기술하기 힘든 경우에 특정 의사결정개체의 효율성을 그와 유사한 의사결정개체와 비교하여 상대적인 효율성과 비효율성의 정도를 나타내 보여준다.

둘째, 상대적 효율성 수치를 계산한다. 자료포락분석모형은 같은 생산물을 공급하는 개체들 중 한 단위의 투입물에 대해 가장 높은 수준의 산출물을 생산하는 개체를 먼저 가려낸다. 이렇게 선택된 개체들은 모든 관찰대상을 포위하는 최상실행곡선(best practice frontier)을 형성하게 되며 다른 개체들은 여기에 비추어 상대적으로 효율성이 결정된다. 최상실행곡선상에 있는 개체들에 비해 상대적으로 덜 효율적인 개체들의 평가는 비교집단(comparison groups)이라고 불리는 관찰대상들의 부분집합안에서 행해진다. 하나의 비교집단에 속하는 관찰대상들은 비슷한 투입물과 산출물의 혼합을 가진다.

셋째, 자료포락분석모형은 생산함수의 존재를 가정하고 있는 여타 접근법과는 달리 단지 모든 관찰대상을 포락하는 최상실행곡선을 가려내려고 시도할 뿐이다. 실제로 생산함수를 찾아낸다는 것은 아주 어렵다. 알려진 생산함수가 없는 경우에도 자료포락분석모형은 어느 집단이 투입물 한 단위당 가장 많은 산출물을 생산하는지를 가려낼 수 있으며, 주어진 제약조건 하에서 실제로 달성가능한 결과와 비교하여 각 개체를 평가한다. 이러한 특성은 자료포락분석모형의 적용범위를 크게 넓혀 줄 뿐 아니라 새로운 프로그램의 시행효과를 분석할 수 있게 만들며, 여러 프로그램이 실시된 경우 어떤 프로그램이 어떤 점에서 우수한지에 대한 분석도 가능하게 해준다.

넷째, 모수적 접근이[29] 비효율적인 조직의 비효율적인 부분에 대한 설명을 제공해 주지 못하는데 반해, 자료포락분석모형은 비효율적인 것으로 밝혀진 조직에 대해 그 원인이 무엇인지를 규명할 수 있으며 이를 바탕으로 자원을 효율적으로 재배분함으로써 조직의 효율성에 관한 정보를 제공할 수 있다.

2. DEA모형의 이론적 특성 및 형태

1) Koopmans의 효율성 정의

전통적인 생산이론에서 가장 핵심적 개념은 생산함수(Production

---

29) 효율성을 측정하기 위한 모수적 접근법의 전통적인 방법으로 회귀분석을 들 수 있다. 회귀분석에서는 회귀식에 의해 생산에 관련된 총비용을 추정하고(C') 이를 실제 발생비용(C)과 비교하여 C'〉C이면 비효율적인 것으로 평가한다(정윤수, 1995: 277). 이를 응용한 것이 확률전선모형이다.

Function)이다. 생산함수는 '효율적 경영자'의 존재를 사전에 가정하고 있는 개념이라는 측면에서 지나치게 제약적이라는 인식이 오래 전부터 있어왔다 (Koopmans, 1951; Takayama, 1985).

효율적 경영자(Efficient Manager)는 주어진 투입요소를 사용해서 생산할 수 있는 최대 산출량을 만들어내는 경영자를 의미한다. Koopmans(1951)는 효율적 경영자의 존재를 가정한 생산함수를 대체하기 위한 수단으로 일련의 공리를 부여한 집합으로부터 투입·산출관계를 나타내는 활동분석 (Activity Analysis)을 통해 이론적 개혁을 시도하였다. 이 집합을 생산가능 집합(Production Possibility Set)이라[30] 하는데 이 집합에서는 생산함수에서 다룰 수 없었던 다수 산출(Multiple Outputs) 상황을 쉽게 다룰 수 있으며 또한 비효율적 경영자의 존재가 허용된다. 이러한 관점에서 Koopmans는 생산기술(Production Technology)을 표현하는 기존의 방법을 크게 일반화하였다고 볼 수 있다.

생산가능집합(Production Possibility Set)은 생산가능성(Production Possibilities)들의 집합을 의미한다. '생산가능성'은 기술적(물리적)으로 실행가능한 생산계획(Production Plan)을[31] 의미한다. 투입벡터(Input Vector)를 $x = (x_1, x_2, \cdots, x_m) \in R_m+$, 산출벡터(Output Vector)를 $y = (y_1, y_2, \cdots, y_s) \in R_s+$이라 하면, 투입 x를 사용해서 산출 y를 생산하는 것이 기술적으로 실행가능한 모든 생산계획 즉 모든 생산가능성들의 집합이며 다음과 같이 정의할 수 있다.

---

30) Koopmans(1951)는 선형계획법(Linear Programming)에 관한 최초의 학술대회에서 발표한 "Analysis of Production as an Efficient Combination of Activities"라는 제목의 논문에서 이 집합을 '상품공간(Commodity Space)'으로 불렀다. 최근 생산이론 및 효율성 측정 관련 문헌에서 Koopmans의 상품공간은 생산가능집합 또는 생산집합(Production Set)으로 불리우고 있다.
31) '생산계획'은 문헌에 따라 투입·산출결합(Input-Output Combination) 또는 청사진(Blueprint)라는 용어로 지칭하기도 한다.

생산가능집합

$$T=\{(x, y): x \text{로 } y\text{를 생산 가능함}\}$$

생산가능집합은 효율적인 생산가능성과 비효율적인 생산가능성들을 모두 원소로 가지고 있으며 Koopmans는 효율적 생산가능성을 다음과 같이 정의하였다.

생산가능집합 T에 속해 있는 임의의 점 (x, y)에 대해서 $x' \leq x$, $y' \geq y$를 만족하는 점 (x', y')이 T에 존재하지 않으면 (x, y)를 효율적이라고 한다 (Koopmans, 1951: 60). 이러한 Koopmans의 효율성 정의를 만족하는 T의 효율적 부분집합(Efficient Subset)은 다음과 같이 나타낼 수 있다.

효율적 부분집합

$$\{(x, y): (x, y) \in T, (x', y') \notin T, x' \leq x, y' \geq y$$

어떤 생산자가 Koopmans의 효율성을 만족한다는 것은 이 생산자가 생산가능집합에서 '산출 $y_1, y_2, \cdots, y_s$ 중 어떠한 산출의 생산량을 증가시키고자 할 경우 다른 산출의 생산량을 줄이거나 또는 $x_1, x_2, \cdots, x_m$ 중 적어도 하나 이상의 투입요소의 사용량을 증가시켜야 할 상황' 그리고 '투입 $x_1, x_2, \cdots, x_m$ 중 어떤 투입의 사용량을 감소시키고자 할 경우 다른 투입요소의 사용량을 증가시키거나 또는 $y_1, y_2, \cdots, y_s$ 중 적어도 하나 이상의 산출의 생산량을 감소시켜야 하는 상황'에 직면해 있음을 의미한다. Koopmans 효율성은 Pareto의 최적성 개념을 생산가능집합에서 재해석한 것으로 볼 수 있으며, 이 때문에 Pareto-Koopmans 효율이라 하기도 한다(Charnes, Cooper, Golany, Seiford and Stutz, 1985).

2) Farrell 효율성

Farrell(1957)은 Koopmans(1951)와 Debreu(1951)의 영향을 받아 효율성을 실증적으로 측정하기 위한 연구를 시도하였다. Koopmans는 생산기술을 생산가능집합으로 표현하고 생산가능집합의 효율적 부분집합을 정의하였다.

Farrell은 기업(＝생산가능집합의 하나의 원소)의 효율성을 그 기업이 효율적 집합에서 떨어져 있는 거리로 측정할 수 있다는 생각을 하고 거리개념을 기초로 하는 효율성 측정방법을 제시하였다. 이와 더불어 Farrell은 기업이 효율성은 물리적 요소(Physical Component)와 경제적 요소(Economic Component)에 의해 결정되는 것으로 생각하였다.

물리적 요소는 기업이 주어진 투입량에서 최대의 산출을 생산하는 능력을 나타내는 기술효율성(Technical Efficiency)이며 경제적 요소는 기업이 요소 가격의 관점에서 최적 투입결합을 결정하는 능력을 나타내는 가격효율성(Price Efficiency)이며 이 두 가지 효율성이 결합하여 기업의 총체적 효율성인 총괄효율성(Overall Efficiency)을 결정한다는 것이다.

(1) Farrell의 투입효율성

Farrell은 등량도(Isoquant Diagram)를 이용해서 기술효율성, 가격효율성 및 총괄효율성의 개념을 정의하였다. Farrell은 효율성 개념을 정의하면서 다음과 같은 두 가지 내용을 가정하였다.

첫째, 생산가능집합은 불변규모수익(CRS: Constant Return to Scale)의 성격을 갖는다는 것이다. Farrell은 산출량을 일정한 값으로 고정시킨 상태에서 〈그림 2-2〉와 같은 투입공간에서 효율성을 정의하였다. 따라서 자신이 정의한 효율성 개념을 모든 산출수준에 적용하기 위해서는 불변규모수익이 가정이 필요하다.

둘째, 미지의 실체(Unknown True Underlying)로서 생산가능집합의 효율적 집합이 주어져 있는 것으로 가정하였다.

〈그림 2-2〉 Farrell의 효율성: 투입공간

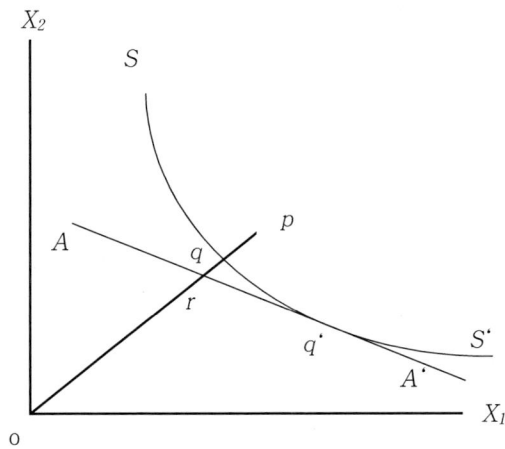

〈그림 2-2〉은 산출량을 1단위로 고정시킨 투입공간이다. 점 p는 효율성을 측정하고자 하는 기업을 나타내며 이 점의 좌표는 이 기업이 1단위 산출을 생산하기 위해서 사용한 첫 번째 투입요소 x_1의 사용량과 두 번째 투입요소 x_2의 사용량이다. 다른 점들의 좌표도 같은 방식으로 해석하면 된다.

〈그림 2-2〉에서 곡선 SS'의 우상향 부분은 산출수준이 1 단위로 고정된 생산가능집합이며 곡선 SS'은 Koopmans의 효율성 조건을 만족하는 효율적 부분집합이다. 효율적 부분집합 SS'은 생산가능집합의 경계(Boundary or Frontier)를 형성하기 때문에 '생산프런티어(Production Frontier)' 또는 '프런티어'라고 한다.

원점 o와 p를 연결하는 직선상에 놓여있는 기업들은 모두 투입요소 사용량의 비율이 p와 동일하다. q는 두 생산요소를 p가 사용하는 양이 oq/op 수준만을 사용하면서 같은 양의 산출을 생산하고 있다. 따라서 비율 oq/op를 기업 p의 기술효율성으로 정의할 수 있다. 이 비율은 p가 프런티어 SS'에 접근할수록 1에 가까워지고 멀어질수록 0에 가까워지는 특성을 갖는다. 즉 $0 \leq oq/op \leq 1$을 만족한다.

〈그림 2-2〉에서 생산요소의 가격을 고려해보면 요소가격은 주어져 있는 것으로 가정하고 직선 AA'의 기울기가 두 생산요소 가격의 비율을 나타내는 등비용선(Iso-cost Line)이라 하자. 등비용선은 위쪽으로 이동할수록 비용이 높아진다. q'의 비용은 q의 비용보다 저렴하다. 프런티어 SS'에 속해 있는 모든 점들은 100%의 기술효율성을 가지고 있지만 등비용선 AA'과 접해있는 q'의 비용이 가장 저렴하다. 따라서 경제적 관점에서 볼 때 q'이 최적의 투입결합이다. q'이 지불하는 비용은 q가 지불하는 비용의 or/oq배이다. 이 비율은 자연스럽게 q의 가격효율성으로 정의될 수 있다. 효율성 측정대상인 p가 자신의 기술효율성은 일정한 상태로 유지하면서 투입요소 사용량의 비율을 q'의 비율과 같도록 조정한다면 요소가격이 일정함을 전제로 했을 때 p가 지불하는 비용은 현재 수준의 op/oq배로 줄어들게 된다. 따라서 이 비율은 p의 가격효율성으로도 정의될 수 있다.

p가 기술적인 측면 및 경제적인 측면에서 모두 완전한 효율성을 갖기 위해서는 지출비용이 현재 지불하고 있는 비용의 or/op배로 줄어들어야 한다. Farell은 이 비율을 p의 총괄효율성으로 정의하고 총괄효율성, 기술효율성, 가격효율성간에 다음과 같은 관계가 있음을 제시하였다.

$$\frac{or}{op} = \frac{oq}{op} \times \frac{or}{oq}$$

(2) Farrell의 산출효율성

〈그림 2-3〉은 투입공간에서 Farrell이 정의한 효율성 개념을 나타내고 있으며 이 내용을 산출공간에 대칭적으로 적용하여 동일한 개념들을 정의할 수 있다. 〈그림 2-3〉은 투입량을 1단위로 고정시킨 산출공간이다. 사용된 기호들은 수직축과 수평축에서 산출물을 나타내는 y_1, y_2만을 제외하면 〈그림 2-2〉의 기호와 동일하다. 곡선 SS'와 수직축 및 수평축으로 형성되는 부분은 투입수준이 1단위로 고정된 생산가능집합이고 곡선 SS'은 생산프런

티어 이다.

원점 o에서 시작해 p를 통과하는 직선상에 놓여있는 기업들은 모두 산출량의 비율이 p와 동일하다. q는 p와 같은 투입량으로 p의 산출량의 oq/op배를 생산하고 있다. 따라서 비율 oq/op을 기업 p의 기술효율성으로 정의할 수 있다. 이 비율은 p가 프런티어 SS'에 접근할수록 1에 가까워지고 멀어질수록 ∞에 가까워지는 특성을 갖는다. 즉 $1 \leq oq/op \leq \infty$을 만족한다. 〈그림 2-3〉에서 산출물의 가격을 고려해 보면 산출물의 가격은 주어져 있는 것으로 가정하고 직선 AA'의 기울기가 두 산출물의 가격의 비율을 나타내는 등수익선(Iso-Revenue Line)이라 하자. q'의 수익은 q의 수익보다 높다. 따라서 q' 및 q를 포함한 프런티어 SS'에 속해 있는 모든 점들이 100%의 기술효율성을 가지고 있지만 이들 중 경제적인 관점에서 볼 때 q'이 최적의 산출결합이 된다.

〈그림 2-3〉 Farrell의 효율성: 산출공간

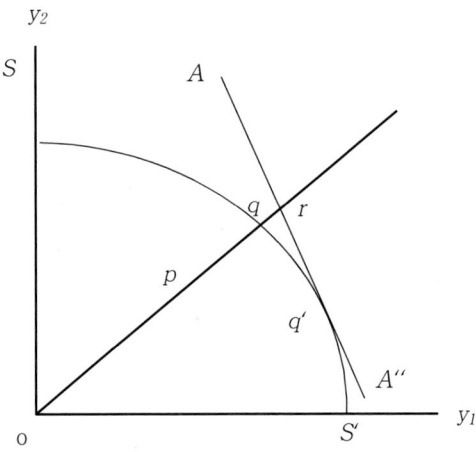

q'의 수익은 q의 수익이 or/oq배가 되며 이 비율은 자연스럽게 q의 가격효율성으로 정의될 수 있다. 효율성 측정대상 p가 자신의 기술효율성은 일

60

정한 상태로 유지하면서 산출물 생산량의 비율을 q'의 비율과 같도록 조정
한다면 산출물의 가격이 일정함을 전제로 했을 때 p의 수익은 현재 수준의
or/oq배로 증가하게 된다. 따라서 이 비율은 p의 가격효율성으로도 정의될
수 있다.

p가 기술적인 측면 및 경제적인 측면에서 모두 완전한 효율성을 갖기
위해서는 총수익이 현재 수익의 or/op배의 수준으로 높아져야 한다. 이 비
율을 p의 총괄효율성으로 정의할 수 있다. 총괄효율성, 기술효율성, 가격효
율성간에 다음의 관계가 성립한다.

$$\frac{or}{op} = \frac{oq}{op} \times \frac{or}{oq}$$

즉 「총괄효율성＝기술효율성×가격효율성」의 관계가 성립한다. Farrell은 기
술효율성, 가격효율성, 총괄효율성 등을 구별하여 정의하였으나 그의 주된 관
심은 기술효율성을 측정하는데 있었다. 실제로 그는 자신이 제안한 효율성 개
념의 유용성을 증명하기 위해 미국의 농업생산자료를 이용한 실증분석을 실
시하면서 기술효율성을 측정한 바 있다. 가격 및 총괄효율성의 측정은 기업
의 경제적 목적(비용최소화, 수익최대화, 이윤최대화 등)을 사전에 가정해야
하며 또한 투입요소 및 산출물의 시장가격에 관한 정보를 필요로 한다. 기업
의 총체적 효율성을 측정하기 위한 노력의 일환으로 기술효율성과 더불어
가격효율성을 함께 고려하기 위한 연구도[32] 이루어지고 있으나 대부분은 기
술효율성 측정에 초점을 두고 있다.

---

32) Kopp and Diewert(1982), Byrnes and Valdmannis(1994) 등

3) DEA의 효율성 측정 모형

(1) CCR포락모형

자료포락분석모형은 유사한 복수투입물과 유사한 복수산출물을 가진 의사결정개체(DMU: Decision Making Unit)들의 상대적 효율성을 평가하기 위한 방법이다. 각 의사결정개체의 가중된 투입물의 합과 가중된 산출물의 합의 비율을 평가하여 각 의사결정개체의 효율성을 측정한다.

수식은 투입물(X_i)의 선형적 배합(linear combination)에 대한 산출물(Y_i)의 선형적 배합비율을 극대화시키는 가중치(U_r, V_i)를 선택하기 위한 방식으로 만들어진다. 평가되는 각 의사결정개체의 효율성 척도에 대한 제약조건은 선택된 가중치들이 목표함수를 풀 수 있어야 하는 것이어야 하며, 각 의사결정개체의 효율성이 비교집단내의 최상실행개체의 그것보다 작아야 한다는 것이다. 수식(1)은 이러한 설명을 수학적으로 보여주고 있다.

(수식 1)

$$\text{Maximize} \quad E_k = \frac{\sum_{r=1}^{s} Y_{kr} U_{kr}}{\sum_{i=1}^{m} X_{kr} V_{ki}}$$

Subject to

$$E_k = \frac{\sum_{r=1}^{s} Y_{kr} U_{kr}}{\sum_{i=1}^{m} X_{kr} V_{ki}} \leq 1, \; j = 1, 2, \cdots, n$$

$$V_{ki} \geq \varepsilon, \; i = 1, 2, \cdots, m$$

$$U_{kr} \geq \varepsilon, \; i = 1, 2, \cdots, s$$

여기서 Y_{kr}는 r번째 의사결정개체가 사용한 r번째 투입물의 양이며, X_{kr}은 r번째 의사결정개체가 사용한 r번째 산출물의 양을 나타내는 것이다. U_{kr}은 모형 속에서 계산된 산출물 r에 대한 가중치이며 V_{kr}은 모형 속에서 계산된 r에 대한 가중치이다. 위의 수식은 분수계획(fractional programming)문제이다. Charnes, Coopers 그리고 Rhodes(1978)는 이것이 표준적인 선형계획문제로 쉽게 전환될 수 있음을 기존의 알고리즘을 사용하여 보여 주었다. 여기에서는 그에 관한 기술적이고 세부적인 문제에 대해서는 언급하지 않는다.[33]

비록 상세하지는 않지만 그림에 의한 설명을 통해 자료포락분석모형에 대한 이해를 도와줄 수 있다. 먼저 두 개의 투입물(X_1, X_2)을 사용하여 모두 같은 수준의 산출물(Y)만을 생산하는 다섯 개의 의사결정개체(A, B, C, D, E)들을 생각해 보자.

각 의사결정개체는 다른 배합으로 투입물을 사용하고 있다. 이 경우 최상실행곡선(best practice frontier)은 산출물 Y를 생산하는데 가장 적은 투입물을 사용한 개체들에 의해 정해진다. Farrell에 의하면 관찰된 개체들은 분절적 선형선분(piecewise linear segment)으로 포락된다. 〈그림 2-4〉에서 YY'로 표시된 경계가 최상실행곡선이며 이는 신고전학파의 생산이론에서 설명하는 등량곡선(isoquant)와 같은 것이다. 이 경우 A, B, C, E점은 최상실행곡선상에 있으며 가장 효율적인 개체로서 효율성 점수는 1이 된다. 반면 최상실행곡선상에 있지 않은 D점의 상대적 효율성은 OE/OD가 된다. 실제에 있어 관찰된 투입물과 산출물의 오목외각(convex hull)을 만들 때 복수의 투입물과 복수의 산출물 모델에도 적용될 수 있다.

---

33) 수학적 증명과 세부적인 내용은 Charnes, Coopers & Rhodes(1978, 1981)의 논문에 잘 나타나 있다. 또한 선형계획법 알고리듬을 사용할 수 있는 LINDO를 통해 해를 구할 수 있다. LINDO에 관한 자세한 내용은 www.lindo.com을 참조할 수 있으며, 또한 이 소프트웨어는 해를 구할 수 있는 문제의 크기가 제한되어 있는 점을 제외하면 일반용과 모든 기능이 같다.

〈그림 2-4〉 최상실행곡선과 상대적 효율성

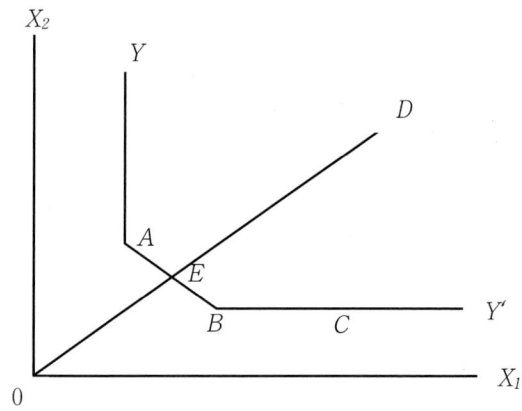

이 부분에서는 Farrell 효율성과 CCR포락모형의 관계에 대해서 살펴본다. CCR모형은 Farrell효율성을 표본자료로부터 계산하기 위한 선형계획법 모형이다.

Farrell효율성은 생산가능집합의 효율적 부분집합 즉 생산프런티어 (Production Frontier)를 알고 있음을 전제로 한다. 그러나 현실에서 생산 프런티어를 알 수 있는 경우는 거의 없으며 표본자료(Sample Data)로부터 추정해야 한다.

Farrell(1957)은 표본자료로부터 생산프런티어를 추정할 때 다음의 〈그림 2-5〉에 나타낸 것처럼 투입공간의 경우 표본자료를 왼쪽에서 오른쪽 방향 으로 그리고 아래쪽에서 위쪽 방향으로 감싸는 비모수적 부분선형볼록프런 티어(Piecewise Linear Convex Frontier) 또는 부분선형프런티어(Piecewise Linear Frontier)를 사용하거나 또는 같은 방식으로 표본자료를 감3싸도록 맞추어진(Fitted) 모수적 Cobb-Douglas형 함수34)를 사용할 것을 제안한

---

34) 계량경제적 방법을 통해 생산함수를 추정하는 노력은 1920년대의 Cobb-Douglas (1928)로 거슬러 올라간다. 하지만 이는 프런티어 추정이 아닌 OLS방식을 통한 평균적 생산수준의 추정이었기 때문에 생산함수의 개념과는 걸맞지 않는다.

바 있다. 산출공간의 경우에는 표본자료를 감싸는 방향이 투입공간의 경우
와는 반대방향으로 바뀐다.

〈그림 2-5〉부분선형프런티어

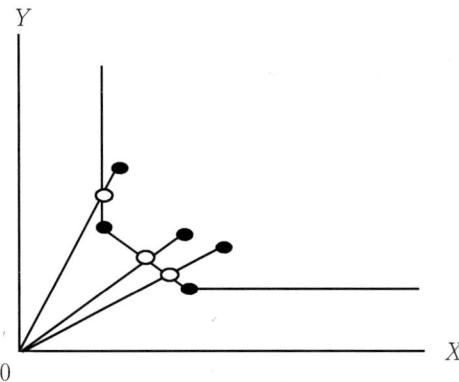

CCR포락모형 투입방향 모형수식에[35] 나타난 투입방향의 CCR포락모형
은 표본자료를 왼쪽에서 오른쪽 방향으로 그리고 아래쪽에서 위쪽 방향으
로 감싸는 부분선형프런티어를 구성하고 이렇게 구성한 프런티어와 비교하
여 효율성을 계산하는 선형계획법 모형이라고 할 수 있다.

CCR포락모형 산출방향 모형수식에[36] 나타낸 산출방향의 CCR포락모형
도 자료를 감싸는 방향이 다르지만 표본자료로부터 프런티어를 구성하고

---

35) Minimize $\theta - \varepsilon \cdot \sum_{i=1}^{m} Si^- - \varepsilon \cdot \sum_{r=1}^{s} Sr^+$

    Subject to

$$x_{ki}\theta - \sum_{j=1}^{n} x_{ji}\lambda_j - Si^- = 0, \qquad i = 1, 2, \cdots, m$$

$$\sum_{j=1}^{n} y_{jr}\lambda_j - Sr^+ = y_{kr}, \qquad r = 1, 2, \cdots, s$$

    and $\lambda_j \geq 0, j = 1, 2, \cdots, n$

        $Si^- \geq 0, i = 1, 2, \cdots, m$

        $Sr^+ \geq 0, r = 1, 2, \cdots, s$

        θ: 제약없음

이를 기초로 효율성을 계산하는 선형계획법 모형이라는 의미를 부여할 수 있다.

Charnes, Cooper, 그리고 Rhodes(1978)가 소개한 CCR포락모형은 생산가능집합에 강처분성(Strong Disposability), 볼록성(Convexity), 그리고 불변규모수익(Constant Return to Scale)을 가정한 모형이다. CCR포락모형 이외에 여러 가지 다른 DEA모형들이 제시되고 활용되어 왔는데 이들 중 많은 수의 DEA모형은 생산가능집합에 부여한 가정을 기준으로 분류해 볼 수 있다. 예를 들어 Banker, Charnes, 그리고 Cooper(1984)가 소개한 BCC모형은 생산가능집합에 강처분성과 볼록성 가정만을 부여한 모형이다.

(2) BCC모형

Banker 외(1984)는 CRS모형을 확장해 VRS모형을 설명하고 있다. 즉 CRS가정은 모든 DMU들이 최적 규모에서 운영되고 있다는 것인데, 이들은 모든 DMU들이 최적규모에서 운영되지 않을 경우에 기술적 효율성(Technical Efficiency)은 규모의 효율성(Scale Efficiency)과 혼합된 것이라고 설명한다. 다시 말해 CRS모형과 VRS모형에서 동일한 자료를 사용하여 효율성을 분석하였을 때 기술적 효율성의 효율계수 값의 차이를 통해 규모의 효율성 유무를 판별할 수 있다고 한다. 따라서 비효율적으로 판명된 DMU가 순수한 기술적 요인에 의해 비효율적으로 평가되었는지 아니면 규모의 요인

---

36) Maximize $\emptyset + \varepsilon \cdot \sum_{i=1}^{m} S_i^- + \varepsilon \cdot \sum_{r=1}^{s} Sr^+$
   Subject to

$$\sum_{j=1}^{n} x_{ji}\lambda_j + S_i^- = x_{ki}, \quad i = 1, 2, \cdots, m$$

$$y_{kr}\emptyset - \sum_{j=1}^{n} y_{jr}\lambda_j + Sr^+ = 0, \quad r = 1, 2, \cdots, s$$

   and $\lambda_j \geq 0, \ j = 1, 2, \cdots, n$
   $S_i^- \geq 0, \ i = 1, 2, \cdots, m$
   $Sr^+ \geq 0, \ r = 1, 2, \cdots, s$
   $\emptyset :$ 제약없음

에 의해 비효율적으로 평가되는지를 비교해 볼 수 있다.

CCR모형은 규모에 대한 수익불변(CRS)을 가정하고 있는데, 이러한 가정을 완화하기 위해 Banker 등(1984)에 의해 제시된 BCC모형은(식 2)에 제약조건 eTλ=1 이라는 가정을 추가하게 된다(식 3).[37]

$\max z = u^T Y_o$

s.t $v^t X_o = 1$, $u^T Y - v^T X \leq 0$, $u^T \geq 0$, $v^T \geq 0$ -------- (식 1)

(X_o: DMU$_o$의 투입벡터, Y_o: DMU$_o$의 산출벡터,

u^T: 산출요소에 대한 가중치의 벡터, v^T: 투입요소에 대한 가중치의 벡터)

$\min \theta$

s.t. $Y\lambda \geq Y_o$, $\theta X_o - X\lambda \geq 0$, θ free, $\lambda \geq 0$ -------------- (식 2)

$\min \theta$

s.t. $Y\lambda \geq Y_o$, $\theta X_o - X\lambda \geq 0$, θ free, $\lambda \geq 0$, $e^T\lambda = 1$ ------ (식 3)

따라서 BCC의 경우 $e^T\lambda = 1$라는 제약조건이 생산집합(production set)을 추가적으로 제약하고 있기 때문에 비롯된 것이다(윤경준, 1998: 269). 따라서 실제로는 효율적이지 못한 조직들이 프런티어 선상에 존재하게 됨으로써 이와의 관계 속에서 효율성이 측정된 조직들은 실제보다 더 높은 점수를 나타나게 된 실증적 연구가 있다(윤경준, 1998: 269). 결국, 기술적 효율성은 항상 θCRS≤θVRS의 관계임을 알 수 있다. CCR모형은 최고 조직체에 비해 규모가 작은 조직체의 CCR준거벡터의 크기는 1보다 작고, 이에 반해 규모가 큰 조직체의 CCR준거벡터의 크기는 1보다 크다는 것을 알 수 있다. 즉, CCR준거벡터의 크기로서 조직체의 규모가 최적규모보다 크고 작

---

37) 이하의 설명은 윤경준(1998: 261-262)까지의 내용을 정리한 것으로 산출측면의 모형을 중심으로 설명한다.

음을 판별할 수 있는 것이다.

(3) 맘퀴스트 총요소생산성지수모형

기존의 모형들이 동일 시점에서의 효율성 비교를 수행했다면, 서로 다른 시점간의 역동적인 효율성(dynamic efficiency)을 측정하고 이들간의 변화를 통해 그 조직의 생산성 성장(growth) 정도를 비교할 수도 있을 것이다. 따라서 연구자료가 패널데이터(panel data)[38]일 경우에는 맘퀴스트 총요소생산성(total factor productivity change)지수를 이용해 생산성 변화(productivity change)를 기술적 효율성 변화로 인한 생산성 증감분과 기술변화로 인한 생산성 증가분으로 분리하여 측정할 수 있다(Coelli, 1996).

Fare 등(1994)은 DEA방법론을 사용하여 비모수적인 프런티어에 대해 맘퀴스트 지수를 구할 수 있는 이론을 정립하였다. 먼저 t기에서 t+1기로 기업 P의 생산성 변화는 어느 시점에서의 기술을 기준으로 보느냐에 따라 달라질 수 있으므로 시점별 맘퀴스트 생산성 지수를 정의하면 다음과 같다.

$$M_o^t(p^t,\ p^{t+1}) = \frac{\theta_o^t(p^t)}{\theta_o^t(p^{t+1})} \qquad \text{(t기 기준 맘퀴스트 생산성 지수)}$$

$$M_o^{t+1}(p^t,\ p^{t+1}) = \frac{\theta_o^{t+1}(p^t)}{\theta_o^{t+1}(p^{t+1})} \quad \text{(t+1기 기준)}$$

(여기서 $\theta^i(p^j)$는 j기의 관측치 $p^j = (y^j - x^j)$의 i기의 생산함수에 대한 효율성)

위의 두 식을 이용하여 맘퀴스트 생산성 지수 M_o는 t기와 t+1기 기준의 맘퀴스트 생산성 지수의 기하평균으로 정의한다. 만약 산출기준 생산성 지수일 경우는 $M_o > 1$이면 두 기간 사이의 생산성 증가를, $M_o < 1$이면 생산

---

38) 패널데이터란 '동일한 횡단면 단위(예, 가족 혹은 기업)에 기준을 두고 시간의 흐름에 따라 수집한 자료'를 의미하며, 여러 단위의 개체를 여러 시점에 걸쳐 관찰한 pooled data의 특별한 형태라고 할 수 있다(Gujarati, 1995: 24).

성 감소를 나타내며, $M_o = 1$이면 생산성 변화가 없음을 의미한다. 그리고 투입기준 생산성 지수일 경우는 이와 반대로 $M_o > 1$이면 감소를, $M_o < 1$이면 증가를 나타내고, $M_o = 1$은 마찬가지로 변화가 없음을 의미한다.

$$M_o = [\ M_o^t \cdot\ M_o^{t+1}]^{1/2}$$

맘퀴스트 생산성 지수는 기술변화지수와 기술적 효율성변화지수로 분해되는데, 여기서 기술변화지수는 관측점(p^t)을 고정시키고 시점간의 프런티어 변화를 측정하는 것이다. 따라서 이를 통해 해당 조직의 생산성 변화가 기술혁신이나 진보, 즉 생산 프런티어의 이동에 의해 조직 내부의 효율화 노력은 동일하더라도 전보다 더 적은 투입으로 더 많은 산출을 할 수 있도록 변화한 기술에 의한 것인지, 아니면 조직 내부의 개혁이나 경영혁신을 통한 기술적 효율성의 변화인지를 식별할 수 있게 된다.

이상의 내용을 정리하면, 한 기업 P의 t기 관측치는 P^t로, t+1기 관측치는 P^{t+1}로 나타내며, t기의 기술수준은 F^t로, t+1기의 기술수준은 F^{t+1}로 나타낸다.[39] 여기서 기업 P의 맘퀴스트 생산성 지수는 다음과 같이 구할 수 있다.

$$M_o^t(p^t,\ p^{t+1}) = \frac{\theta_o^t(p^t)}{\theta_o^t(p^{t+1})} = \frac{C/D}{F/E}$$

$$M_o^{t+1}(p^t,\ p^{t+1}) = \frac{\theta_o^{t+1}(p^t)}{\theta_o^{t+1}(p^{t+1})} = \frac{A/D}{B/E}$$

$$M_o = [\ M_o^t \cdot\ M_o^{t+1}]^{1/2} = [\ \frac{C/D}{F/E} \cdot \frac{A/D}{B/E}\ ]^{1/2}$$

---

39) 대개 기술변화라 하면 보통 기술이 진보하는 경우와 기술이 퇴보하는 경우를 모두 의미하지만, 기술이 퇴보하는 경우는 거의 없다.

〈그림 2-6〉 맘퀴스트 생산성 지수

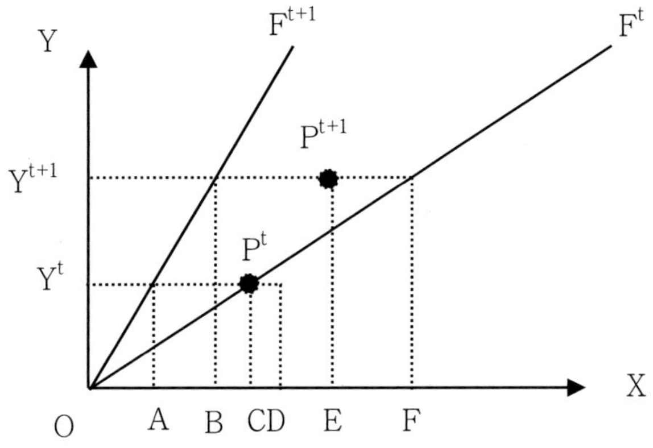

3. 적용사례

1) 행정학 분야에서의 적용사례

자료포락분석이 공공부문의 효율성을 측정하는 연구에 사용된 것은 최근의 일이다. 이러한 내용을 〈표 2-5〉에서 행정학 분야에서 자료포락분석 기법을 적용한 국내 연구들을 제시하였다. 각 사례별로 평가대상, 투입, 산출, 효율성점수가 1인 기관의 수와 비율이 제시되어 있다. 따라서 효율성이 1인 DMU의 규모란 상대적 생산효율변경을 구성하는 기관의 수와 비율을 의미한다. 상대적 생산효율변경 상의 기관들은 그보다 안쪽에 위치한 기관들의 효율성 평가기준이 되며, 모두 효율적인 기관들은 그보다 안쪽에 위치한 기관들은 효율성은 평가할 수 없으므로 이 기관들의 수가 많으면 그만큼 평가의 변별성은 저하되는 셈이다. 먼저 평가대상을 보면 사례가 13개에 지나지 않아서 일반화하기는 곤란하지만 자료포락분석 기법의 적용대상은 대체로 두 유형으로 구분됨(김태일, 2000: 186)을 알 수 있다.

첫째, 병원, 보건소, 상수도사업과 같이 특정의 업무를 수행하는 독립된 사업소 형태의 기관에 대한 평가이며 두 번째는 지방도시 행정에 대한 전반적인 생산성 평가에 관한 것이다.

둘째, 투입과 산출을 보면 투입물의 종류는 4개 이하, 산출물의 종류는 9개 이하로서 일반적인 행정기관의 생산성 평가 - 지표체계에 의한 평가 - 에 비하여 투입물과 산출물의 수가 매우 적음을 알 수 있다. 그리고 효율성이 1인 DMU의 규모를 보면 대략 전체 평가대상 DMU의 1/4 이상으로서 생산성의 평가가 불가능한 기관의 수가 제법 많음을 알 수 있다.

〈표 2-5〉 자료포락분석 기법의 적용 사례

사 례	평가대상 (자료 년도)	투 입	산 출	효율성 1 DMU 규모
정윤수 (1995)	미국 159개 의료교육병원 ('85)	의료인력 간호인력 기타인력 총병상수	응급환자 총입원일수 중환자 총입원일수 입원환자 및 외래환자 수술횟수 외래환자 진료횟수 훈련받은 레지던트 수	-
윤경준 (1995)	대도시 자치구 보건소 54개	의료인력 간호인력 기타인력	결핵환자 등록관리자수 가족계획 시술건수 임산부 및 영유아 신규등록자수 환자진료 연인원	14개 (25.9%)
윤경준 원구환 (1996)	67개 중소도시 상수도 사업 ('94)	인건비 물건비 기타 영업비용 영업외 비용	1인 1일 급수량 안정성 비율 수익성 비율	16개 (23.9%)
이혁주 박희봉 (1996)	68개 지방도시 ('93)	공무원수 공무원 인건비 자 본 총세출	건축허가건수 쓰레기수거량 상수도공급량 생활보호대상자수 도로사업비 지방세 징수액 주민수	-
임석민 (1996)	40개 도시 ('95)	공무원수/인구 공무원 구성 세출/인구	교통사고건수/인구 범죄건수/인구 화재건수/인구 상수도보급률 하수도보급률 저소득주민수/인구	13개 (32.5%)
이혁주 (1997)	68개 지방도시 ('92, '93, '94)	이혁주·박희봉 (1996)과 동일	이혁주·박희봉 (1996)과 동일	30개 (44.1%)
문춘걸 (1998)	67개 중소도시 ('96)	공무원수/인구 공무원 구성 세출/인구	하수도보급율 상수도보급율 도로율 도시공원 시설의 면적 공중변소의 개수 사회복지시설 수용인원 공공도서관입관자수 공영주차장의 면수 건축허가건수	21개 (31.3%)

사 례	평가대상 (자료 년도)	투 입	산 출	효율성 1 DMU 규모
이상섭 김규덕 (1998)	대구광역시7개와 1개 군. 경북10개 시의 폐 기물처리현황('95)	예산 인력수 장비수	수거된 쓰레기 톤 재활용 쓰레기 톤 쓰레기 봉투사용 수수료의 징 수액	7개 (38.9%)
김성종 (2000)**	70개 기초지자체 공공서비스 공급 활동('98)	일반회계세출예산 시유행정재산 도시행정공무원수	건축허가면적 도로면적 자동차수 저소득주민수 식품위생업소수 공중위생업소수 쓰레기수거량 인구 총사업체수	26개 (37.1%)
임동진 김상호 (2000)**	71개 시급 지방정부 생산성 분석('98)	시민1인당 공무원수 시민1인당 세출액 공무원1인당 관할면적	1인당 건축허가면적 하수도보급률 상수도보급률 저소득주민보호비율 인구1,000인당 사회복지시설수 도로율 1인당 지방세징수액 인구1,000인당 문화시설수 인구1,000인당 도시공원면적	22개 (30.9%)
김재홍 (2000)**	24개의 일반시와 40개 의 도농통합시 ('95년과 '98년)	주민1인당공무원수 주민1인당세출결산 규모 공무원1인당 할구역면적	상하수도보급률 주민1인당시설공원면적 주민1,000인당 사회복지시설 수용인원	2개/2개 ('95년) 8개/4개 ('98년)
남기범 (2001)	22개 자치구('92년 이 전)와 25개 자치구('93 년이후)	인원 차량 및 중장비 손수레	총수거량('92년 이전) 매각 및 소각량, 재활용품 수 거량('93년 이후)	30%이하
유금록 (2003)	한국과 일본의 국세행 정('80년-2000년)	징세비	징수세액 조세범칙 추징액	-

* 김태일(2000: 193-194)과 전병관(2002: 28)의 내용을 토대로 재정리
** CCR분석결과만을 포함시킨 연구물
*** 유금록(2003)의 연구는 윈도분석을 통한 시계열분석을 하였으므로 효율적 DMU수가 제시될 수 없음

2) 통계프로그램의 적용사례

DEA분석에는 다양한 통계프로그램이 적용되고 있다. 기존의 프로그램

들의 사용 외에 널리 활용되고 있는 SAS를 통한 적용사례와 학습용으로 편리하게 사용가능한 EMS의 적용방법을 소개하고자 한다.

(1) SAS의 적용사례

DEA가 소개된 이후 이 분석방법은 은행, 병원, 약국, 대학, 법원, 지방정부 등과 같은 매우 다양한 조직에 응용되어 왔다. Seiford(1996)는 1978년부터 1996년까지 학술지에 발표된 700편이 넘는 수의 논문목록을 제시한 바 있다. 이러한 DEA에 관한 연구와 응용분야의 급속한 성장과 확산은 DEA가 많은 장점과 폭넓은 적용가능성을 가지고 있음을 보여주는 증거라고 하겠다. 최근 국내에서도 DEA를 활용한 연구가 여러 편 발표되었으며, 대학교재(곽노균·최태성, 1998)에도 DEA가 소개된 바 있다.

DEA는 이론과 활용측면에서 매우 빠르게 발전하고 있다. 특히 새로운 이론의 제시는 DEA전용 소프트웨어가 이를 수용하는 속도보다 훨씬 빠르게 진행되고 있다. 최근 Greene(1996), Olesen and Petersen(1996) 등은 이론이 빠르게 발전하는 상황에서 AMPL(Fourer & Kernighan, 1993), GAMS(Brooke & Meeraus, 1992) 등과 같은 모형구축 언어(modeling language)를 사용하는 것이 전용 소프트웨어를 사용하는 것보다 연구자에게 유리하다는 주장이 있다(Emrouzejad, 2000).

이러한 관점에서 본 논문에서는 모형구축 언어로서의 기능을 가지고 있으며 우리나라에서 비교적 널리 보급되어 있는 SAS를 사용하여 DEA를 실행하는 방안을 소개하고자 한다.[40] SAS에 포함되어 있는 SAS/IML은 행렬을 기본적인 연산의 대상으로 하며 구문(syntax)이 행렬代數와 매우 유사하여 사용이 편리한 모형구축 언어이다. SAS/IML은 작성한 DEA코

---

40) 본 연구에서는 SAS/DEA 모듈을 이용한 연구는 하지 않았다. 그 이유는 기존에 개발된 모듈이 CCR모형과 시계열분석이 가능한 SAS/MALM에 대해서만 개발되어 있기 때문이다. 본 연구는 규모에 따른 수익변화를 파악하고자 BCC모형도 분석하였기 때문에 여기서는 소개만 한다.

드를 사용자 정의함수로 지정할 수 있다. 따라서 작성해 놓은 DEA코드를 짧은 함수이름과 인수의 지정으로 간단히 사용할 수 있다. 또한 SAS환경에서 DEA를 실행할 경우 SAS에 포함되어 있는 다양한 통계분석도구들을 쉽게 사용할 수 있다는 장점이 있을 것이다.

2000년도를 기준으로 국내에서 발표된 경영학 분야 18편의 DEA관련 논문에서 사용된 계산도구를 검토해 본 결과 LINDO 2편, QSB 3편, GAMS 1편, GAUSS 1편, AMPL 1편, SAS 1편, Warwick DEA 1편, 밝히지 않은 경우 8편 등으로 나타났다(김성호·최태성, 2000: 162). 어떤 계산도구를 사용했는지를 밝힌 10편의 논문 중 50%가 LINDO, QSB 등과 같은 표준적인 선형계획법 소프트웨어를 사용하고 있다.

일반적으로 DEA모형으로서 구축되는 선형계획법문제는 계산상의 수치적 안정성(numberical stability)에 주의를 기울여야 한다. DEA모형은 투입-산출자료가 매우 큰 수 및 작은 수를 함께 포함할 경우 퇴화현상을 일으키거나 계산상의 난점이 발생할 수 있다(Ali, 1994).

〈표 2-6〉 SAS모듈을 사용하여 계산을 수행한 결과

논 문	DMU 수	투입요소 수	산출물 수	수치적 안정성	계산시간 (초)
Rhodes(1978)	70	5	3	○	20.87
Banker & Morey(1986)	69	4	2	○	17.25
Charnes et al. (1989)	28	3	3	○	6.70
Fare et al. (1989)	19	3	1	○	5.61
Vanden Eeckaut et al. (1993)	235	1	6	△	137.42
Shang & Sueyoshi(1995)	12	2	4	○	6.04
Thomson et al. (1996)	14	3	4	○	4.23
Talyor et al. (1997)	13	2	1	○	3.89
Aida et al. (1998)	108	5	2	△	41.03

* 출처: 김성호·최태성(2000: 171)

DEA에 맞게 고안된 모듈은 SAS/IML에 내장된 선형계획법 서브루틴 "lp"를 호출하도록 만든 모듈 "SAS/DEA"를 호출해서 사용한다.[41] "lp"는 가상0(virtual zero)의 값을 사용자가 재설정할 수 있다. DEA모형의 계산 과정에서 난점이 발생할 경우 "lp"의 가상0의 값을 재설정해서 해결할 수 있다. 〈표 2-6〉는 기존문헌에서 사용되었던 현실자료를 대상으로 모듈을 조정해서 계산을 수행한 결과를 요약한 것이다.

"lp"에서 자동적으로 설정되는 가상0값인 1.0E-8을 사용했을 때[42], 검토 된 9개의 현실자료 중에서 DEA모형의 규모가 그리 크지 않은 7개(○표시

41) SAS/DEA모듈은 본 논문의 부록에 실려 있다.
42) 계산과정에서 나타나는 수치가 1.0E-8보다 작으면 0으로 간주한다.

된 것)는 안정적으로 계산이 수행되었고, DEA모형의 규모가 큰 2개(△표
시된 것)는 난점이 발생한 것으로 나타나고 있다. 이들 2개의 자료를 대상
으로 가상0의 값을 1.0E-15로 재설정한 모듈을 사용하여 계산을 수행한 결
과 안정적인 것으로 나타났기 때문에 참고하여 사용하면 사용자들이 편리
함을 느낄 수 있을 것이다.

〈그림 2-7〉 SAS/DEA의 DATA흐름

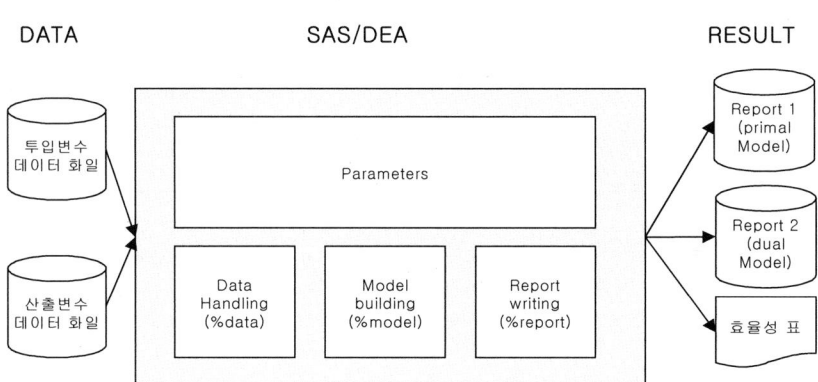

* 출처: Emrouzejad(2000: 2)

SAS/DEA모형의 구성은 다음과 같다. 첫째, SAS/DEA모형은 관찰값에
대한 투입 및 산출의 두 개의 데이터 집합(two initial data set)으로 구성
된다. 투입/산출변수는 .txt형식으로 저장되어야 하며 반드시 tab으로 구분
되어야 한다. 둘째, SAS/DEA는 모형의 해를 찾기 위해 "Proc LP"를 사
용해서 선형계획법(linear program)을 사용한다. 셋째, SAS/DEA는 DMU
들의 효율성을 표로 만들어준다. 이것은 가중치를 보여줄 수 있는 lambdas
값에 대한 결과도 추출해 준다.

SAS/DEA는 그 결과물은 두 개의 파일("Report 1"과 "Report 2")로 저
장되어 이용할 수 있게 설계되어 있다.[43] DMU들이 최상실행곡선에 있도

록 투입변수치를 조정할 수 있도록 slack과 lambdas값에 대한 정보를 제공하고 있는데, lambdas값은 'Report 1'에 나타나게 된다. 이를 활용해서 투입변수값을 조절해서 그 DMU를 최상실행곡선에 있도록 할 수 있는 개선할 값과 준거집단을 보여준다.

(2) EMS의 활용

EMS(Efficiency Measurement System)[44]는 Scheel(2000)이 개발한 DEA 전용 소프트웨어이다.[45] 이 패키지에는 가중치에 대한 추가적 제약 기능이 있다. 앞의 DEA이론에서는 설명하지 않았으나 DEA모형 중 승수모형(Multiplier Model)에서 가중치에 대한 추가적 제약을 부여한 상태에서 효율성을 계산하는 모형에 관한 이론들이 제시된 바 있다.[46] 여기서 가중치란 DEA모형의 원형문제에서 최적화작업을 통해 각 투입 및 산출물에게 부여되는 가중치를 지칭하며 virtual price라고 한다. 앞서 살펴본 바와 같이 CCR모형은 [효율성 = (산출×가중치)/(투입×가중치)]이 극대화되는 것을 목표로 하면서 이러한 분수계획을 Charnes 등이 선형계획문제로 전환하였다. 이 모형의 제약조건은 첫째, 각 DMU의 효율성 값이 '1'과 같거나 작아야 한다는 것이고, 둘째, 모든 요소의 가중치들은 반드시 양수이어야 한다는 것으로 이 경우 가중치의 상한 혹은 하한의 제약이 없었다. 그

---

43) SAS Library에서 'Report 1'과 'Report 2'를 개체보내기(Export)기능을 사용해서 엑셀로 저장하여 원하는 데이터를 가공할 수 있다.
44) http://www.wiso.uni-dortmund.de/lsfg/or/scheel/ems/에서 다운로드 받을 수 있다.
45) EMS는 MS Excel이나 Text파일 형식으로 작성된 투입 산출 자료를 처리할 수 있다. EMS는 표준적인 투입 산출 변수뿐 아니라 DMU가 통제할 수 없는 투입 산출 변수도 처리할 수도 있다. EMS는 처리할 수 있는 DMU의 수, 투입변수의 수, 산출변수의 수에 제한이 없이 대규모 DEA모형의 계산을 수행하는데 매우 적합한 소프트웨어이다. EMS 개발자의 계산실험에 의하면 EMS는 5,000개의 DMU를 갖고 투입 산출 변수의 수가 40개인 DEA모형의 계산을 문제없이 처리할 수 있다고 한다.
46) DEA모형의 가중치 제약에 관한 이론 정리는 Allen et al(1997)을 참고해야 한다.

러나 많은 경우에 가중치에 한계가 없기 때문에 여러 문제들이 발생할 수 있는데, 효율성값이 '1'인 DMU가 너무 많다거나 효율성 측면에서 순위를 정할 수 없는 등의 문제가 그것이다. 따라서 가중치에 한계를 두어 효율성을 평가할 필요성이 제기되며, 이럴 경우 각 DMU의 효율성값은 CCR모형의 결과보다 감소되고, 효율적으로 판정되는 DMU의 수 역시 적어지게 된다. 또한 각 DMU의 상대적 순위를 정할 수 있는 것에 큰 의의를 둘 수 있다(최문경, 1995: 104). 결국 가중치 제약모형을 사용하게 되면 효율성점수 값이 '0'에서 '1'사이의 값만을 갖기 때문에 발생한다. 이 경우 최소자승법(OLS: Ordinary Least Square)으로 추정을 하게 되면 편이(bias)가 발생될 소지가 있으므로 종속변수가 취하는 값의 범위에 제약을 가해 종속변수의 일부가 삭제되거나(censored) 혹은 단절된(truncated) 경우에 이용되는 Tobit모형을 사용하게 된다.[47]

EMS에서는 가중치에 대해서 $W(v, u) \geq 0$ 의 형태로 제약을 부여할 수 있다. 여기서 v는 투입가중치 벡터이고 u는 산출가중치벡터이다. 즉 EMS에서는 Cone Ratio 제약조건과 Assurance Region 제약조건을 모두 반영할 수 있다.

4. 유용성 및 유의사항

1) 유용성

지방정부의 생산성 측정에 있어 DEA는 타 방법들과 비교해 볼 때 다음과 같은 유용성을 갖는다(윤경준, 1995: 61-64; 문춘걸, 1998: 40; 임동진, 2000: 14-16).

첫째, 복수의 투입·산출요소를 동시에 모형에 포함시킬 수 있다. 즉

---

47) Tobit분석에 대한 자세한 내용은 Gujarati(1995), 박창제(1997)를 참조

DEA는 총요소생산성의 측정원리에 따라 복수의 개별투입산출비율 대신 전반적인 실적에 상응하는 한 개의 통합적인 투입산출비율로 축약하는 객관적 가중치 부여체계를 제공한다.

공공부문의 생산성을 평가하는 일반적인 방법은 지표체계에 의한 것으로서 행정생산성의 다양한 측면들을 반영한다고 판단되는 평가지표를 선정하고, 평가지표들 사이의 상대적 중요도에 따라 가중치를 부여한 후, 이들 지표들의 가중합 점수를 생산성의 척도로 간주하는 방법이 사용된다. 그런데 이 방법에서는 평가지표들 사이의 가중치가 어떻게 설정되었는가에 따라 최종 점수가 달라진다. 가중치 설정은 본질적으로 평가자의 주관에 의하는 것이기 때문에 객관화 또는 일반화가 어렵다는 한계를 갖는다. 따라서 평가자의 주관적인 가중치 부여가 필요없다는 점에서 DEA분석이 공공부문 생산성 평가기법으로서의 객관성과 일반성을 지닌다.

둘째, 도출되는 자료의 형태 면에서도 유용성을 찾을 수 있다. DEA는 다수의 산출물이 창출되는 복잡한 생산구조 하에서 생산함수의 구체적인 형태가 알려져 있지 않을 경우 특정 조직의 효율성을 그와 유사한 조직과 비교하여 도출할 뿐 아니라, 비교대상이 된 유사한 효율적 조직, 즉 준거집단을 보여줌으로써 관리절차 및 행태 측면에서 벤치마킹 대상이 누구인지 그리고 이들 집단과의 격차를 알 수 있도록 해준다. 또한 각 투입과 산출요소에서 구체적인 비효율의 정도를 제시해 주기 때문에 각 조직은 DEA를 통해 효율적으로 되기 위해 달성해야 할 목표량, 즉 투입감소분과 산출증가분에 관련된 대략적 최선의 실무변경(frontier) 정보를 얻을 수 있다.

셋째, 측정 모형의 특정한 함수형태를 가정할 필요가 없다. DEA기법은 다수의 산출물로 구성되는 복잡한 생산구조 하에서 생산함수의 형태가 알려져 있지 않은 경우에 투입과 산출자료 만을 이용하여 특정기관의 생산성을 다른 기관과 비교하여 도출할 수 있다. 공공부문은 민간부문과는 달리 투입에서 산출로 전환되는 생산과정의 함수형태가 알려져 있지 않은 경우가 대부분이다. 공공부문의 생산성을 평가할 때 평가할 때 평가지표의 가중합의 점수에 의존하는 단순한 방법이 주로 사용되는 데는 투입이 산출로 전환되는 생산함수 형태가 알려져 있지 않다는 점이 중요한 이유로 작용한다(김태일, 2000: 191). 평가기법을 자료체계에 의한 것과 계량모형에 의한 것으로 구분한다면, 계량모형은 평가지표들 사이에 주관적 가중치를 설정할 필요가 없다는 장점을 갖는데 비하여 일정한 생산함수를 가정해야 한다는 제약이 존재하는 모형이 많다. 그러나 DEA는 계량모형이면서도 특정한 생산함수형태를 가정하지 않기 때문에 다른 계량기법에 비하여 보다 공공부문 성과평가에 현실 적합성을 갖고 있다.

2) 유의사항

DEA의 실증적 적용이 올바르게 이루어지기 위해서는 DEA의 방법적 특성에 기초하여 몇 가지 유의해야 할 점이 있다(곽영진, 1993: 39; 윤경준, 1995: 79-80; 임동진, 2000: 22-23).

구체적으로 DEA분석은 유사한 투입과 산출구조에 기초하여 준거집단을 선정하고 상대적 효율성을 측정해 낸다는 특징을 가지고 있을 뿐만 아니라 설정된 DEA모형의 타당성을 증명하기 위한 통계적 유의성 검정 등이 논의되고 있지 않기 때문에 DMU의 선정과 투입 및 산출요소의 선정에 신중을 기해야 한다. 즉 투입물과 산출물의 단위로 식별된 DMU가 선정된 변수들에 따라 DMU의 상대적 효율치가 달라질 수 있기 때문이다. 또한 DMU의 수는 충분한 자유도를 가질 만큼 커야 한다. 왜냐하면 지나치게 적은 수의 DMU를 대상으로 할 경우 효율적인 DMU로 판명되는 비율이 상대적으로 높게 나타나기 때문이다. 대체로 DMU의 수는 투입요소와 산출요소 수의 3배 이상이 될 것을 권장하고 있다(곽영진, 1993).

김태일(2000)의 경우 DEA분석에 있어 3가지 유의사항을 지적하고 있다. 이러한 주장은 기존의 판별력에 치중된 유의사항과는 다른 시각에서 본질적인 DEA의 한계를 지적하고 있다.

첫째, 평가지표의 포괄성 결여가 나타난다. 지표체계에 의한 행정기관의 효율성 평가는 평가지표의 수는 대체로 수십 개의 달한다. 평가지표의 수가 많은 이유는 행정기관의 투입과 산출의 유형이 다양하기 때문에 몇 개의 지표만으로는 행정의 효율성 평가를 위한 모든 측면을 포괄할 수 없기 때문이다. 이에 비하여 DEA는 적은 수의 투입지표와 산출지표만이 사용된다. 그 이유는 평가지표들의 수가 많아질수록 평가결과에서 효율성이 1인 기관의 수가 많아져서 평가의 판별력이 떨어지기 때문이다. 이러한 평가지표 수의 제약은 행정기관의 효율성 평가에서 DEA가 갖는 가장 본질적인 제약이다(김태일, 2000: 195).

둘째, 생산성 평가가 불가능한 대상 기관들의 존재할 경우가 생긴다. DEA는 유사한 생산방식을 갖는 집단 중에서 가장 효율성이 높은 기관과 비교하여 나머지 기관들의 상대적 효율성 크기를 추정하는 것이기 때문에 준거집단이 많으면 많을수록 평가의 변별력이 떨어진다. 김태일(2000: 199)은 효율성을 알 수 없는 평가대상 기관이 25%가 넘지 않아야 한다고 주장하고 있다.

셋째, 하위 부문 내에서의 비교만 가능하다. DEA의 평가원리는 투입과 산출구조가 유사한 기관끼리 그룹을 짓고 각 그룹 내에서 가장 효율성이 높은 기관의 점수를 1로 정하고 그와 비교한 나머지 기관의 상대적 투입 대비 산출 크기를 각 그룹별로 계산하는 것이다. 따라서 상대적 효율성 비교는 동일한 준거집단을 갖는 그룹 내에서만 의미를 가지며 준거집단이 다른 경우의 효율성 비교는 의미를 갖지 못한다. 이에 대한 적용가능성을 살펴보면, DEA는 경영실적평가의 용도에는 적합하지 않지만 경영개선컨설팅의 용도에는 적합하다고 볼 수 있다(김태일, 2000: 204).

김태일(2000)은 포괄성 결여와 관련해서는 평가가 타당하려면 제한된 평가지표만으로 포괄성을 충족해야 하는데 이를 위해서는 평가대상(또는 목적)이 특정하게 구체화되어야 한다고 주장하고 있다. 이와 같이 평가대상(목적)을 특정하게 구체화한다면 DEA는 병원, 보건소, 상수도 사업소와 같은 특정업무를 담당하는 사업소 형태의 기관에 대한 평가뿐만 아니라 일반적인 자치단체 행정 서비스를 분야별로 세분화하고 각 분야에 대하여 다시 평가지표의 포괄성이 지켜질 수 있도록 평가대상(또는 목적)을 구체화한다면 이 기법에 의한 평가가 가능하다고 판단된다(김태일, 2000: 205).

제3장 지방정부 정보화의 효율성
측정모형 설정

가장 바람직한 효율성측정이 되기 위해서는 모든 투입요소와 산출요소들이 망라되는 것이 이상적일 것이다. 그러나 현실적으로 자료의 제약 등의 문제로 불가피하게 투입 및 산출요소의 일부만을 포함한 모형을 설정해야 하는 경우가 많다.

모형의 타당성을 높이기 위해서는 투입과 산출요소를 선정하기 위한 노력이 전제되어야 하지만, 특별한 유의성 검정 방법이 없는 DEA의 경우에는 변수선정작업의 중요성이 크다고 볼 수 있다. 이를 위해서는 신중함을 기해서 이러한 한계점을 보완하는 것이 필요할 것이다. 이하에서는 이러한 전제하에 지방정부 정보화의 효율성측정 모형설정을 위한 투입 및 산출요소를 선정하기로 한다.

제1절 지방정부 정보화의 산출요소

한 조직의 전반적인 효율성을 측정하기 위해서는 우선 그 조직이 수행하는 주요업무에 관한 고찰이 필요할 것이다. 지방정부가 수행하는 업무는 매우 다양한데, 그 중에서 정보화 업무와 관련되어 달성하고자 하는 목표가 산출요소가 된다고 볼 수 있다.

이러한 산출요소를 도출하기 위해서는 두 가지 요건이 충족되어야 하는데, 그 첫째는 측정대상의 범위를 한정하는 것이고, 다른 하나는 산출물에 대한 계량화이다(김대원, 1999: 331). 측정대상의 범위 설정은 공공산출물

의 범위에 양적 재화만을 포함시킬 것인가 아니면 질적 서비스까지 포함시
킬 것인가를 결정하는 것이고, 산출물의 계량화는 지방정부가 공급하는 공
공재 가운데 계량화가 가능한 것을 조작적으로 정의하는 것이다. 가령, 계
량화가 곤란한 주관적 주민만족도와 같은 것이 존재하기 때문에 이에 대한
계량화가 어느 정도 조작적으로 정의되어야 할 것이다.[48]

1. 정보화 산출의 범위설정

지방정부마다 수행되는 정보화 업무의 유형은 대체로 동일하다. 산출요
소의 도출은 일반적으로 투입요소의 추출에 비해 어려움이 큰 것으로 인식
된다(전병관, 2002: 29).

산출요소의 선정에 앞서 지방정부 정보화의 주된 업무들을 규정하고, 그
중 각 자치단체마다 비교가능한 형태로 보고된 산출지표를 선정해야 한다.
이를 위해서는 산출지표에 대한 개념적 구분이 먼저 이루어져야 한다.

먼저, Bradford, Malt, 그리고 Oates(1969: 186)는 산출을 직접적으로
(directly) 생산되는 서비스를 의미하는 D-산출, 그리고 시민의 일차적 관
심대상이 되는 결과(consequences)를 의미하는 C-산출로 구분한다. 이 구
분은 산출지표간의 차이를 명확히 이해하는 데 도움이 되지만 산출의 질적
측면을 고려하지 않고 있다는 점에서 문제가 발생할 수 있다. 따라서 질적
측면을 고려할 수 있도록 보완하기 위해 산출을 1차산출과 2차산출로 구분
하여 지표를 구성하고자 한다(Hatry & Fisk, 1992).

1차산출은 직접적으로 수행된 서비스의 양을 나타내는 지표(사업수행실

---

48) 공공재중에도 지방 공공재는 순수공공재와는 달리 수익자 부담원칙의 적용성
   이 높기 때문에 계량화가 가능한 영역이 많은 편이다. 투입요소에 해당할 수
   있는 예산과 인력, 그리고 시간 등은 비교적 정확한 측정이 가능하다(김대원,
   1999: 332).

적)를 가지고 측정한 결과를 의미하며, 2차 산출은 사업의 본질적 목적을 나타내는 지표를 가지고 측정한 것을 뜻한다.[49] 2차산출을 사용할 경우 투입과 산출간의 신뢰할 만한 연계가 없어지므로 정보화의 상대적 효율성측정을 위해서는 1차산출을 이용하는 것이 더 타당하다(윤경준, 1995)고 본다. 아울러 측정대상이 되는 당사자의 입장에서도 2차산출에 대한 통제력이 적기 때문에 무리하게 2차산출 지표를 사용한 평가는 신뢰하지 않을 것이다(Hatry & Fisk, 1992: 142). 따라서 지방정부 정보화의 상대적 효율성 측정에 있어 산출은 다양하며 주로 서비스의 형태를 지니고 있으며, 금액으로 환산하기 어렵기 때문에 1차 산물을 사용하는 것이 훨씬 더 바람직(김형렬, 1990: 670)하다고 판단된다.

본 연구에서는 1차산출 중에서도 질적 측면을 고려하지 못하였다. 지방정부의 정보화 추진에 있어 1차산출은 주민만족도, 정보의 정확성, 정보제공의 신속성 등과 같은 질적 측면의 정도에 따라 그 의미가 상이할 것이다. 가령 홈페이지를 통한 주민만족도와 같은 지표가 그러한 경우라 할 수 있다. 따라서 본 연구에서는 왜곡가능성을 줄일 수 있도록 질적 측면이 통제된 상태에서 효율성측정을 수행하기로 하고자 한다.

2. 산출요소의 충족조건

본 연구에서의 산출물은 산출요소가 갖추어야 할 조건에 부합되어야 할 것이다(Hatry & Fisk, 1992: 142). 이러한 충족조건을 살펴보면 다음과 같다.

첫째, 산출요소는 지방정부의 관점에서 최종산출물이어야 한다. 본 연구의 적용을 위해 수집한 자료 가운데 하나인 기초자치단체 정보화수준측정

---

49) 2차 산출은 흔히 효과(effect), 결과(result), 산물(outcome)이라는 말로 표현되는 것들이다. 한편 조직의 행위가 가져올 수 있는 장단기적 영향(impact)까지 고려하여 이를 3차 산출로 정의할 수도 있으나, 이것은 측정에 있어 매우 모호한 분야가 되기 때문에 여기서는 포함시키지 않는다.

자료는 '99년부터 매년 평가가 이루어지고 있기 때문에 기초자치단체는 정보화 추진에 있어 이러한 지표에 영향을 받고 있다고 볼 수 있다. 또한 수준측정 결과는 매년 언론을 통해 공표되기 때문에 지방자치단체가 민감하게 반응하는 것도 사실이다. 기존의 평가지표를 인지하고 있는 지방정부의 입장에서는 평가지표를 염두에 두고 정보화가 추진된다고 판단되며 지방정부의 입장에서는 기초자치단체 수준측정 결과를 최종산출물로 간주될 수 있다고 볼 수 있을 것이다.

둘째, 산출요소는 수량화할 수 있어야 한다. 지방정부 정보화의 상대적 효율성 측정을 위해서는 질적 서비스의 계량화가 전제되어야 한다. 공공재에는 계량화가 가능한 양적 재화도 있지만 질적 서비스가 많기 때문에 단순 측정방법으로는 측정이 불가능한 경우가 많다.[50] 매년 지방자치단체를 대상으로 평가가 이루어지고 있으며, 양적자료 위주의 평가항목과 자료수집이 병행되기 때문에 질적 서비스의 계량화가 아니더라도 이를 참고로 계량화가 가능하다고 보여진다.

셋째, 시간에 따른 변동이 없고 질적 변화에 부응하여야 하며 행정기관의 활동 중 중요한 부문을 형성해야 한다. 그러나 정보화의 특성상 매년 같은 지표가 유지될 수는 없으며 시간에 따른 약간의 변동이 있는 게 현실이다. 이러한 변화는 시간에 따른 급격한 변화이기보다는 평가지표가 점증적으로 시대적인 요구, 가령 e-mail보급정도나 LAN보급정도 등은 현재에 있어 의미가 퇴색되기 때문에 약간의 증감이 있게 된다. 따라서 시간의 따른 변동이 크지 않으며, 이러한 약간의 평가지표 변동은 지방정부에게는 질적 변화에 부응한다고 볼 수 있을 것이다

---

50) 공공부문의 질적 서비스는 그 산출물의 가치를 확인할 수 있는 가격이 존재하지 않기 때문에 측정이 곤란하다(Ammons, 1984: 8). 공공서비스는 내적 특성인 비재제성과 비분할성, 계량화곤란, 정부활동의 다목적 특성, 정부기관간 상호 외부성(reciprocal externalities), 관련자료의 부족 등 여러 제약이 따른다(Johnson & Lewin, 1984: 224).

3. 산출요소의 구성

정부의 여러 가지 활동은 그 목표가 제대로 언명되지 않고, 측정 가능하도록 조작화 시키기 어려운 것이 사실이다. 또한 그 목표가 다원적이며 행정서비스의 종류가 다양하여 산출물의 선정과 측정이 쉽지 않다(Rogers, 1990: 50). 이러한 경우 공공부문 정보화의 효율성을 측정하기 위해서는 정보화에 대한 개념정의를 통해 지방정부가 지향하는 바를 추출함으로써 산출요소를 구성하는 것도 하나의 방법일 수 있다.

1) 행정정보화 개념정의: 산출요소의 유형화

행정정보화는 열린조직을 지향하면서 주민편의의 관점에서 업무처리절차를 간소화하고 새로운 주민요구에 적극 대응하기 위해 정보기술을 활용한다는 개념으로 정보기술보다는 이념적인 목표달성을 위한 수단이라는 점을 강조하고 있다(김동욱, 1996: 18). 이러한 점에서 행정정보화는 단순한 정보기술적인 내용보다는 행정조직과 업무처리절차 등의 혁신 내지는 재설계의 노력에 보다 많은 비중을 두게 된다. 행정정보화는 정보화의 효과가 주로 기관내부에 귀속하느냐, 아니면 조직외부로 귀속하느냐의 목표지향 대상에 따라 기관내부의 정보화와 기관외부의 정보화로 나누어 볼 수 있다.

첫째, 정보화효과가 기관단위에 한정되고 업무처리중심인 정보화를 내부업무정보화라 부르고, 이러한 유형의 정보화는 업무처리의 효율성을 추구하게 된다. 이를 위해서는 중복되거나 반복되는 업무를 일회로 처리하거나 자동화하여 업무처리 인력과 시간을 절감하고 업무의 신속성과 정확성을 높이게 된다.

둘째, 정보화효과가 정부외부의 민간을 지향하고 업무처리중심인 민원처리 서비스의 정보화의 경우 민원서비스를 보다 신속하고 편리하게 제공하여 민원인의 만족을 극대화하고자 한다. One-stop, Non-stop서비스는 민원서비스 정보화의 주요한 전략이기도 하다. 민원건수가 많은 업무, 민간의 불편이 많은 업무를 우선적으로 선정하여 민원인이 쉽게 서비스를 제공받을 수 있게 시스템을 설계하고 시스템도입 이후 혼란이 생기지 않도록 일선공무원에 대한 활용교육훈련을 충분하게 실시하여야 한다.

〈표 3-1〉 행정정보화의 유형

지향대상	행정기관 내부	정부외부
정보화내용	· 내부업무전산화 · 업무처리 효율성	· 민원서비스 정보화 · 민원인 만족
정보화효과	· 정책지원정보화 · 정책결정 합리성	· 열린정부 정보화 · 행정의 투명성

* 출처: 김동욱(1996: 20) 내용 재구성

결국 행정정보화를 통해 달성하려는 목표의 대상은 대내적으로는 행정기관 내부와 대외적으로 주민이 된다고 볼 수 있다. 다음으로 행정기관 대내 및 대외적 목표달성을 위해 어떠한 요소가 필요한지를 알아보고자 한다.

2) 정보화 산출요소

정보화효과를 내부지향과 외부지향으로 나누어 각각이 지향하는 바에 어떠한 요소가 포함되는지를 살펴보면 다음과 같다.

(1) 기존연구의 산출요소 분류

기존연구에서 정보화 효과를 구성하는 요소를 어떻게 분류하고 있는지를 살펴보고, 이를 행정기관 내부와 기관외부로 나누어 살펴보고자 한다.

첫째, 전자정부 구현을 위해 이론적 논의를 전개한 연구가 있다. 오철호(2002: 17-63)는 전자정부의 사업을 행정의 민주성 및 효율성과 밀접하게 관련된 내용을 2가지로 구분하여 이론적 논의를 전개하고 있다. 정부가 지식정보화에 성공한다면 그 효과는 정부안에서 이루어지는 일, 즉 행정은 내적(행정의 효율성)으로 더욱 효율성을 제고시킬 수 있을 것이며, 외적(행정의 민주성)으로는 대국민 서비스의 질을 향상시킬 수 있을 것이라 한다.

행정의 민주성을 정보화와 관련지어 정부업무의 투명성, 국민과의 상호작용 및 정보 접근성을 범주로 분류하고 있다. 이러한 범주를 구성하는 요소에는 민원처리 인터넷 공개와 인터넷을 통한 행정정보 공개 및 주민 참여 확대를 주요 요소로 포함시키고 있다.

행정의 효율성과 관련해서는 행정서비스 제공의 효율성 제고, 부처 내또는 부처간 보고·결재 과정 및 문서관리의 전산화, 조달업무 전자화 (EDI), 행정업무의 재설계(BPR) 추진, 그리고 행정업무 통합환경 구축을 통한 정책결정 흐름의 자동화를 구성요소로 보고 있다.

둘째, 2001년도 중앙행정기관 정보화수준평가에서는 기관이 정보화를 추진한 결과 인 산출(output)요소에 해당하는 것으로 '정보화활용'부문을 평가영역으로 하고 있다(윤상오, 2002: 233-234). 그리고 정보화활용분야는 '전자적 민의수렴'과 '전자민원'으로 나누어 구분하고 있다.

전자적 민의수렴에는 '정책정보의 전자적 제공'과 '정책의견의 전자적 수렴'이 세부지표로 구성되어 있다. 전자의 평가항목에는 '접근 편이성', '홈페이지 제공정보의 다양성 및 최신성', 그리고 '정보공개청구 온라인화 정도'가 포함되어 있다. 그리고 후자에는 '홈페이지를 통한 의견수렴방법의 적절성'과 '개진된 의견에 대한 대응성'이 포함되어 있다.

전자민원에는 민원정보의 전자적 제공, 전자민원처리, 핵심업무정보화, 그리고 내부업무정보화로 구성되어 있다. 먼저, 민원정보의 전자적 제공에는 제공정보의 다양성과 충실성, FAQ의 적절성, 그리고 민원정보관련 민원인 피해구제방안이 포함되어 있다. 전자민원처리에는 민원서비스온라인 정도와 민원처리 대응성을, 핵심업무정보화에는 핵심업무 정보시스템 구축 및 활용도, 온라인 정보공동활용정도, 그리고 지식정보공유 수준을, 내부업무정보화에는 전자결재 및 전자문서유통실적, 전자결재와 핵심업무시스템 통합수준, 그리고 조직혁신 추진정도가 포함되어 있다.

셋째, 김성태(2000)는 광역자치단체의 전자정부 추진 실태분석을 위한 정보화 지표와 지표간 관계를 분석하였는데, 전자정부 구현을 위해서는 정부조직내의 정보화활용(조직내 구성원들의 정보기술역량 제고, 보고·결재 과정의 전자화, 외부통신서비스 이용의 활성화, 행정정보통합환경 구축을 바탕으로 한 업무개선과 생산성 향상)과 대민서비스 측면(민원처리시스템의 운영과 민원실 운영, 지역정보화확산을 위한 노력)과 이를 지원하기 위한 전자정부 구현 정보정책적 측면(정보화추진체계의 정립과 운영, 정보화정책의 수립과 예산의 확보)을 논하고 있다. 이 연구는 정보수요적 요소인 정보활용요소/대민서비스 요소와 정보공급적 요소인 망기반/HW/SW/전문인력과 이를 지원하는 정보정책적요소인 정보화정책/추진체계의 3가지로 구분하여 논의를 전개하고 있는데, 여기서 논의한 수요요소를 정보화효과가 귀속되는 산출물로 볼 수 있을 것이다.

넷째, 지방자치단체 정보화를 평가하는 행정자치부의 지표체계를 살펴보면, 5가지 부문(정보화지원, 정보화투자, 정보인프라, 정보화조직/인력, 정보화활용)으로 구분하고 있다. 행정자치부에서는 정보화지원기반 위에 정보화투자와 정보화인프라를 구축하고 적절한 정보화 조직/인력의 운용을 통하여 궁극적으로 정보화활용을 극대화하는 것을 정보화로 보고 있다. 따라서 여기서의 산출은 정보화활용부문으로 볼 수 있으며, 정보화활용은 '내부활용'과 '외부활용'으로 나누어 지표가 구성되어 있다.

내부활용에는 '업무정보화수준', '시군구행정종합정보시스템활용수준', '전자결재수준', '전자게시판활용수준', 그리고 'DB운영실적'의 5개 지표로 구성되어 있다. 그리고 외부활용에는 '전자민원처리수준'과 '주민정보화교육실적'의 2개의 지표를 꼽고 있다.

기존연구들에서 다룬 정보화의 산출에 해당하는 구성요소는 행정기관 내부와 정부외부로 구분하여 볼 수 있으며, 이를 도식화하면 다음과 같다.

〈표 3-2〉 기존 연구의 산출요소 도식화

구 분 \ 지향대상	행정기관 내부	정부외부
오철호 (이론적 논의)	안방 전자 민원처리 보고·결재과정 및 문서관리 전자화 조달업무 전자화 BPR추진 행정업무 통합환경 구축	민원처리 인터넷 공개 인터넷을 통한 행정정보공개 및 주민참여
정보화평가위원회 (중앙부처)	핵심업무 정보시스템 구축 및 활용도 온라인 정보공동활용 정도 지식정보공유 수준 전자결재 및 전자문서유통 실적 전자결재와 핵심업무시스템 통합 수준 조직혁신 추진정도	접근 편이성 홈페이지 제공정보의 다양성 및 최신성 정보공개청구 온라인화 정도 홈페이지를 통한 의견수렴방법의 적절성 개진된 의견에 대한 대응성 제공정보의 다양성 및 충실성 FAQ의 적절성 민원정보관련 민원인 피해구제방안 민원서비스 온라인 정도 민원처리 대응성
김성태 (광역자치단체)	PC 및 인터넷 활용능력 업무시스템 이용능력(전자결재, 인트라넷) 통신서비스 이용능력(e-mail) 업무개선 정도	홈페이지 및 민원서비스 운영(홈페이지 contents, 민원서비스 등) 민원실 정보화 도입(민원실 정보화 환경) 지역정보화 행사 및 교육지표(정보화행사, 정보화교육, 지역정보산업지원 등)
행정자치부 (기초자치단체)	업무정보화수준 시군구행정종합정보시스템활용수준 전자결재수준 전자게시판활용수준 DB운영실적	전자민원처리수준 주민정보화교육실적

행정기관 내부적으로는 모든 평가요소에 공통적으로 전자결재와 시스템 구축과 활용이 기관내부의 효율성 향상의 요인으로 선정되고 있는 것으로 나타나고 있다. 그리고 대외적으로는 민원처리와 주민참여, 특히 자치단체를 평가대상으로 다룬 연구에서는 정보화격차를 염두에 둔 지역정보화 요

소가 중앙기관을 대상으로 한 연구와는 달리 포함되고 있는 것으로 나타나고 있다. 정보화유형에서 살펴본 행정기관 내부에서 내부업무전산화와 업무처리 효율성, 그리고 정부외부에서는 민원서비스 정보화와 민원인 만족으로 재구성해서 좀 더 세분해서 변수추출을 시도할 필요가 있을 것이다.

(2) 정보화의 산출요소 선정

기존 연구에서는 내부업무정보화에는 시스템구축 및 활용을, 업무처리전산화에는 전자결재를 공통된 요인으로 선정할 수 있다. 본 연구에서는 정보화산출요소로 업무활용과 혁신의 기초가 되는 내부업무정보화정도, 문서감축과 대기시간 감소를 위한 전자결재, 주민서비스 향상의 대표적 요소인 홈페이지를 통한 전자민원처리, 그리고 자치단체 특성을 반영할 수 있는 지역주민정보화교육으로 선정했다.

첫째, 전자정부의 구현을 위한 이슈와 추진 과제들이 많으나 이들 가운데 전자결재는 전자정부 조기구현을 위한 핵심 기반구조를 이루는 것으로 볼 수 있다(김성태, 2002: 245).[51] 현재 우리나라 중앙행정기관에 행정업무를 뒷받침할 전자결재시스템이 구축되었지만 기초자치단체의 현황을 살펴보면, '99년 전자결재율은 5.1%였으며, 2000년에는 22.6%, 그리고 2001년 측정에서는 71.3%로 나타나고 있다(행정자치부・자치정보화지원재단, 2002: 88). 그러나 2002년 말까지 기초자치단체 중 38개 기관에서 전자결재 현황 자료를 제출하지 않은 것으로 보아, 실시하지 않거나 실시를 준비중인 단체가 전체 232개 자치단체 중 약 16% 정도 되는 것으로 판단된다(행정자치부・자치정보화지원재단, 2002: 89).

결재제도는 서류에 의하여 각 보조기관 및 협조처를 거쳐야 하므로 그 과정이 길고 결정에 이르기까지 장시일을 요하므로 행정의 비능률을 낮게

---

51) 전자정부 구현을 위해서는 전자문서유통체계를 확립하여 보고・결재 문서의 전자화를 통한 문서작업의 감소를 유도하고, 궁극적으로 인트라넷을 바탕으로 한 종이 없는 행정사무 환경을 구축하도록 하여야 한다(김성태, 2000: 240).

한다(이명재, 1997: 214). 이러한 문제점을 해결하기 위하여 정부조직에서
는 불필요한 결재대기 시간을 단축하고 행정정보 전달의 신속성을 확보하
여 행정능률을 향상시키기 위해 전자결재시스템을 도입하게 되었다. 이러
한 전자결재가 효율적으로 추진되고 있는지의 여부를 파악하는 것은 기관
내부적으로 중요한 변수로 볼 수 있을 것으로 보여진다.

　둘째, 전자정부의 실현을 위해서는 행정정보통합환경을 구축함으로써 정
보의 축적, 활용과 정보의 지식화를 위한 지식관리체계를 구축해야 할 것
이다. 이를 위해서는 기본적으로 모든 업무가 전산화되어야 하며, 이를 통
해 전자정부 추진목적인 행정업무의 경쟁력강화와 사이버 행정의 토대 마
련이 가능하며 이를 바탕으로 궁극적으로 정보시스템 만족도 제고와 근무
여건 개선과 함께 나아가 생산성과 업무개선 등으로 연결될 수 있을 것이
다(김성태, 2000: 240).

　업무전산화는 민원처리 및 BPR추진을 위한 가장 기초가 되는 부문으로
2,600여개 정도로 추산되는 지방정부의 업무를 행정자치부가 12개 분야
295개 단위업무로 구분하여 업무전산화 정도를 파악한 결과, 1999년도에는
17.2%, 2000년도에는 39.5%, 그리고 2001년에는 50.8%로 나타나고 있다
(행정자치부・자치정보화지원재단, 2002: 99). 이러한 업무전산화를 좀 더
효율적으로 추진하기 위해서 각 자치단체는 시스템개발을 위한 투자, 그리
고 DB의 공동활용을 위한 D/W(Data WareHousing)추진을 진행중에 있다.

　셋째, 지방정부마다 수행되는 정보화 관련 업무는 본질적으로 대주민 서
비스의 향상일 것이다. 전자정부의 실현을 위해서 정부기관을 포함한 공공
기관들의 정보화를 바탕으로 One-Stop/Non-Stop을 지향하는 국민편의 위
주의 대민서비스의 제공이 필수적 요소이다. 이를 위해 지방자치단체에서
는 홈페이지 운영을 통한 정보제공과 정보화를 바탕으로 한 민원처리시스
템 등이 확보되어야 할 것이다. 기초자치단체는 대외적으로는 대주민과의
접점에 있기 때문에 전자민원처리 비율이 높아야 하며, 이러한 특성은 중
앙 및 광역자치단체에 비해 기초자치단체에 있어 상대적으로 비중이 높은

업무라고 볼 수 있다.

넷째, 전자정부의 대상인 지역주민의 정보화수준을 제고시키는 활동과 노력은 간접적이지만 전자정부의 궁극적인 존립목표를 위한 측면이 있다. 미국이 국가정보기반자문위원회(NIIAC)는 정보고속도로의 지역사회 활용을 실현하는 것이 국가정보화를 위한 최상의 방법이라고 강조하면서 지역정보화의 중요성을 강조하고 있다(KickStart Intiative, 1993: 김성태, 1999). 이러한 지역정보화의 중요 요소 가운데 하나는 지역주민의 정보화활용능력의 제고이다. 주민정보화교육은 행정정보화를 통한 최종산물의 이용자인 주민들의 정보화마인드 제고 및 주민들의 활용능력 신장을 위한 중요한 정보화정책이다.

〈표 3-3〉 정보화산출요소별 분류

구 분\지향대상	행정기관 내부		정부외부	
	내부업무정보화	업무처리전산화	민원서비스정보화 민원인 만족	지역특성
	시스템 구축활용	전자결재	민원처리	지역정보화
오철호 (이론적 논의)	안방 전자 민원처리 조달업무 전자화 BPR추진 행정업무통합환경구축	보고·결재과정 및 문서관리 전자화	민원처리인터넷공개 행정정보공개/주민참여	
정보화평가 위원회 (중앙부처)	핵심업무 정보시스템 구축 및 활용도 온라인 정보공동활용정도 지식정보공유 수준 조직혁신 추진정도	전자결재/전자문서 유통 실적 전자결재와 핵심업무시스템 통합 수준	접근 편이성 제공정보 다양성/ 최신성 정보공개청구 온라인화 의견수렴방법적절성 개진된 의견에 대한 대응성 제공정보의 다양성 및 충실성 FAQ의 적절성 민원인피해구제방안 민원서비스온라인 정도 민원처리 대응성	
김성태 (광역자치단체)	PC/인터넷 활용능력 통신서비스 이용능력 업무개선 정도	업무시스템 이용능력	홈페이지/민원서비스 운영 민원실 정보화 도입	지역정보화 행사 및 교육지표
행정자치부 (기초자치단체)	업무정보화수준 시군구행정종합정보시스템활용수준 전자게시판활용수준 DB운영실적	전자 결재 수준	전자민원처리수준	주민정보화교육실적
본 연구	내부업무정보화 정도	전자결재	홈페이지를 통한 전자민원처리	지역주민정보화 교육

기관외부적으로는 민원서비스정보화와 민원인 만족에 대표적으로 홈페이지를 통한 전자민원처리를 공통된 요인으로 선정될 수 있을 것이다. 또한 본 연구의 대상이 기초자치단체이기 때문에 이러한 특성을 반영해서 중앙단위와는 달리 지역정보화 요소를 포함시킬 수 있을 것이다.

제2절 지방정부 정보화의 투입요소

투입측면에서 볼 때 지방정부의 객관성과 정확성을 유지할 수 있는 이상적인 효율성측정을 하기 위해서는 특정 재화나 서비스의 생산과 관련된 모든 투입요소들이 망라되어야 할 것이다. 그러나 지방정부의 경우 공공기관의 투입이 지니는 복잡성 때문에 효율성측정에 있어 모든 투입요소를 포함시키는 것은 곤란할 것이다.

조직의 효율성을 측정할 때 가장 빈번히 사용하는 투입요소는 예산과 인력을 들 수 있다(윤경준, 1995: 90: 전병관, 2002: 29). 예산을 투입요소로 사용하는 경우, 조직의 간접적인 투입을 전반적으로 포착할 수 있다는 장점이 있으며, 인력을 투입요소로 사용하는 경우, 지방정부가 생산하는 서비스는 대개 노동집약적인 성격을 지니고 있기 때문에 투입요소로 선정하는 것이 바람직 할 것이다(Elaine, 1986: 10). 부연하면 지방정부의 정보화인력은 기관 내부의 정보화를 포함한 전반적인 기획 및 정보화교육에 대한 계획을 세워야 할 것이며, 이를 위해 내부공무원의 수요를 파악해서 조사를 해야 하며, 수립된 계획과 조사자료를 토대로 정보화추진을 해야 할 것이다. 또한 지역주민을 대상으로 한 정보화교육을 진행해야 하기 때문에 정보화인력의 업무는 노동집약적이라 볼 수 있으며, 이러한 투입요소가 적용될 수 있다고 볼 수 있다.

예산 및 인력에 대한 비중은 행정자치부·자치정보화지원재단의 지표체계와 김성태(2000: 242-244)의 지표산정방식을 통해 확인할 수 있다. 먼저 행정자치부의 지표는 크게 5개 부문으로 구성되어 있는데, 그 중 산출요소로 선정한 정보화활용부문을 제외한 정보화지원기반, 정보화투자, 정보인프라, 정보화조직/인력 부문을 보면 예산과 인력을 통해 지표가 계산되어 결과가 나타나는 것을 알 수 있다.

첫 번째로 정보화지원부분의 정보화사업계획시행수준을 살펴보면, 정보화담당부서사업예산/정보화담당부서인력의 산식으로 구성되어 있으며, 두 번째로 정보화투자부문에 있어서는 정보화예산비율이 나타나 있고, 세 번째로 정보인프라의 경우 대부분이 장비의 구입과 관련되어 있다. 이러한 장비를 구매하기 위해서는 예산의 투입이 있어야 하는 것을 알 수 있다. 마지막으로 정보화조직인력의 경우 인력 및 정보화교육시간이 대부분을 차지하고 있는 것을 볼 수 있다.

다음으로 김성태(2000: 243)의 정보화의 공급측면인 정보화인프라를 구성하는 지표에서도 통신망기반은 사용자수 대비 포트수의 산식으로 구성되어 있으며, 하드웨어나 보안시스템 역시 인력 대비로 산식이 나타나고 있다. 따라서 본 연구에서는 기존의 연구에서 지표체계에 반영이 많이 되고 있는 예산과 인력을 중심으로 투입요소를 선정하고자 한다.

첫째, 본 연구에서는 기존연구에서 정보화예산비율을 구하는 의도와는 달리 정보화예산액만을 측정의 대상으로 삼고자 한다. 기존연구에서는 정보화예산비율을 지표에서 많이 사용하고 있다. 이러한 이유는 자치단체간 총예산에 있어 차이가 심하기 때문에 일반회계 총예산에서 정보화예산이 차지하는 비율을 구함으로써 해당 자치단체의 정보화 의지를 알 수 있기 때문이다.

예산비율을 통해 해당 자치단체장의 정보화의지를 측정할 수 있지만 정보화예산액수가 크면 클수록 기반시설 및 여타 분야에 투자할 여력이 그렇지 못한 자치단체보다 유리하기 때문에, 지표체계방식을 적용하는 경우, 다른 자치단체보다 높은 점수를 받을 가능성이 생길 수 있다. 따라서 본 논문에서는 정보화예산비율보다는 정보화예산액수를 기준으로 삼고자 하며, 이러한 경우 관심을 기울여야 하는 것은 투입변수와 산출변수를 통일해서 절대액수로 사용해야 할 것이다. 그렇지 않고 투입변수를 절대액수로 사용하고 산출변수를 비율액수로 사용하는 경우 비율값은 절대액수와 대비해서 값이 작기 때문에 투입변수값이 적은 자치단체일수록 효율적으로 나타날 가능성이 있을 것이다. 따라서 본 연구에서는 투입 및 산출변수를 모두 절대액수로 통일해서 사용하고자 하며, 규모의 불경제(CRS)를 가정하는

CCR모형을 우선 적용해서 효율과 비효율적인 자치단체를 살펴본 후, 비효율적으로 판명된 DMU라고 할지라도 순수한 기술적 요인에 의한 것인지 아니면 규모의 요인에 의한 것인지를 판명해 볼 수 있는 방법으로 BCC모형을 적용해서 규모의 원인도 살펴보고자 한다.

둘째, 정보화인력을 투입요소로 설정하려 한다. 정보화의 효율성측정을 위한 투입요소로써 인력을 사용하는 것은 지방정부의 정보화업무가 노동집약적이라는 점, 그리고 산출요소로 선정된 4가지 지표들은 대부분이 정보화인력에 의해 뒷받침되어야만 수행가능하기 때문에 인력을 사용할 경우 투입과 산출의 연계가 좀 더 명확해진다는 점에서 정보화인력 선정은 타당성을 가질 수 있을 것이다.

하지만 민간조직처럼 인력을 원하는 대로 조절하여 투입할 수 있는 것도 아니고, 표준화된 최소인력을 보유하게 되기 때문에 이로 인한 변별력이 떨어져서 대규모의 자치단체일수록 비효율로 나타날 가능성에 대한 의문이 제기될 수 있을 것이다.[52] 정보화인력의 경우, 공공기관은 민간조직처럼 인력을 원하는 대로 조절하여 투입하는데 있어 신축성이 떨어질 수 있다. 하지만 지방자치단체의행정기구와정원기준등에관한규정 제15조를[53]

---

52) 예산과 인력의 차이에 비해 전자결재율이나 내부업무전산화비율의 분산이 적게 나타날 수 있기 때문에 예산과 인력을 적게 투입한 자치단체가 효율적으로 나타날 가능성이 있을 수 있다. 이러한 문제를 완화하기 위해서 본 논문은 산출변수로 전자결재건수 및 내부업무전산화건수의 절대액수를 사용했다. 예산이나 인력이 많이 투자될수록 전자결재건수 및 내부업무전산화건수도 그만큼 많아져야 하기 때문이다.

53) 제15조 (정원의 관리)
① 지방자치단체의 장은 조직간의 균형있고 합리적인 정원관리를 위하여 지방공무원 종류별 정원책정기준에 의하여 정원을 책정하여야 한다. 이 경우 공무원종류별 정원책정기준은 행정자치부령이 정하는 바에 의한다. 〈개정 1998.8.31〉
② 지방자치단체의 장은 매년 6월 30일과 12월 31일을 기준으로 정원의 적정여부와 정원의 증원과 감축현황을 조사·확인하여야 하고, 시·도지사는 그 조사·확인결과를 지방자치단체별, 기관별, 직급별, 직렬별로 종합 작성한 후 다음달 말까지 행정자치부장관에게 보고하여야 한다. 〈개정 1998.8.31〉

보면 해당 자치단체의 총정원 범위 내에서 자치단체장의 의지에 따라 인력
을 조정해서 정보화부서의 인력을 증감시킬 수 있으므로 이에 대해 제기될
수 있는 변별력의 문제는 해결될 수 있을 것이다.[54] 결국 정보화인력의 경
우 해당 자치단체의 의지에 따라 투입되는 인력수가 다를 수 있다.

셋째, 정보화교육시간을 지표로 선정하고자 한다. 정보화는 하드웨어적
요소만을 투자한다고 효율적으로 정보화가 추진되지는 않을 것이다. 이러
한 투자에는 정보화에 대한 교육을 통해 새로운 시스템에 대한 신속한 적
응이 필요할 것이며, 정보화마인드가 높아질 것이다. 이를 통해 정보화추진
및 대민서비스에 있어 신속하고 적절한 서비스가 제공될 수 있을 것이다.

정보화교육의 경우, 일반공무원을 상대로 하는 일반적수준의 정보화교육
이 있으며, 정보화담당부서의 공무원, 특히 전산직 공무원을 대상으로 실시
하는 정보화교육이 있다. 본 연구에서는 일반공무원과 전산직 공무원을 대
상으로 정보화교육을 실시한 시간을 모두 합산한 변수를 투입변수로 선정
하고자 한다.

---

③ 지방자치단체의 장은 새로운 증원수요가 발생한 경우에는 지방재정의 건전
　한 운영과 효율적인 인력관리를 위하여 우선적으로 당해 지방자치단체의 정
　원의 범위 안에서 자체조정을 통하여 이에 대처하여야 한다. 이 경우 조정
　대상의 우선순위는 다음 각호의 순서와 같다. 〈개정 1995.5.16〉
　1. 여건의 변화로 인하여 업무의 필요성이 감소된 분야의 인력
　2. 유사 또는 중복되거나 지나치게 세분화된 기구에 소속된 인력
　3. 업무의 성질상 법인 기타 단체 등에 위탁할 수 있는 업무분야의 인력
54) 자치단체 정보화부서 담당 공무원과 자치단체 정보화를 담당하고 있는 행정자치
　부의 자치정보화담당관실 공무원과의 전화통화 결과, 인력은 해당 자치단체의
　총정원범위내에서 자치단체장의 의지에 증감이 신축적으로 가능하다고 한다. 또
　한 이러한 인력뿐만이 아니라 정보화예산의 경우에도 자치단체장의 노력 및 의
　지에 따라 증감이 가능하다고 한다.

제3절 지방정부 정보화의 효율성측정을
위한 DEA모형

본 절에서는 투입 및 산출변수로 선정된 변수의 측정을 위해 조작적 정의를 시도하고자 한다. 이를 토대로 정보화효율성 측정을 위한 분석의 틀을 구성하고자 한다.

1. 변수의 조작적 정의

1) 변수의 조작화

(1) 투입변수의 조작화

첫째, 정보화예산액에 대한 평가기준일은 2001년 1월 1일～12월 31일까지로 하며, 범위는 정보화담당부서 정보화사업예산 총액+타부서 정보화사업예산으로 한정하고자 한다. 타부서 정보화사업예산의 경우 시스템개발용역비, H/W, S/W구입비, 그리고 유지보수비 가격을 포함시킨다.

둘째, 정보화인력수에 대한 평가기준일은 2001년 12월 31일을 기준으로 하며, 범위는 정보화담당부서 내의 행정직·전산직·전산기능직·전산관련 계약직(상근자에 한함), 타부서(읍면동 포함)는 전산직, 전산계약직을 포함시키며, 통신직의 경우 네트워크 관리 업무를 수행하는 인력만 포함시키고자 한다. 그 이유는 전화교환원은 정보화인력으로 보기 어렵기 때문이다.

셋째, 정보화교육과 관련해서는 평가기준일은 2001년 1월 1일부터 12월 31일까지로 하며, 일반공무원의 정보화교육시간과 전산직 공무원의 교육시간을 합친 시간으로 한다.[55] 일반공무원이 수강하는 일반정보교육에는 컴

퓨터일반, OA교육 등 전공무원을 대상으로 하는 일반정보교육을 대상으로
하며, 전문정보교육시간의 경우는 정보화인력의 전문정보기술교육에 대한
외부전문교육기관을 통한 교육으로 한정하여, 그 교육의 종류에는 고급IT
기술, 전문프로그래밍, 네트워크 및 서버관리 등으로 한다.

(2) 산출변수의 조작화

첫째, 내부업무정보화는 전산활용업무수로 정의한다. 전산활용업무수란
행정자치부가 지방자치단체의 업무를 295개의 단위로 분류한 업무, 2600여
개 정도로 추산되는 자치단체 업무를 12개 분야 295개 단위업무로 구분하
여 이들 업무의 전산화정도를 말하며, 이중 응용S/W를 활용하여 처리하는
업무건수로 한정하고자 한다. 평가기준일은 2001년 12월 31일로 한다.

둘째, 전자결재는 최근 3개월간 전자결재문서 건수로 정의하며, 평가기
준일은 2001년 10월 1일부터 12월 31일까지로 한다.

셋째, 홈페이지를 통한 전자민원처리는 평가기준일을 2001년 10월 1일부
터 12월31일까지로 하며, 전자민원의 범위를 시군구 본청 홈페이지 및 국
가 홈민원센터 및 PC통신을 통한 각종 접수민원으로서 민원접수대장에 등
재되는 민원(Q&A, 게시판 질의 및 건의, 진정, 신고 및 고발, 단체장에게
바란다)으로 한정하고자 한다.

넷째, 지역주민정보화교육은 정보화교육수료주민수로 정의하고자 한다.
단 투입과 산출변수간의 상관관계를 높이기 위해 자치단체에서 주관하는
교육에 한정하고자 하며, 평가기준일은 2001년 1월 1일부터 12월 31일 현
재로 한다.

2) 정보화의 효율성 측정모형 구성

본 연구는 비교의 타당성을 위해 업무가 동질적인 232개 기초자치단체

---

55) 여기서의 시간은 교육생수가 포함된 시간만으로 한정한다.

전체로 하였다. 이를 나타낸 것이 〈표 3-4〉이다.

〈표 3-4〉 정보화의 상대적 효율성측정 모형

구 분	변 수		변수설명
투입요소	투입 1: 정보화예산		정보화예산액
	투입 2: 정보화인력		정보화인력수
	투입 3: 정보교육시간		정보화인력이 전문정보교육을 받은 시간+소속기관 일반공무원이 정보교육을 받은 시간
산출요소	대내활용	산출 1: 내부업무정보화	전산업무활용업무수
		산출 2: 전자결재	3개월간의 전자결재건수
	대외활용	산출 3: 홈페이지를 통한 전자민원처리	전자민원접수건수
		산출 4: 지역주민정보화교육	교육수료주민수

본 연구는 단년도의 횡단면 자료(cross-sectional data)를 이용한 분석이다. 기존의 연구들처럼 본 연구에서도 DEA의 CCR모형을 이용하여 기술적 효율성을 중심으로 투입측면의 모형을 사용하기로 한다. 본 연구에서는 Input Oriented[56] 측면에서 효율성을 측정하기 위하여 EMS 팩키지를 사용한다. 정보화의 상대적 효율성측정 모형을 바탕으로 본 논문은 다음과 같은 연구의 분석틀을 구성한다.

첫째, 투입변수와 산출변수를 기반으로 EMS를 이용해서 상대적 효율성

---

56) DEA모형을 통한 효율성 측정은 투입지향적 모형(input orientated model)과 산출지향적 모형(output oriented model) 두 가지가 가능하다. 일반적으로 지방정부는 생산투입량의 임의적 조절은 가능하지만 산출량의 조정은 제약성을 가지고 있는 것으로 판단된다. 이뿐만 아니라 공공부문은 민간부문에서처럼 이윤극대화를 위해 산출수준을 극대화하는 것이 아니라 공적 이익을 위해 비용을 최소화하는 투입기준 효율성 측정방법이 많이 사용되는 특성이 있다. 따라서 본 연구에서는 투입지향적 모형을 통해 효율성을 측정하였다.

점수를 구한다. 둘째, 상대적 효율성 점수의 도출과 함께 준거집단 및 가중치를 도출한다. 이를 토대로 각 자치단체의 유의성검증을 통해 본 연구결과가 타당한지의 여부를 확인한다. 셋째, 준거집단 및 가중치를 근간으로 각 자치단체별 최상실행곡선에 이를 수 있는 최적모형을 도출하여 비효율적인 부분을 보완할 수 있도록 근거 데이터를 제시한다. 마지막으로 효율/비효율이 나타나게 되는 원인을 분석하여 정책적 함의를 도출한다.

〈그림 3-1〉 연구의 분석틀

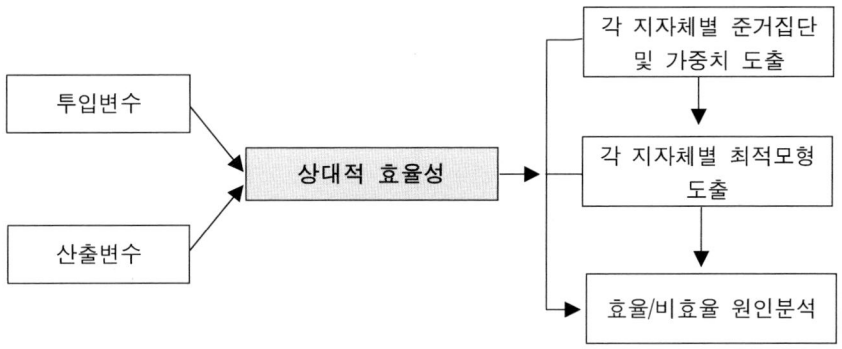

제4장 지방정부 정보화의
상대적 효율성 측정

이 장에서는 지방정부 정보화의 효율성측정 결과를 다음의 네 가지 차원에서 논의한다. 첫째, 상대적 효율성점수에 관한 것으로, 전체 대상집단에서 효율적으로 측정된 지방정부의 비율은 어느 정도이며, 시군구별로 어떠한 분포를 보이는가를 살펴보고자 한다. 다음으로 모형의 타당성 검정을 위해 준거집단에 대한 논의와 아울러 참조회수와의 관련 속에 DEA모형의 타당성을 평가한다. 둘째, 비효율적 조직에 있어 개선해야 할 부분의 정도와 이를 해결할 최적의 모형을 제시하고자 한다. 셋째, 기존평가방식과 DEA방식 결과간 비교를 통해 DEA의 적용가능성을 검토하며, 넷째, 지방정부 정보화 효율성의 차이의 원인을 설명하기 위해 몇 가지 설명변수를 선정하여 효율적 집단과 그렇지 못한 집단간의 t-test를 실시한다. 이와 관련하여 지방정부 정보화의 효율성향상을 위한 정책적 시사점을 제시하고자 한다.

제1절 지방정부 정보화의 상대적 효율성 결과

1. 상대적 효율성 점수

DEA에 의해 시군구 전체 232개 기초자치단체 정보화의 상대적 효율성 점수 결과가 제시되어 있는 것이 〈표 4-1〉이다. 효율성 점수가 1이란 의미는 상대적으로 효율적이란 의미이며, 1보다 작은 값은 상대적으로 비효율

적이라는 것을 뜻한다.[57]

선정된 변수와 측정지표에 따라 시군구별로 투입 및 산출자료에 대한 요약통계치를 살펴보면, 산출변수 중 특히 내부업무정보화에 대한 차이가 크게 나타나고 있음을 알 수 있다.[58] 시군구별 변수들의 산포를 비교하면 내부업무정보화가 가장 큰 차이가 나타나고 있으며, 다음으로 정보화인력, 정보화예산액수의 순으로 나타나고 있다.

---

57) DEA분석에 의한 평가결과로부터 전체 평가대상 기관들의 효율성 순위를 매기는 것은 원칙적으로 잘못된 비교이다.

58) 표준편차는 해당 변수의 분산이 제곱되어 나타나기 때문에 변수의 단위와 맞지 않는 문제가 나타나기 때문에 분산에 루트($\sqrt{}$)를 계산해서 단위를 동일화시킨 값이다. 하지만 다른 변수값과의 비교를 위해서는 단위가 다르기 때문에 표준편차를 사용하기 곤란하기 때문에 이 때 사용하는 것이 Z값이다. 하지만 여기서는 개별적 변수들의 Z값을 계산하기 곤란하기 때문에, 평균을 표준편차로 나눈 값을 통해 변수간 산포를 비교하고자 한다.

〈표 4-1〉 투입·산출변수의 요약 통계치

市	최소값	최대값	평 균	표준편차	평균/표준편차
정보화예산액수	785,696	15,393,393	3,746,149.70	3,031,272.49	1.235834
정보화인력	4	68	17.78	10.37	1.714561
정보화교육시간	502	121,918	16,796.24	21,565.12	0.778861
내부업무정보화	29	287	157.23	50.94	3.086572
전자결재건수	1,250	84,389	13,496.71	13,617.89	0.991079
전자민원처리건수	0	2,681	330.43	465.19	0.710312
지역주민정보화교육시간	192	153,963	10,132.69	20,659.97	0.490450
郡	최소값	최대값	평 균	표준편차	평균/표준편차
정보화예산액수	392,006	3,012,593	1,467,728.08	578,988.97	2.534985
정보화인력	4	18	9.00	2.56	3.515625
정보화교육시간	200	68,993	8,238.28	10,502.34	0.784423
내부업무정보화	20	290	134.63	42.68	3.154405
전자결재건수	165	34,334	4,789.44	4,924.26	0.974449
전자민원처리건수	-	1,015	98.93	185.21	0.534150
지역주민정보화교육시간	-	33,881	3,562.16	6,042.34	0.589533
區	최소값	최대값	평 균	표준편차	평균/표준편차
정보화예산액수	308,962	12,519,987	1,552,858.46	1,493,268.178	1.039906
정보화인력	5	36	11.51	5.313	2.166384
정보화교육시간	-	111,975	9,753.11	16,221.512	0.601245
내부업무정보화	-	301	157.24	50.758	3.097837
전자결재건수	2,717	15,754	7,630.55	3,286.193	2.322003
전자민원처리건수	11	12,102	375.23	1,476.192	0.254188
지역주민정보화교육시간	70	119,600	5,835.50	15,663.541	0.372553

여기에서는 앞서 설명한 바와 같이 시군구 총 232개의 기초자치단체를 대상으로 2001년 한해 동안의 효율성을 규모에 대한 수익불변(CRS)을 가정하는 CCR모형과 규모에 대한 수익변화(VRS)를 가정하는 BCC모형으로 구분하여 살펴보기로 한다.

1) CCR모형에 의한 기술효율성 분석

〈표 4-2〉市의 CCR모형 측정결과

#	DMU	효율성	준거집단(가중치)				
1	수 원 시	0.529	12 (1.608)	31 (0.815)	46 (0.019)	63 (0.089)	
2	성 남 시	0.591	12 (0.294)	23 (0.078)	63 (0.248)	70 (0.948)	
3	의정부시	0.475	12 (0.124)	63 (0.145)	70 (0.990)		
4	안 양 시	0.400	12 (0.255)	20 (0.164)	23 (0.043)	63 (0.009)	70 (1.029)
5	부 천 시	0.403	12 (0.201)	20 (0.249)	23 (0.514)	63 (0.008)	70 (0.179)
6	광 명 시	0.496	12 (0.077) 23 (0.051) 25 (0.283) 31 (0.205) 63 (0.012) 70 (0.444)				
7	평 택 시	0.624	12 (0.071) 20 (0.190) 23 (0.269) 25 (0.548) 63 (0.006) 70 (0.825)				
8	동두천시	0.441	23 (0.015)	25 (0.265)	31 (0.208)	63 (0.009)	70 (0.308)
9	안 산 시	0.314	12 (0.429)	63 (0.052)	70 (0.693)		
10	고 양 시	1.000					
11	과 천 시	0.262	23 (0.012)	31 (0.489)	63 (0.015)	70 (0.483)	
12	구 리 시	1.000					
13	남양주시	1.000					
14	오 산 시	1.000					
15	시 흥 시	0.362	13 (0.152) 14 (0.199) 18 (0.054) 31 (0.233) 63 (0.058) 70 (0.043)				
16	군 포 시	0.642	13 (0.284)	25 (0.491)	31 (0.447)	63 (0.013)	70 (0.129)
17	의 왕 시	0.599	23 (0.121)	25 (0.387)	31 (0.613)		
18	하 남 시	1.000					
19	용 인 시	0.419	12 (0.196)	20 (0.351)	23 (0.136)	63 (0.019)	70 (0.098)
20	파 주 시	1.000					
21	이 천 시	0.405	23 (0.035)	31 (0.421)	70 (0.554)		
22	안 성 시	0.798	13 (0.536)	14 (0.145)	31 (0.105)		
23	김 포 시	1.000					
24	화 성 시	0.640	12 (0.078)	23 (0.865)	63 (0.004)	70 (0.460)	
25	광 주 시	1.000					
26	춘 천 시	0.232	12 (0.032)	31 (0.014)	63 (0.018)	70 (0.831)	
27	원 주 시	0.425	12 (0.498)	31 (0.344)	63 (0.012)	70 (0.226)	
28	강 릉 시	0.308	12 (0.423)	31 (0.178)	63 (0.039)	70 (0.544)	
29	동 해 시	0.334	31 (0.548)	63 (0.034)	70 (0.011)		
30	태 백 시	0.775	31 (0.497)	70 (0.700)			
31	속 초 시	1.000					
32	삼 척 시	0.585	31 (0.460)	63 (0.028)	70 (0.398)		
33	청 주 시	0.308	12 (0.352) 23 (0.126) 31 (0.901) 45 (0.003) 63 (0.099) 70 (0.133)				
34	충 주 시	0.525	12 (1.128)	63 (0.025)			

#	DMU	효율성	준거집단(가중치)				
35	제 천 시	0.885	63 (0.327)	70 (0.619)			
36	천 안 시	0.622	14 (0.353)	18 (0.087)	63 (0.044)	70 (0.182)	
37	공 주 시	0.573	31 (0.358)	63 (0.012)	70 (0.592)		
38	보 령 시	0.549	25 (0.298)	31 (0.268)	63 (0.001)		
39	아 산 시	0.335	23 (0.026)	25 (0.152)	31 (0.284)	63 (0.015)	70 (0.009)
40	서 산 시	0.861	31 (0.277)	70 (0.645)			
41	논 산 시	0.810	25 (0.200)	31 (0.633)	63 (0.021)		
42	전 주 시	0.230	20 (0.014)	23 (0.800)	63 (0.019)	70 (0.165)	
43	군 산 시	0.437	23 (0.036)	31 (0.488)	70 (0.293)		
44	익 산 시	0.492	23 (0.089)	25 (0.066)	31 (1.404)		
45	정 읍 시	1.000					
46	남 원 시	1.000					
47	김 제 시	0.486	12 (0.122)	20 (0.014)	23 (0.021)	70 (0.939)	
48	목 포 시	0.590	12 (0.018)	63 (0.042)	70 (1.438)		
49	여 수 시	0.309	13 (0.102)	14 (0.036)	18 (0.179)	31 (0.154)	63 (0.066)
			70 (0.468)				
50	순 천 시	0.431	12 (0.436)	46 (0.657)	63 (0.003)		
51	나 주 시	0.340	23 (0.016)	31 (0.419)	63 (0.005)	70 (0.582)	
52	광 양 시	0.421	23 (0.201)	31 (0.471)	63 (0.033)	70 (0.302)	
53	포 항 시	0.521	25 (0.279)	31 (0.285)	63 (0.404)		
54	경 주 시	0.363	12 (0.321)	13 (0.081)	31 (0.420)	63 (0.011)	
55	김 천 시	0.321	23 (0.086)	25 (0.018)	31 (0.587)		
56	안 동 시	0.790	12 (0.059)	20 (0.640)	63 (0.007)		
57	구 미 시	0.332	31 (0.955)	63 (0.001)	70 (0.718)		
58	영 주 시	0.801	12 (0.151)	31 (0.558)	46 (0.269)		
59	영 천 시	0.263	23 (0.006)	25 (0.005)	31 (0.044)	70 (0.129)	
60	상 주 시	0.537	13 (0.080)	14 (0.318)	31 (0.250)	63 (0.005)	
61	문 경 시	0.905	12 (0.054)	63 (0.009)	70 (0.980)		
62	경 산 시	0.410	23 (0.061)	31 (0.182)	70 (0.362)		
63	창 원 시	1.000					
64	마 산 시	0.366	25 (0.129)	31 (0.903)	63 (0.005)		
65	진 주 시	0.599	25 (1.002)	31 (0.149)	63 (0.044)		
66	진 해 시	0.444	25 (0.137)	31 (0.205)	63 (0.029)		
67	통 영 시	0.904	23 (0.136)	31 (0.566)	63 (0.139)	70 (0.104)	
68	사 천 시	0.953	25 (0.419)	31 (0.444)	63 (0.008)		
69	김 해 시	0.626	20 (0.141)	25 (0.655)	46 (0.006)	63 (0.082)	
70	밀 양 시	1.000					
71	거 제 시	0.489	25 (0.310)	31 (0.123)	63 (0.035)		
72	양 산 시	0.665	25 (0.271)	31 (0.550)	63 (0.021)		
73	제 주 시	0.259	12 (0.144)	13 (0.055)	31 (0.073)	63 (0.102)	70 (0.873)
74	서귀포시	0.575	25 (0.130)	31 (0.680)			
평 균		0.600					
표 준 편 차		0.25264					

먼저 CCR모형에 의한 시의 기술효율성을 분석한 결과, 효율적으로 나타난 자치단체는 총 74개중에서 13개로서 시 전체의 17.57%로 나타나고 있다. 이러한 결과는 74개의 자치단체 가운데 13개의 효율적 자치단체가 경험적으로 효율적인 프런티어를 형성하고 있으며, 나머지 61개 자치단체의 효율성은 이러한 프런티어와의 관계 속에서 상대적으로 측정되었다는 의미라고 볼 수 있다.

시의 경우 총 74개의 자치단체 중 고양시, 구리시, 남양주시, 오산시, 하남시, 파주시, 김포시, 광주시, 속초시, 정읍시, 남원시, 창원시, 밀양시의 13개의 자치단체만이 효율적으로 평가된 것은 상대적으로 작은 비율의 DMU가 효율적으로 나타났다고 볼 수 있다. 이는 각 자치단체별로 측정된 변수 중 극단치(outlier)의 존재가능성이 적고, 자치단체간의 동질성(homogeneity)이 강하여 상대적 비교가 용이하고, 따라서 효율적인 자치단체의 수가 상대적으로 작았다는 것을 의미한다.[59]

---

59) DEA개념에 의하면 투입요소와 산출물 가운데 어느 한 변수만 다른 자치구에 비해 효율적이라면 효율적인 평가를 받을 수 있기 때문에, 자치단체간 이질성 (heterogeneity)이 강하여 특정 자치단체가 다른 자치단체와 다른 투입·산출 요소를 지니고 있으면 효율적으로 평가를 받을 가능성이 커질 수 있는 것이다. 따라서 본 연구에서는 이러한 가능성을 최소화하고자 시군구로 나누어 분석을 진행하였다.

〈표 4-3〉 郡의 CCR모형 측정결과

#	DMU	효율성	준거집단(가중치)				
1	기장군	1.000					
2	달성군	0.399	55 (0.459)	86 (0.005)	89 (0.046)		
3	강화군	0.887	9 (0.098)	55 (0.087)	65 (0.402)	66 (0.073)	
4	옹진군	0.800	9 (0.074)	55 (0.232)	65 (0.539)		
5	울주군	0.864	9 (0.163)	55 (0.470)	89 (0.037)		
6	양주군	0.575	9 (0.128)	23 (0.008)	60 (0.148)	65 (0.194)	66 (0.265)
7	여주군	0.886	9 (0.546)	55 (0.050)	60 (0.001)	65 (0.311)	66 (0.047)
8	연천군	0.456	9 (0.092)	55 (0.070)	60 (0.057)	65 (0.407)	66 (0.011)
9	포천군	1.000					
10	가평군	0.567	9 (0.216)	55 (0.014)	65 (0.513)	66 (0.055)	
11	양평군	0.678	9 (0.500)	55 (0.165)	65 (0.065)	86 (0.076)	89 (0.011)
12	홍천군	0.462	55 (0.046)	65 (0.687)	88 (0.036)	89 (0.014)	
13	횡성군	0.659	23 (0.124)	55 (0.690)	89 (0.039)		
14	영월군	0.770	23 (0.004)	55 (0.651)	65 (0.117)	89 (0.011)	
15	평창군	0.827	65 (0.332)	66 (0.896)	86 (0.227)	89 (0.128)	
16	정선군	0.791	9 (0.031)	55 (0.451)	65 (0.178)	86 (0.011)	89 (0.013)
17	철원군	0.262	1 (0.104)	9 (0.051)	23 (0.017)	62 (0.002)	65 (0.054)
18	화천군	0.883	55 (0.008)	65 (0.695)	66 (0.213)	86 (0.082)	89 (0.095)
19	양구군	0.690	55 (0.023)	65 (0.615)	88 (0.157)		
20	인제군	0.695	23 (0.021)	60 (0.050)	65 (1.121)	66 (0.004)	89 (0.014)
21	고성군	0.733	23 (0.034)	55 (0.443)	65 (0.515)		
22	양양군	0.689	23 (0.012)	55 (0.058)	65 (0.942)	89 (0.000)	
23	청원군	1.000					
24	보은군	0.714	23 (0.149)	55 (0.378)	88 (0.022)	89 (0.237)	
25	옥천군	0.424	23 (0.310)	55 (0.185)	65 (0.008)	89 (0.004)	
26	영동군	0.741	23 (0.524)	55 (0.036)	89 (0.125)		
27	진천군	0.727	23 (0.075)	55 (0.435)	89 (0.058)		
28	괴산군	0.826	23 (0.717)	89 (0.187)			
29	음성군	0.649	9 (0.144)	55 (0.206)	89 (0.423)		
30	단양군	0.415	9 (0.020)	23 (0.030)	60 (0.363)	66 (0.067)	89 (0.005)
31	금산군	0.371	23 (0.045)	55 (0.393)	89 (0.007)		
32	연기군	0.998	23 (0.113)	55 (0.018)	60 (0.258)	65 (0.238)	89 (0.036)
33	부여군	0.511	9 (0.092)	23 (0.053)	60 (0.025)	89 (0.103)	
34	서천군	0.747	55 (0.581)	88 (0.005)	89 (0.049)		
35	청양군	0.489	23 (0.027)	55 (0.401)	65 (0.037)	89 (0.009)	
36	홍성군	0.767	55 (0.694)	88 (0.021)	89 (0.139)		
37	예산군	0.680	23 (0.037)	55 (0.318)	65 (0.436)	89 (0.022)	

#	DMU	효율성	준거집단(가중치)				
38	태안군	0.642	55 (0.326)	65 (0.426)	88 (0.010)	89 (0.020)	
39	당진군	0.618	9 (0.062)	55 (0.136)	65 (0.304)	86 (0.078)	89 (0.098)
40	완주군	0.543	55 (0.312)	65 (0.311)	66 (0.043)	86 (0.095)	89 (0.012)
41	진안군	0.761	9 (0.044)	55 (0.334)	65 (0.421)	86 (0.003)	
42	무주군	0.106	23 (0.002)	55 (0.024)	65 (0.090)		
43	장수군	0.768	9 (0.043)	55 (0.039)	65 (0.632)	66 (0.019)	
44	임실군	0.130	23 (0.014)	62 (0.032)	65 (0.114)	86 (0.007)	
45	순창군	0.563	9 (0.004)	55 (0.307)	60 (0.028)	65 (0.126)	66 (0.021)
46	고창군	0.681	23 (0.059)	55 (0.358)	65 (0.251)	89 (0.007)	
47	부안군	1.000					
48	담양군	0.642	9 (0.100)	23 (0.232)	60 (0.082)	65 (0.372)	
			66 (0.015)	89 (0.009)			
49	곡성군	0.480	1 (0.720)	9 (0.128)	88 (0.007)		
50	구례군	0.573	9 (0.060)	55 (0.200)	65 (0.466)	86 (0.085)	
51	고흥군	0.244	23 (0.072)	55 (0.347)	60 (0.006)	65 (0.125)	89 (0.041)
52	보성군	0.813	9 (0.158)	55 (0.791)	86 (0.056)	89 (0.172)	
53	화순군	0.439	9 (0.014)	55 (0.170)	60 (0.242)	78 (0.050)	89 (0.015)
54	장흥군	0.676	55 (0.081)	60 (0.167)	65 (0.535)	66 (0.074)	89 (0.003)
55	강진군	1.000					
56	해남군	0.380	60 (0.264)	78 (0.084)	88 (0.054)	89 (0.050)	
57	영암군	0.556	9 (0.119)	55 (0.104)	60 (0.190)	65 (0.144)	66 (0.022)
58	무안군	0.432	9 (0.083)	55 (0.056)	60 (0.190)	66 (0.051)	89 (0.038)
59	함평군	0.933	1 (0.743)	9 (0.110)	88 (0.062)		
60	영광군	1.000					
61	장성군	0.862	9 (0.025)	55 (0.400)	66 (0.172)	86 (0.083)	89 (0.148)
62	완도군	1.000					
63	진도군	0.752	9 (0.004)	55 (0.579)	89 (0.060)		
64	신안군	0.410	9 (0.081)	55 (0.300)	86 (0.236)	89 (0.035)	
65	군위군	1.000					
66	의성군	1.000					
67	청송군	0.783	55 (0.421)	89 (0.026)			
68	영양군	0.874	55 (0.431)	86 (0.108)	89 (0.149)		
69	영덕군	0.850	9 (0.020)	55 (0.380)	65 (0.011)	86 (0.121)	
70	청도군	0.313	1 (0.092)	9 (0.020)	65 (0.428)	86 (0.003)	88 (0.006)
71	고령군	0.597	9 (0.081)	55 (0.324)	89 (0.156)		
72	성주군	0.501	9 (0.113)	55 (0.172)	60 (0.111)	65 (0.242)	
73	칠곡군	0.683	1 (0.541)	9 (0.169)	65 (0.073)	88 (0.142)	
74	예천군	0.635	55 (0.018)	65 (0.792)	66 (0.023)	89 (0.009)	

#	DMU	효율성	준거집단(가중치)				
75	봉 화 군	0.662	9 (0.089)	55 (0.020)	65 (0.655)	86 (0.024)	89 (0.010)
76	울 진 군	0.405	9 (0.005)	55 (0.204)	60 (0.013)	65 (0.141)	66 (0.198)
77	울 릉 군	0.369	55 (0.045)	65 (0.439)			
78	의 령 군	1.000					
79	함 안 군	0.586	9 (0.156)	55 (0.020)	65 (0.567)	86 (0.016)	
80	창 녕 군	0.819	9 (0.055)	23 (0.478)	89 (0.154)		
81	고 성 군	0.620	9 (0.088)	55 (0.117)	65 (0.587)	88 (0.051)	89 (0.031)
82	남 해 군	0.609	55 (0.020)	60 (0.265)	65 (0.302)	66 (0.089)	89 (0.099)
83	하 동 군	0.828	9 (0.331)	55 (0.007)	65 (0.152)	66 (0.089)	86 (0.315)
84	산 청 군	0.683	9 (0.017)	23 (0.004)	60 (0.311)	66 (0.058)	89 (0.017)
85	함 양 군	0.392	1 (0.308)	9 (0.131)	23 (0.049)	65 (0.010)	
86	거 창 군	1.000					
87	합 천 군	0.548	9 (0.010)	55 (0.388)	65 (0.094)	88 (0.052)	89 (0.033)
88	북제주군	1.000					
89	남제주군	1.000					
	평 균	0.679					
	표준편차	0.22092					

CCR모형에 의한 郡의 기술효율성을 분석한 결과, 효율적으로 나타난 자치단체는 총 89개 가운데 13개로서 군 전체의 14.61%로 나타나고 있다.

군의 경우 총 89개의 자치단체 중 기장군, 포천군, 청원군, 부안군, 강진군, 영광군, 완도군, 군위군, 의성군, 의령군, 거창군, 북제주군, 남제주군의 13개의 자치단체만이 효율적으로 평가되었다.

〈표 4-4〉區의 CCR모형 측정결과

#	DMU	효율성	준거집단(가중치)				
1	종 로 구	0.673	2 (0.017)	4 (0.069)	12 (0.277)	13 (0.562)	37 (0.031)
2	(서) 중 구	1.000					
3	용 산 구	0.443	13 (0.310)	16 (0.128)	61 (0.014)		
4	성 동 구	1.000					
5	광 진 구	0.754	13 (0.101)	16 (0.635)	37 (0.091)	61 (0.137)	
6	동 대 문 구	1.000					
7	중 랑 구	0.841	6 (0.183)	9 (0.399)	12 (0.421)	61 (0.043)	
8	성 북 구	0.889	4 (0.058) 6 (0.060) 9 (0.080) 13 (0.428) 16 (0.264) 50 (0.273)				
9	강 북 구	1.000					
10	도 봉 구	0.941	6 (0.323)	9 (0.166)	13 (0.522)	16 (0.072)	50 (0.097)
11	노 원 구	0.786	16 (0.186)	18 (0.697)	30 (0.123)	37 (0.170)	61 (0.036)
12	은 평 구	1.000					
13	서 대 문 구	1.000					
14	마 포 구	0.860	13 (0.428)	16 (0.351)	37 (0.010)	61 (0.018)	
15	양 천 구	0.610	2 (0.008)	13 (0.300)	16 (0.255)	37 (0.447)	61 (0.032)
16	강 서 구	1.000					
17	구 로 구	0.806	6 (0.338)	9 (0.104)	12 (0.546)		
18	금 천 구	1.000					
19	영 등 포 구	0.812	2 (0.003)	13 (0.047)	16 (0.879)	37 (0.198)	61 (0.071)
20	동 작 구	0.697	2 (0.007)	16 (0.307)	18 (0.629)	24 (0.032)	30 (0.155)
21	관 악 구	0.803	13 (0.776)	61 (0.241)			
22	서 초 구	0.940	2 (0.138)	16 (0.227)	23 (0.097)	24 (0.192)	
23	강 남 구	1.000					
24	송 파 구	1.000					
25	강 동 구	0.900	13 (0.941)	16 (0.092)	37 (0.136)	61 (0.050)	
26	(부) 중 구	0.613	28 (0.613)	37 (0.143)	61 (0.029)		
27	(부) 서 구	0.597	6 (0.180)	12 (0.174)	13 (0.078)	37 (0.716)	
28	(부) 동 구	1.000					
29	영 도 구	0.666	28 (0.090)	37 (0.527)	61 (0.002)		
30	부 산 진 구	1.000					
31	동 래 구	0.605	2 (0.004)	28 (0.027)	37 (0.651)		
32	(부) 남 구	0.458	2 (0.004)	6 (0.002)	12 (0.033)	37 (0.570)	61 (0.017)
33	(부) 북 구	0.331	2 (0.009)	23 (0.001)	37 (0.298)		
34	해 운 대 구	0.553	2 (0.004)	23 (0.012)	37 (0.592)		
35	사 하 구	0.615	2 (0.002)	23 (0.004)	37 (0.658)	61 (0.019)	
36	금 정 구	0.545	2 (0.002)	23 (0.005)	37 (0.512)	61 (0.005)	
37	(부) 강 서 구	1.000					

#	DMU	효율성	준거집단(가중치)				
38	연 제 구	0.493	2 (0.013)	23 (0.001)	37 (0.612)		
39	수 영 구	0.918	37 (0.765)				
40	사 상 구	0.647	2 (0.004)	28 (0.349)	37 (0.325)		
41	(대) 중 구	0.454	12 (0.291)	13 (0.064)	28 (0.015)	37 (0.123)	
42	(대) 동 구	0.400	13 (0.486)	28 (0.100)	61 (0.051)		
43	(대) 서 구	0.370	28 (0.069)	37 (0.484)	61 (0.013)		
44	(대) 남 구	0.584	13 (0.289)	28 (0.254)	37 (0.209)		
45	(대) 북 구	0.428	2 (0.003)	6 (0.018)	12 (0.053)	37 (0.433)	61 (0.062)
46	수 성 구	0.349	2 (0.001)	13 (0.255)	28 (0.172)	37 (0.355)	61 (0.002)
47	달 서 구	0.434	2 (0.004)	13 (0.554)	28 (0.199)		
48	(인) 중 구	0.763	16 (0.270)	24 (0.104)	30 (0.040)	37 (0.167)	
49	(인) 동 구	0.730	6 (0.041)	13 (0.232)	16 (0.076)	37 (0.404)	
50	(인) 남 구	1.000					
51	연 수 구	0.735	6 (0.022)	12 (0.180)	13 (0.270)	37 (0.135)	
52	남 동 구	0.615	13 (0.233)	16 (0.492)			
53	부 평 구	0.466	2 (0.009)	13 (0.572)	16 (0.154)	37 (0.028)	
54	계 양 구	0.938	2 (0.030)	13 (0.158)	16 (0.140)	37 (0.207)	
55	(광) 서 구	0.881	4 (0.094)	6 (0.015)	9 (0.351)	12 (0.271)	
56	(광) 동 구	0.898	13 (0.444)	28 (0.150)	37 (0.197)	61 (0.017)	
57	(광) 서 구	0.485	2 (0.006)	13 (0.561)	16 (0.001)	37 (0.131)	61 (0.131)
58	(광) 남 구	0.558	12 (0.106)	13 (0.452)	28 (0.306)	37 (0.045)	61 (0.009)
59	(광) 북 구	0.466	13 (0.725)	28 (0.077)	61 (0.006)		
60	광 산 구	0.542	2 (0.007)	13 (0.346)	28 (0.853)	37 (0.001)	61 (0.259)
61	(대전) 동 구	1.000					
62	(대전) 중 구	0.653	6 (0.329)	13 (0.036)	16 (0.181)	37 (0.099)	
63	(대전) 서 구	0.500	2 (0.000) 16 (0.316) 18 (0.067) 30 (0.154) 37 (0.327) 61 (0.035)				
64	유 성 구	0.806	13 (0.128)	16 (0.354)	30 (0.234)		
65	대 덕 구	0.838	2 (0.035)	13 (0.141)	16 (0.074)	37 (0.195)	61 (0.341)
66	(울) 중 구	0.667	13 (0.488)	28 (0.024)	37 (0.105)	61 (0.022)	
67	(울) 남 구	0.611	2 (0.001)	13 (0.253)	16 (0.198)	37 (0.264)	61 (0.015)
68	(울) 동 구	0.840	12 (0.291)	13 (0.228)	28 (0.362)		
69	(울) 북 구	0.996	12 (0.126)	13 (0.244)	28 (0.446)	61 (0.034)	
	평 균	0.736					
	표 준 편 차	0.2120					

* (서): 서울특별시, (부): 부산광역시, (대): 대구광역시, (인): 인천광역시, (광): 광주광역시,
(대전): 대전광역시, (울): 울산광역시

CCR모형에 의한 구의 기술효율성을 분석한 결과, 효율적으로 나타난 자치단체는 총 69개중에서 15개로서 구 전체의 21.74%를 차지하고 있다.

구의 경우 총 69개의 자치단체 중 (서)중구, 성동구, 동대문구, 성북구, 강북구, 도봉구, 은평구, 서대문구, 강서구, 금천구, 영등포구, 서초구, 강남구, 송파구, 강동구, (부)서구, (부)동구, 부산진구, (부)강서구, 수영구, (인)중구, (인)남구, 연수구, 계양구, (광)서구, (대전)동구, (울)북구의 15개의 자치단체가 효율적으로 평가되었다.

2) BCC모형에 의한 효율성 분석

CCR모형에 의해 비효율적으로 판명된 DMU라고 할지라도 순수한 기술적 요인에 의한 것인지 아니면 규모의 요인에 의한 것인지를 규명해야 할 것이다. 이를 위해 BCC모형으로 시군구별 효율성 분석을 한다.[60]

CCR모형은 생산가능집합이 불변규모수익의 성격을 갖는 것으로 가정하고 있다. 규모에 대한 수익불변(CRS: Constant Return to Scale)은 모든 투입요소를 비례적으로(투입요소 사용량의 비율은 일정하게 유지시키면서) 증가시킬 때 나타나는 산출의 반응을 의미한다(Henderson & Quandt, 1980: 150).

어떤 경제학자들은 투입규모가 작을 때는 체증규모수익을 나타내고 투입규모가 커짐에 따라 불변규모수익의 단계를 거쳐 결국에는 체감규모수익을 나타내는 변동규모수익(VRS: Variable Return to Scale) 특성을 갖는 S자형 생산함수를 가정하기도 한다(전용수・최태성・김성호, 2002). 따라서 이러한 모형을 전제로 시군구별 BCC모형을 통해 CCR모형에서 비효율로 나타난 자치단체가 BCC모형에서 효율적으로 나타난 자치단체를 도출하고자 한다. 이를 통해 자치단체별로 효율적인 원인이 기술적 효율성에 기

---

60) 본 연구에서 BCC분석을 사용하는 목적은 CCR모형이 규모의 수익불변성(CRS)을 가정하고 있기 때문에 규모로 인해 효율성이 나타난 자치단체를 파악하기 곤란하다. 따라서 BCC분석 통한 세부적인 준거집단과 가중치에 대한 내용은 부록으로 처리했다.

인하는지 아니면 규모의 원인 때문인지를 살펴본다.

〈표 4-5〉市의 BCC모형 측정결과

#	DMU	CCR	BCC	CCR에서 비효율집단이 BCC에서 효율로 판명
1	수 원 시	0.529	1.000	*
2	성 남 시	0.591	1.000	*
3	의 정 부 시	0.475	0.553	
4	안 양 시	0.400	0.610	
5	부 천 시	0.403	0.464	
6	광 명 시	0.496	0.521	
7	평 택 시	0.624	1.000	*
8	동 두 천 시	0.441	0.500	
9	안 산 시	0.314	0.344	
10	고 양 시	1.000	1.000	
11	과 천 시	0.262	0.262	
12	구 리 시	1.000	1.000	
13	남 양 주 시	1.000	1.000	
14	오 산 시	1.000	1.000	
15	시 흥 시	0.362	0.426	
16	군 포 시	0.642	0.727	
17	의 왕 시	0.599	0.649	
18	하 남 시	1.000	1.000	
19	용 인 시	0.419	0.441	
20	파 주 시	1.000	1.000	
21	이 천 시	0.405	0.409	
22	안 성 시	0.798	0.917	
23	김 포 시	1.000	1.000	
24	화 성 시	0.640	0.970	
25	광 주 시	1.000	1.000	
26	춘 천 시	0.232	0.251	
27	원 주 시	0.425	0.425	
28	강 릉 시	0.308	0.309	
29	동 해 시	0.334	0.508	
30	태 백 시	0.775	0.904	
31	속 초 시	1.000	1.000	
32	삼 척 시	0.585	0.631	
33	청 주 시	0.308	1.000	*
34	충 주 시	0.525	0.857	
35	제 천 시	0.885	0.902	
36	천 안 시	0.622	0.752	
37	공 주 시	0.573	0.588	

#	DMU	CCR	BCC	CCR에서 비효율집단이 BCC에서 효율로 판명
38	보 령 시	0.549	0.820	
39	아 산 시	0.335	0.556	
40	서 산 시	0.861	0.909	
41	논 산 시	0.810	0.887	
42	전 주 시	0.230	0.230	
43	군 산 시	0.437	0.494	
44	익 산 시	0.492	1.000	*
45	정 읍 시	1.000	1.000	
46	남 원 시	1.000	1.000	
47	김 제 시	0.486	0.550	
48	목 포 시	0.590	0.864	
49	여 수 시	0.309	0.309	
50	순 천 시	0.431	0.567	
51	나 주 시	0.340	0.351	
52	광 양 시	0.421	0.424	
53	포 항 시	0.521	0.524	
54	경 주 시	0.363	0.390	
55	김 천 시	0.321	0.409	
56	안 동 시	0.790	0.858	
57	구 미 시	0.332	0.820	
58	영 주 시	0.801	0.803	
59	영 천 시	0.263	1.000	*
60	상 주 시	0.537	0.732	
61	문 경 시	0.905	0.913	
62	경 산 시	0.410	0.561	
63	창 원 시	1.000	1.000	
64	마 산 시	0.366	0.379	
65	진 주 시	0.599	0.647	
66	진 해 시	0.444	0.861	
67	통 영 시	0.904	0.906	
68	사 천 시	0.953	1.000	*
69	김 해 시	0.626	0.641	
70	밀 양 시	1.000	1.000	
71	거 제 시	0.489	0.739	
72	양 산 시	0.665	0.736	
73	제 주 시	0.259	0.322	
74	서 귀 포 시	0.575	0.686	
	평 균	0.600	0.714	

우선 적정규모의 변화를 허용한 BCC모형에서는 CCR모형이 13개의 자

치단체가 효율적으로 나타났던 것에 비해 18개가 효율적인 것으로 평가되었다.

CCR모형에서 효율성 평균이 0.600인데 비해 BCC모형에서는 효율성 점수의 평균은 0.714로 나타나 효율성이 크게 향상되는 것으로 나타났다.

CCR모형과 BCC모형에서 효율성 점수가 모두 '1'인 자치단체는 고양시, 구리시, 남양주시, 오산시, 하남시, 파주시, 김포시, 광주시, 속초시, 정읍시, 남원시, 창원시, 밀양시로서 이는 앞서 CCR모형에 의해 살펴본 것과 동일하다. 하지만 수원시, 성남시, 평택시, 청주시, 익산시, 영천시, 사천시의 일곱 개 자치단체는 BCC모형에서만 효율성이 '1'로 나와 그 비효율의 원인이 규모의 비효율로 인해 발생한 것임을 알 수 있다.

〈표 4-6〉 郡의 BCC모형 측정결과

#	DMU	CCR	BCC	CCR에서 비효율집단이 BCC에서 효율로 판명
1	기 장 군	1.000	1.000	
2	달 성 군	0.399	0.497	
3	강 화 군	0.887	1.000	*
4	옹 진 군	0.800	0.838	
5	울 주 군	0.864	0.954	
6	양 주 군	0.575	0.602	
7	여 주 군	0.886	0.894	
8	연 천 군	0.456	0.548	
9	포 천 군	1.000	1.000	
10	가 평 군	0.567	0.643	
11	양 평 군	0.678	0.713	
12	홍 천 군	0.462	0.528	
13	횡 성 군	0.659	0.662	
14	영 월 군	0.770	0.824	
15	평 창 군	0.827	1.000	*
16	정 선 군	0.791	0.894	
17	철 원 군	0.262	0.676	
18	화 천 군	0.883	0.892	
19	양 구 군	0.690	0.778	
20	인 제 군	0.695	1.000	*

#	DMU	CCR	BCC	CCR에서 비효율집단이 BCC에서 효율로 판명
21	고 성 군	0.733	0.733	
22	양 양 군	0.689	0.690	
23	청 원 군	1.000	1.000	
24	보 은 군	0.714	0.720	
25	옥 천 군	0.424	0.573	
26	영 동 군	0.741	0.870	
27	진 천 군	0.727	0.829	
28	괴 산 군	0.826	0.858	
29	음 성 군	0.649	0.696	
30	단 양 군	0.415	0.467	
31	금 산 군	0.371	0.516	
32	연 기 군	0.998	1.000	*
33	부 여 군	0.511	1.000	*
34	서 천 군	0.747	0.838	
35	청 양 군	0.489	0.644	
36	홍 성 군	0.767	0.772	
37	예 산 군	0.680	0.712	
38	태 안 군	0.642	0.687	
39	당 진 군	0.618	0.706	
40	완 주 군	0.543	0.586	
41	진 안 군	0.761	0.823	
42	무 주 군	0.106	0.767	
43	장 수 군	0.768	0.955	
44	임 실 군	0.130	0.541	
45	순 창 군	0.563	0.754	
46	고 창 군	0.681	0.749	
47	부 안 군	1.000	1.000	
48	담 양 군	0.642	0.677	
49	곡 성 군	0.480	0.531	
50	구 례 군	0.573	0.606	
51	고 흥 군	0.244	0.282	
52	보 성 군	0.813	0.866	
53	화 순 군	0.439	0.521	
54	장 흥 군	0.676	0.684	
55	강 진 군	1.000	1.000	
56	해 남 군	0.380	0.470	
57	영 암 군	0.556	0.622	
58	무 안 군	0.432	0.581	
59	함 평 군	0.933	0.983	
60	영 광 군	1.000	1.000	
61	장 성 군	0.862	0.897	
62	완 도 군	1.000	1.000	
63	진 도 군	0.752	0.839	

#	DMU	CCR	BCC	CCR에서 비효율집단이 BCC에서 효율로 판명
64	신 안 군	0.410	0.462	
65	군 위 군	1.000	1.000	
66	의 성 군	1.000	1.000	
67	청 송 군	0.783	1.000	
68	영 양 군	0.874	0.938	
69	영 덕 군	0.850	1.000	*
70	청 도 군	0.313	0.513	
71	고 령 군	0.597	0.725	
72	성 주 군	0.501	0.577	
73	칠 곡 군	0.683	0.711	
74	예 천 군	0.635	0.714	
75	봉 화 군	0.662	0.734	
76	울 진 군	0.405	0.540	
77	울 릉 군	0.369	0.714	
78	의 령 군	1.000	1.000	
79	함 안 군	0.586	0.679	
80	창 녕 군	0.819	0.945	
81	고 성 군	0.620	0.633	
82	남 해 군	0.609	0.619	
83	하 동 군	0.828	0.867	
84	산 청 군	0.683	0.866	
85	함 양 군	0.392	0.561	
86	거 창 군	1.000	1.000	
87	합 천 군	0.548	0.643	
88	북제주군	1.000	1.000	
89	남제주군	1.000	1.000	
	평 균	0.679	0.769	

郡의 BCC모형에서는 CCR모형이 13개의 자치단체가 효율적으로 나타났던 것에 비해 20개가 효율적인 것으로 평가되었다. CCR모형에서 효율성점수의 평균이 0.679인데 비해 BCC모형에서의 효율성 평균은 0.769로 나타나고 있다.

CCR모형과 BCC모형에서 효율성 점수가 모두 '1'인 자치단체는 기장군, 포천군, 고성군, 청원군, 부안군, 강진군, 영광군, 완도군, 군위군, 의성군, 의령군, 거창군, 북제주군, 남제주군으로 나타났다. 하지만 강화군, 평창군,

인제군, 연기군, 부여군, 청송군, 영덕군의 일곱 개 자치단체는 BCC모형에서만 효율성이 '1'로 나와 그 비효율의 원인이 규모의 비효율로 인해 발생한 것임을 알 수 있다.

〈표 4-7〉 區의 BCC모형 측정결과

#	DMU	CCR	BCC	CCR에서 비효율집단이 BCC에서 효율로 판명
1	종 로 구	0.673	0.689	
2	(서) 중 구	1.000	1.000	
3	용 산 구	0.443	0.637	
4	성 동 구	1.000	1.000	
5	광 진 구	0.754	0.759	
6	동 대 문 구	1.000	1.000	
7	중 랑 구	0.841	0.875	
8	성 북 구	0.889	1.000	*
9	강 북 구	1.000	1.000	
10	도 봉 구	0.941	1.000	*
11	노 원 구	0.786	0.974	
12	은 평 구	1.000	1.000	
13	서 대 문 구	1.000	1.000	
14	마 포 구	0.860	0.913	
15	양 천 구	0.610	0.627	
16	강 서 구	1.000	1.000	
17	구 로 구	0.806	0.810	
18	금 천 구	1.000	1.000	
19	영 등 포 구	0.812	1.000	*
20	동 작 구	0.697	0.760	
21	관 악 구	0.803	0.827	
22	서 초 구	0.940	1.000	*
23	강 남 구	1.000	1.000	
24	송 파 구	1.000	1.000	
25	강 동 구	0.900	1.000	*
26	(부) 중 구	0.613	0.756	
27	(부) 서 구	0.597	1.000	*
28	(부) 동 구	1.000	1.000	
29	영 도 구	0.666	0.972	
30	부 산 진 구	1.000	1.000	
31	동 래 구	0.605	0.805	
32	(부) 남 구	0.458	0.682	

#	DMU	CCR	BCC	CCR에서 비효율집단이 BCC에서 효율로 판명
33	(부) 북 구	0.331	0.833	
34	해 운 대 구	0.553	0.766	
35	사 하 구	0.615	0.760	
36	금 정 구	0.545	0.846	
37	(부) 강 서 구	1.000	1.000	
38	연 제 구	0.493	0.714	
39	수 영 구	0.918	1.000	*
40	사 상 구	0.647	0.886	
41	(대) 중 구	0.454	0.826	
42	(대) 동 구	0.400	0.492	
43	(대) 서 구	0.370	0.636	
44	(대) 남 구	0.584	0.709	
45	(대) 북 구	0.428	0.660	
46	수 성 구	0.349	0.392	
47	달 서 구	0.434	0.487	
48	(인) 중 구	0.763	1.000	*
49	(인) 동 구	0.730	0.889	
50	(인) 남 구	1.000	1.000	
51	연 수 구	0.735	1.000	*
52	남 동 구	0.615	0.678	
53	부 평 구	0.466	0.497	
54	계 양 구	0.938	1.000	*
55	(광) 서 구	0.881	1.000	*
56	(광) 동 구	0.898	0.989	
57	(광) 서 구	0.485	0.513	
58	(광) 남 구	0.558	0.589	
59	(광) 북 구	0.466	0.506	
60	광 산 구	0.542	0.993	
61	(대전) 동 구	1.000	1.000	
62	(대전) 중 구	0.653	0.869	
63	(대전) 서 구	0.500	0.518	
64	유 성 구	0.806	0.927	
65	대 덕 구	0.838	0.853	
66	(울) 중 구	0.667	0.909	
67	(울) 남 구	0.611	0.642	
68	(울) 동 구	0.840	0.884	
69	(울) 북 구	0.996	1.000	*
	평 균	0.736	0.846	

124

區의 BCC모형에서는 CCR모형이 15개의 자치단체가 효율적으로 나타났던 것에 비해 27개가 효율적인 것으로 평가되었다. CCR모형에서 효율성점수의 평균이 0.736인데 비해 BCC모형에서의 효율성점수의 평균은 0.846으로 나타나 효율성이 크게 향상되는 것으로 나타났다.

CCR모형과 BCC모형에서 효율성 점수가 모두 '1'인 자치단체는 (서)중구, 성동구, 동대문구, 강북구, 은평구, 서대문구, 강서구, 금천구, 강남구, 송파구, (부)동구, 부산진구, (부)강서구, (인)남구, (대전)동구로서 이는 앞서 CCR모형에 의해 살펴본 것과 동일하다. 하지만 성북구, 도봉구, 영등포구, 서초구, 강동구, 부산시 서구, 수영구, 인천시 중구, 연수구, 계양구, 광주시 서구, 울산시 북구의 열 두개 자치단체는 BCC모형에서만 효율성이 '1'로 나와 그 비효율의 원인이 규모의 비효율로 인해 발생한 것임을 알 수 있다.

3) 판별력 검정

판별력은 DEA측정결과의 효용성과 직결되는 요소라 할 수 있다. 그 이유는 DEA는 효율적으로 나타난 DMU에 대해서는 효율성 향상과 관련한 관련정보를 제시해 주지 못하기 때문이다. 따라서 상대적으로 효율적인 DMU의 비율이 높을수록 DEA결과가 주는 효용은 그만큼 저하될 수밖에 없다. 그렇지만 DEA모형의 판별력을 객관적으로 평가해 볼 수 있는 통계적인 유의성 검정 등의 방법은 제시된 바가 없다. 다만 다른 연구들에서 보여준 판별력과 개략적인 비교를 통해서만 모형의 판별력을 추정할 수 있을 뿐이다. 대체로 DEA에서 모형의 판별력은 평가대상 DMU 수와 비례하며 모형에 포함된 투입 및 산출요소의 수와는 반비례하는 관계에 있다.[61]

따라서 본 연구에서의 상대적 효율성 점수 1을 갖는 지방정부 비율이

---

61) 김태일(2000)은 효율성이 1인 DMU의 규모를 전체 평가대상 DMU의 1/4정도 (25%)를 넘지 않아야 평가의 의미가 있다고 권고하고 있다.

갖는 판별력 수준을 살펴보는 것은 유의성 검정의 대체수단으로 의미를 가지게 되어 중요성이 있다고 볼 수 있다. 그 이유는 DEA에서 모형의 판별력은 효율성향상을 위해 제공하는 정보의 풍부함과 정비례하기 때문이다. DEA모형의 판별력에 영향을 주는 요소는 다음의 세 가지이다.

첫째, 측정대상 DMU의 수가 많을수록 판별력도 커지게 된다.[62] 둘째, 모형에 포함되는 투입 및 산출요소의 수가 많을수록 판별력은 저하될 가능성이 높다(Nunamaker, 1985: 54).[63] 즉 많은 요소들이 고려될수록 특정 DMU에 새로이 추가된 요소들이 지배적인 성과를 보임으로써 결국 효율적인 DMU가 될 가능성이 크다. 셋째, 비교대상 DMU의 이질성이 클수록 DEA의 판별력은 저하될 수밖에 없다. 왜냐하면 이질적인 DMU들은 유사 조직과 비교·평가되지 않고 독자적인 효율성 프런티어를 형성하여 자체평가 될 가능성이 크기 때문이다.

본 연구에 포함된 232개 기초자치단체의 경우 시군구 나누어 분석이 진행되었기 때문에 조직간 이질성의 문제는 그다지 심각하지 않은 것으로 볼 수 있다. 그것은 대체로 기초자치단체들이 유사한 조직구조를 갖고 있을 뿐만 아니라 업무에 있어서나 법에 있어서도 지정된 범위 내에서 수행되고 있기 때문이다.

---

62) Ganley and Cubbin(1992: 139)은 DMU의 수를 변경시키면서 그 측정결과를 관찰한 후 이러한 현상을 확인하였다.
63) 전체 DMU가 투입 및 산출변수의 수를 합한 것보다 3배 이상 될 것을 권고하고 있다. 본 연구는 전체 DMU가 232개이고 투입 및 산출변수를 합친 숫자가 10개이기 때문에 이러한 기준에 충족된다.

<표 4-8> DEA 연구들의 판별력 비교

사 례	평가대상 (자료 년도)	DMU수	투입·산출 요소 수	효율적 DMU수	효율적 DMU비율
Charnes et al. (1989)	도 시	28	6	8	28.6%
Ludwin & Guthrie (1989)	학 교	36	8	13	36.1%
오동일 (1991)	증권회사	51	8	26	51.0%
곽영진 (1992)	병 원	20	6	9	45.0%
Ganley & Cubbin (1992)	지방교육기관	96	8	44	45.8%
손승태 (1993)	은행	20	6	7	35.0%
윤경준 (1995)	대도시 자치구 보건소 54개	54	8	14	25.9%
윤경준 (1996)	보건소	54	7	14	25.9%
윤경준·원구환 (1996)	67개 중소도시 상수도 사업('94)	67	7	16	23.9%
임석민 (1996)	40개 도시('95)	40	9	13	32.5%
이혁주 (1997)	68개 지방도시 ('92, '93, '94)	68	11	30	44.1%
문춘걸 (1998)	67개 중소도시 ('96)	67	12	21	31.3%
본 연구	232개 지방정부 ('01)	232	-	-	-
	시-CCR	74	7	13	17.57%
	군-CCR	89	7	13	14.61%
	구-CCR	69	7	15	21.74%
	시-BCC	74	7	18	24.32%
	군-BCC	89	7	20	22.47%
	구-BCC	69	7	27	39.13%

* 출처: 윤경준·원구환(1996: 130)의 내용 추가 및 보완

전체 기초자치단체 232개의 DMU와 7개의 투입·산출요소를 포함한 모

형에서 효율적 조직의 비율은 〈표 4-8〉에서 보듯이 다른 DEA연구들에서 도출된 결과와 비교해 볼 때, 본 연구의 모형이 갖는 판별력이 상대적으로 높은 것으로 나타나고 있다.

윤경준·원구환(1996)에서는 〈표 4-8〉에 일부 제시된 것 이외에 6개의 국내외 사례를 조사하였는데 그 중에서 준거집단 비율이 가장 낮은 것이 28.6%이었으며, 가장 높은 것은 51%였다. 특히 서울시의 22개 보건소를 대상으로 9개의 투입·산출변수를 사용하여 DEA를 실시한 연구에서 77.27%에 이르는 15개 보건소가 효율적인 조직으로 나타났음을 보고하고 있다(박종원, 1993: 26). 이러한 점을 감안해 볼 때 본 연구에서 채택된 모형의 판별력 수준(즉 24.13%)은 〈표 4-8〉에서 보는 바와 같이 국내외에서 수행된 몇 개의 DEA연구들에서 보여준 판별력 수준과 비교해 볼 때 매우 높은 편으로 간주할 수 있을 것이다.

4) 정보화 효율성 점수의 분포

효율성점수는 효율성이 높은 방향으로 점수대별로 분포가 이루어져 있는 것을 아래의 〈표 4-9〉를 통해 알 수 있다. 효율성점수를 몇 개의 점수대로 구분하여 각 점수대별로 포함된 DMU의 수를 표시하고 있는 〈표 4-9〉는 이러한 차이를 나타내 주고 있다.

CCR모형에서의 기술효율성 점수의 경우에 있어 시는 0.400-0.599사이에 가장 많은 자치단체의 점수가 있으며, 군의 경우 0.600-0.799, 이와는 달리 구의 경우 0.800-0.599사이에 고르게 분포되어 있음을 알 수 있다. 기술적 효율성의 경우 자치단체간의 자원배분이 적정하게 이루어져야 함을 분포를 통해 알 수 있다.

BCC모형에서의[64] 기술적 효율성 점수는 시는 1.000과 0.400-0.599 사이에

---

64) 적정규모의 조정문제는 앞에서 밝혔듯이 계속적인 투자가 이루어지고 있는 상황에서 규모를 줄이는 것과 같은 문제에는 신중을 기해야 하기 때문에 CCR모

128

자치단체가 많이 분포되어 있으며, 군은 전체적으로 고르게 분포되어 있으
며, 구의 경우 1.000-0.799사이에 분포가 많이 나타나고 있으며 그 이하의 점
수대에서는 소수의 자치단체가 분포되어 있는 것으로 나타나고 있다. 그리
고 구의 경우도 군과 마찬가지로 1.000-0.799사이에 고루 분포되어 있다. 이
러한 분포는 BCC모형의 경우 CCR모형과 비교할 때 높은 효율성 점수대에
많은 자치단체가 분포되어 있는 것을 알 수 있다. BCC모형의 효율성 점수
역시 CCR모형에서 나타난 분포와 같이 높은 점수대와 그렇지 못한 점수대
에 차이가 발생하고 있어 적정한 자원배분이 필요함을 알 수 있다.

〈표 4-9〉 효율성 점수대별 DMU수

효율성 점수		점수별 DMU 수(CCR)		점수별 DMU 수(BCC)
1.000	시	13(17.55%)	시	18(24.32%)
	군	13(14.61%)	군	20(22.47%)
	구	15(21.74%)	구	27(39.13%)
0.800~0.999	시	7(9.46%)	시	17(22.97%)
	군	15(16.85%)	군	20(22.47%)
	구	17(24.64%)	구	19(27.54%)
0.600~0.799	시	9(12.16%)	시	11(14.86%)
	군	30(33.71%)	군	31(34.83%)
	구	17(24.64%)	구	15(21.74%)
0.400~0.599	시	28(37.84%)	시	18(24.32%)
	군	21(23.59%)	군	17(19.10%)
	구	17(24.64%)	구	7(10.14%)
0.200~0.399	시	17(22.92%)	시	10(13.52%)
	군	8(8.99%)	군	1(1.12%)
	구	3(4.35%)	구	1(1.45%)
0.000~0.199	시	-	시	-
	군	2(2.25%)	군	-
	구	-	구	-

형을 통해 알 수 있는 기술효율성에 좀 더 많은 관심을 기울이는게 타당하다
는 판단하에 이러한 문제는 추후 다루기로 한다.

2. 준거집단

1) 준거집단의 의의

DEA의 결과는 DMU를 효율적인 DMU와 비효율적인 DMU로 분류할 수 있다. 비효율적인 DMU의 효율성정도는 효율적인 DMU들 중에서 유사한 투입·산출구조를 갖는 DMU들을 비교대상으로 해서 결정된다. 가령, DMU k의 준거(reference) DMU j는 DMU k의 효율성을 평가할 때 비교대상으로 설정되는 우수한 DMU를 의미한다. 즉, 준거 DMU는 효율적 DMU들 중에서 선택된다. 이에 대한 부연설명을 하면 다음과 같다.

DMU k에 대한 포락모형의 가중치 $\lambda = (\lambda_i, \cdots, \lambda_n)$는 효율성을 결정함에 있어서 비교대상으로서 DMU j가 차지하는 중요도를 의미한다. $\lambda_j = 0$은 DMU j가 DMU k의 효율성 결정에 영향을 주지 않음을 나타내며 $\lambda_j > 0$은 DMU j가 DMU k의 효율성 결정에 영향을 주는 준거 DMU임을 의미한다. 준거 DMU가 여러 개일 경우(이러한 경우가 일반적임), DMU k와 직접적으로 비교되는 DMU는 준거 DMU들의 투입산출과 관련되어 가중치 λ_j로 가중평균한 가상적인 DMU이다.

대부분의 DEA응용문헌에서는 준거 DMU를 비효율적 DMU의 벤치마킹 대상으로 사용할 수 있음을 제시하고 있다. 이러한 발상은 DEA를 활용한 성과개선목표의 설정에 관한 일련의 연구들에[65] 있어 기초가 되고 있다. 또한 준거 DMU로 설정되는 횟수를 효율적 DMU들간의 비교를 위한 지표로 사용할 수 있음을 이미 여러 학자들에[66] 의해 지적된 바 있다.

Sexton 등(1989: 1180)은 "준거 DMU로 설정되는 빈도가 높다는 것은

---

65) Thanassoulis and Dyson(1992), Schefczyk(1993), Athanassopoulos(1995), Thanassoulis et al.(1995), Zhu(1996), Athanassopoulos(1999) 의 연구에 나타나 있다.
66) Smith and Mayston(1987), Sengupta(1989), Sexton et al.(1989), Busoussofiane et al.(1991), Dolye and Green(1991).

비효율적 DMU들이 그 DMU를 모범모형(role model)으로 삼는 빈도가 높다는 의미"임을 지적하였다. 준거 DMU로 설정되는 빈도는 각 DMU에 대한 DEA모형에서 $\lambda_j \rangle 0$으로 나타난 DMU의 수로 파악할 수 있다.

2) 준거집단 분석

DEA에 있어 준거집단에 대한 분석은 다음 두 가지 점에서 그 의의를 가진다고 볼 수 있다. 우선, DEA에서 효율성 점수, 비효율부문과 비효율성의 정도 등은 모두 준거집단과의 비교를 통해 계산되기 때문이다. 다음으로 비효율적 DMU는 도출된 준거집단의 관리실태를 참조로 하여 효율성 향상을 도모할 수 있기 때문이다. 준거집단은 비효율적인 조직이 관리향상을 위해 참조할 수 있는 모델이 된다는 점에서 의의를 갖는다. 그 이유는 준거집단이 되는 DMU는 피평가 DMU와 투입 및 산출구조에 있어서 비교적 동일성을 지닌 집단들로 구성되기 때문이다.

준거집단에 논의는 다음의 두 가지 측면에서도 설명될 수 있다. 우선 효율적 DMU가 준거집단으로 출현한 횟수에 관한 것이며, 다음으로 각각의 비효율적 DMU에 대하여 준거집단이 되는 DMU들에 관한 것이다.

첫째, 효율적 DMU의 준거집단으로 출현한 빈도수가 많아야 한다. DEA에서 효율성 측정은 준거집단과의 비교를 통해 이루어지며, 준거집단을 구성하는 것은 효율성점수 1을 갖는 효율적 DMU들이다. 이 때 준거횟수란 효율적 DMU가 비효율적 DMU의 효율성 측정을 위해 비교된 횟수를 말하며, 이러한 준거횟수가 많은 효율적 DMU일수록 그 효율성값은 신뢰할 만 하다(Smith & Mayston, 1978: 181-198).

Smith & Mayston(1987: 181-189)에 따르면 효율적으로 판명된 DMU의 효율성 점수의 신뢰도는 참조회수에 따라 판단할 수 있다고 한다.[67] 즉

---

67) 참조회수란 점수 1을 갖는 효율적 DMU가 비효율적 DMU의 효율성측정을 위해 비교된 횟수를 말한다. 예컨대 참조회수가 5회라면 이 효율적 DMU는 다른 4개

준거집단으로 출현한 회수가 많은 DMU일수록 '진정으로' 효율적일 가능성이 높다는 것이다. 이러한 주장에 충족되면 효율적으로 판정된 DMU들의 효율성점수 1은 대체로 믿을 수 있는 것이라 할 수 있다.

의 비효율적 DMU의 효율성측정을 위해 비교된 것을 의미한다. 그러므로 참조회수가 1회라면 해당 조직은 오직 자신과 비교(자체평가)되고 있음을 의미한다. 참조회수가 얼마나 되어야 효율적인 DMU로 평가받을 수 있는지에 대한 정확한 답은 없으나, 보통 2회 이하를 주로 그 기준으로 사용한다(안태식, 1991; 윤경준, 1995; 김성종, 2000).

〈표 4-10〉 비효율적 DMU별 중요준거집단

#	시-CRS	#	시-VRS	#	군-CRS	#	군-VRS	#	구-CRS	#	구-VRS
1	12	3	31	2	55	2	67	1	13	1	13
2	70	4	14	3	65	4	3	3	13	3	54
3	70	5	23	4	65	5	67	5	16	5	16
4	70	6	70	5	55	6	3	7	12	7	9
5	23	8	25	6	66	7	9	8	13	11	6
6	70	9	31	7	9	8	3	10	13	14	13
7	70	11	31	8	65	10	65	11	18	15	37
8	70	15	31	10	65	11	9	14	13	17	12
9	70	16	14	11	9	12	1	15	37	20	6
11	31	17	31	12	65	13	55	17	12	21	13
15	31	19	12	13	55	14	55	19	16	26	28
16	25	21	70	14	55	16	67	20	18	29	39
17	31	22	13	15	66	17	1	21	13	31	39
19	20	24	7	16	55	18	65	22	16	32	37
21	70	26	70	17	1	19	1	25	13	33	39
22	13	27	31	18	65	21	65	26	28	34	39
24	23	28	31	19	65	22	65	27	37	35	39
26	70	29	31	20	65	24	32	29	37	36	39
27	12	30	31	21	65	25	32	31	37	38	37
28	70	32	31	22	65	26	23	32	37	40	28
29	31	34	46	24	55	27	67	33	37	41	28
30	70	35	70	25	23	28	23	34	37	42	13
32	31	36	70	26	23	29	89	35	37	43	37
33	31	37	70	27	55	30	32	36	37	44	28
34	12	38	68	28	23	31	67	38	37	45	37
35	70	39	31	29	89	34	67	39	37	46	54
36	14	40	70	30	60	35	67	40	28	47	13
37	70	41	31	31	55	36	78	41	12	49	39
38	25	42	23	32	60	37	65	42	13	52	16
39	31	43	31	33	89	38	65	43	37	53	13
40	70	47	70	34	55	39	69	44	13	56	13
41	31	48	14	35	55	40	65	45	37	57	13
42	23	49	70	36	55	41	65	46	37	58	13

#	시-CRS	#	시-VRS	#	군-CRS	#	군-VRS	#	구-CRS	#	구-VRS
43	31	50	46	37	65	42	65	47	13	59	13
44	31	51	70	38	65	43	65	48	16	60	27
47	70	52	31	39	65	44	1	49	37	62	6
48	70	53	63	40	55	45	67	51	13	63	39
49	70	54	31	41	65	46	67	52	16	64	54
50	46	55	31	42	65	48	1	53	13	65	54
51	70	56	20	43	65	49	1	54	37	66	13
52	31	57	7	44	65	50	65	55	9	67	54
53	63	58	31	45	55	51	32	56	13	68	69
54	31	60	31	46	55	52	60	57	13	-	-
55	31	61	70	48	65	53	67	58	13	-	-
56	20	62	59	49	1	54	65	59	13	-	-
57	31	64	31	50	65	56	32	60	28	-	-
58	31	65	20	51	55	57	3	62	6	-	-
59	70	66	31	52	55	58	3	63	37	-	-
60	14	67	31	53	60	59	1	64	16	-	-
61	70	69	25	54	65	61	65	65	61	-	-
62	70	71	68	56	60	63	78	66	13	-	-
64	31	72	31	57	60	64	67	67	37	-	-
65	25	73	31	58	60	68	65	68	28	-	-
66	31	74	31	59	1	70	1	69	28	-	-
67	31	-	-	61	55	71	67	-	-	-	-
68	31	-	-	63	55	72	67	-	-	-	-
69	25	-	-	64	55	73	1	-	-	-	-
71	25	-	-	67	55	74	65	-	-	-	-
72	31	-	-	68	55	75	1	-	-	-	-
73	70	-	-	69	55	76	3	-	-	-	-
74	31	-	-	70	65	77	65	-	-	-	-
-	-	-	-	71	55	79	1	-	-	-	-
-	-	-	-	72	65	80	32	-	-	-	-
-	-	-	-	73	1	81	65	-	-	-	-
-	-	-	-	74	65	82	32	-	-	-	-
-	-	-	-	75	65	83	9	-	-	-	-
-	-	-	-	76	55	84	3	-	-	-	-
-	-	-	-	77	65	85	1	-	-	-	-
-	-	-	-	79	65	87	32	-	-	-	-
-	-	-	-	80	23	-	-	-	-	-	-
-	-	-	-	81	65	-	-	-	-	-	-
-	-	-	-	82	65	-	-	-	-	-	-
-	-	-	-	83	9	-	-	-	-	-	-
-	-	-	-	84	60	-	-	-	-	-	-
-	-	-	-	85	1	-	-	-	-	-	-

〈표 4-10〉에서는 각 비효율적 DMU들에 대하여 준거집단을 구성하고 있는 중요한 효율적 DMU들이며, 〈표 4-11〉은 이 중 참조횟수가 많은 DMU일수록 모범으로 삼아야 할 DMU들을 제시하고 있다. 〈표 4-11〉에 제시된 참조집합은 여러 개의 준거집단 중에서 가중치가[68] 높은 DMU를 의미하며, 해당 비효율적 DMU와 투입·산출 구조면에서 유사한 조직을 의미한다.

〈표 4-11〉에서 가장 많은 준거횟수를 나타내고 있는 효율적 DMU는 CCR모형의 경우, 시는 #63(창원시), 군은 #55(강진군), 그리고 구는 #37(부산시 강서구)로 나타났으며, BCC모형의 경우, 시는 #31(속초시), 군은 #67(청송군), 그리고 구는 #13(서대문구)으로 나타났다. 이들은 20회 이상의 비효율적 DMU의 효율성 측정을 위해 비교대상으로 등장하였음을 알 수 있다.

---

68) 가중치는 앞의 (수식 1)에서 계산되는 lambda(λ)값을 의미한다.

〈표 4-11〉 효율적 DMU들의 준거횟수

DMU	시-CCR	DMU	시-BCC	DMU	군-CCR	DMU	군-BCC	DMU	구-CCR	DMU	구-BCC
10	0	1	1	1	6	1	21	2	2	2	12
12	23	2	0	9	42	3	25	4	3	4	3
13	7	7	5	23	26	9	39	6	11	6	7
14	5	10	2	47	0	15	0	9	5	8	0
18	3	12	12	55	60	20	0	12	12	9	2
20	8	13	6	60	19	23	11	13	33	10	0
23	24	14	15	65	49	32	35	16	22	12	6
25	18	18	5	66	23	33	4	18	3	13	23
31	43	20	14	78	2	47	0	23	6	16	10
45	1	23	17	86	19	55	15	24	3	18	1
46	4	25	11	88	13	60	3	28	17	19	0
63	48	31	41	89	49	62	0	30	5	22	0
70	39	33	1	-	-	65	37	37	38	23	0
-	-	44	1	-	-	66	10	50	2	24	1
-	-	45	5	-	-	67	40	61	27	25	3
-	-	46	4	-	-	69	9	-	-	27	2
-	-	59	13	-	-	78	18	-	-	28	19
-	-	63	39	-	-	86	7	-	-	30	4
-	-	68	9	-	-	88	6	-	-	37	18
-	-	70	27	-	-	89	33	-	-	39	19
-	-	-	-	-	-	-	-	-	-	48	4
-	-	-	-	-	-	-	-	-	-	50	4
-	-	-	-	-	-	-	-	-	-	51	5
-	-	-	-	-	-	-	-	-	-	54	18
-	-	-	-	-	-	-	-	-	-	55	0
-	-	-	-	-	-	-	-	-	-	61	20
-	-	-	-	-	-	-	-	-	-	69	1

그러나 CCR모형의 경우, 시는 #10, #45, 군은 #47, #78, 그리고 구는 #2, #50는 2회 이하의 참조횟수를 보여 DMU의 효율성점수(1.000)를 신뢰하기 곤란하다. BCC모형의 경우, 시는 #1, #2, #10, #33, #44, 군은 #15, #20, #47, #62, 그리고 구의 경우, #8, #9, #10, #18, #19, #22,

#23, #24, #27, #55, #69는 2회 이항의 참조횟수를 보여 효율성점수를 신뢰하기 곤란하다. 왜냐하면 이들은 다른 DMU와의 비교가 아니라 자신과의 비교를 통해 효율적 DMU로 표시된 것이기 때문이다. 이처럼 참조가 안된 DMU를 제외한 나머지 효율적 DMU는 자체평가된 것이 아니라는 점에서 그 측정결과를 믿을 수 있는 것으로 평가할 수 있다.

둘째, 준거집단에 대한 또 하나의 분석은 비효율적 DMU들의 준거집단을 형성하는 DMU들에 관한 것이다. 이것은 상대적으로 비효율적인 DMU들의 효율성향상을 위해 모범으로 삼을 수 있는 효율적 DMU들을 식별하는 작업으로서, 관리행태나 절차의 개선에 있어서 준거가 될 DMU를 선정하는 데 있어 유용한 정보를 제공해 줄 수 있다.[69]

3. 비효율성 정도와 효율선상의 값

상대적 효율성 점수와 준거집단을 알고 있을지라도 구체적으로 어느 부문이 얼마나 비효율적인지를 알지 못하면 정작 효율성 향상을 이루기는 어려울 것이다. 즉 비효율적인 DMU가 효율적이 되기 위해서는 효율적인 프런티어상에 위치하는 준거집단의 효율성 정도를 구체적으로 알아야 할 것이다.

DEA의 장점 중 하나는 비효율적 부분의 개선할 정도를 알려줄 수 있다는 것이다. 여기서는 비효율적 자치단체가 효율적 정보화를 추진할 수 있도록 개선정보를 도출하기 위해 최적화모형 계산논리를 설명하려 한다.

관리자가 분석결과를 검토할 때 주의해야 할 점은 효율적으로 평가된 자치단체는 시군구별 각각의 자치단체와 비교해서 상대적으로 효율적인 자치단체로 평가되었다는 의미로서 절대적 의미에서 효율적인 것이 아니라는 점이다. 부연하면 비효율적으로 평가된 자치단체도 효율적일 수 있다는 것

---

69) 준거집단에 대한 연구를 통해 효율성향상을 도모해야 한다는 다각적인 권고로는 Bowlin(1986, 1987), Lewin & Morey(1981) 등을 들 수 있다.

이다. 이러한 상대적 효율성을 측정하기 위해서는 비효율적 집단이 개선해야 할 효율선상의 값과 비율을 제시하는 것이 중요할 것이다. 이러한 계산하는 방법을 예제를 통해 설명하면 다음과 같다.[70] 실제의 예제를 통해 효율선 상의 값과 개선비율을 산출하는 방법을 설명하면 다음과 같다.[71]

〈표 4-12〉 최적치 계산을 위한 투입·산출 변수 예제

"Invar.txt" file(투입변수)		
DMU	StHr	Supp
A	150	0.2
B	400	0.7
C	320	1.2
D	520	2.0
E	350	1.2
F	320	0.7

"Outvar.txt" file(산출변수)		
DMU	MCPD	PPPD
A	14000	3500
B	14000	21000
C	42000	10500
D	28000	42000
E	19000	25000
F	14000	15000

* StHr(Staff hours per day): 간호사, 의사, 치료사 등을 포함된 하루 노동시간
* Supp(Suppliers per day): 금액으로 환산된 지원인력
* MCPD(Total Medicare plus Medicaid-reimbursed patient days): 보험으로 변제된 입원일수
* PPPD(Total privately paid patient days): 입원일수에 따른 개인비용

---

70) 이하 설명은 Emruouznejad(2000)의 설명을 번역해서 요약·정리한 내용이다. 또한 계산논리는 어떠한 통계프로그램이든 상관없이 같은 방식으로 하면 되기 때문에 여기서는 SAS의 사례를 통해 설명한다.
71) 복잡한 수식을 통해 설명하기보다는 실제 자료를 가지고 기술하는 것이 더 낫다는 판단 하에 Sexton(1986: 19-23)의 자료를 가지고 설명한다.

가중치와 슬랙값은 SAS/DEA모형을 통해 실행했을 때 Report 1과 Report 2파일이 형성되면서 각각에 그 값이 저장된다. 가령 DMU E에 대한 가중치(λ)는 Report 1에서 __var__와 __value__에 나타난 값을 통해 구할 수 있다. DMU E에 대한 가중치를 다음의 〈표 4-13〉을 통해 설명한다.[72]

〈표 4-13〉 실례 1: DMU E의 Report 1에 도출된 값

The SAS System			
OBS	__VAR__		__VALUE__
3	LA A		0.20000
4	LA B		0.08048
5	LA C		0.00000
6	LA D		0.53833
7	LA E		0.00000
8	LA F		0.00000
투입변수		산출변수	
StHr	Supp	MCPD	PPPD
342	1.17	19000	25000

〈표 4-14〉에 제시된 것은 DMU E에 대한 투입/산출변수를 통해 도출된 값과 가중치이다. 이러한 값이 나오게 된 계산절차는 다음과 같다.

342 = {DMU A의 투입값(150)*0.2}+{DMU B의 투입값(400)*0.8048}+{DMU D의 투입값(520)*0.53833}

1.17 = {DMU A의 투입값(0.2)*0.2}+{DMU B의 투입값(0.7)*0.8048}+{DMU D의 투입값(2.0)*0.53833}

19000 ={DMU A의 산출값(14000)*0.2}+{DMU B의

---

72) 준거집단을 구성하는 몇 개의 도시 중 어느 지방정부의 가중치가 높다는 것은 투입과 산출구조에 있어 가중치가 높은 지방정부와 가장 유사하다는 것을 의미한다. 효율성 향상을 위한 관리개선의 모범이 되는 효율적 DMU는 이처럼 투입과 산출구조면에서 유사할 필요가 있다.

산출값(14000)*0.8048}+{DMU D의 산출값(28000)*0.53833}

25000={DMU A의 산출값(3500)*0.2}+{DMU B의

산출값(21000)*0.8048}+{DMU D의 산출값(42000)*0.53833}

비효율적 DMU E에 대한 투입의 최적치는 StHr은 342, Supp는 1.17이고 산출의 최적치는 MCPD는 19000, PPPD는 25000이 된다. DMU E는 산출은 현재 동일하게 유지하되 투입에 있어 2.3%수준의 축소가 요구된다. 즉, 최적값 342는 현재값(350)의 97.7%이고, 1.17은 현재값(1.2)의 97.7%에 해당한다. 이러한 계산논리를 통해 비효율적 자치단체에 대한 상세한 분석을 하면 벤치마킹 대상과 개선할 부분을 구체적으로 알 수 있다.[73]

제2절 지표체계방식결과와 DEA결과의 비교

본 절에서는 기존 정보화평가방식결과와 DEA결과간의 비교를 통해 차이점이 발생할 경우 그 원인을 알아보고자 한다. 차이점을 확인하려는 이유는 기존의 정보화평가방식은 지표체계방식을 통해 부분별 값을 합산해서 총괄점수를 구하는 방법을 사용하는 반면, 본 연구가 정보화평가에 적용한 DEA방식은 그와는 달리 투입 및 산출변수의 값을 총괄해서 값을 구하기 때문에 결과간 차이의 여부에 따라 차후 DEA의 적용가능성에 대해 살펴볼 수 있기 때문이다. 두 방식간의 차이에 앞서 본 연구의 효율성 점수와 재정력 및 재정여건지수와의 관련성을 살펴보고자 한다. 기초자치단체의 측정결과는 재정력 및 재정여건지수와 높은 수준의 상관관계를 보인 것으

---

73) 각 자치단체별 상세분석 결과는 부록에 수록하여 놓았다. 그 이유는 본 연구가 시군구를 합친 총232개 기초자치단체를 대상으로 연구가 수행되었기 때문에 그 내용이 상당량을 차지하고 있기 때문이다.

로 나타났기 때문에 본 DEA분석결과도 그러한 관계가 나타나는지의 여부를 파악하고자 함이다.[74] 이를 통해 본 연구결과도 재정력에 영향을 받는지 알고자 한다.

1. 재정자립도 및 총인구수와 DEA효율성 점수간 상관관계 분석

상관관계 분석결과, 시의 경우 DEA효율성 점수와 재정자립도 및 총인구수와는 유의미한 상관관계는 나타나지 않았다. 따라서 시의 경우에는 DEA효율성 점수와 재정자립도 및 총인구수와의 상관관계가 0이라는 귀무가설은 기각되지 않으므로, 두 변수간의 상관관계는 없다고 볼 수 있다.

---

74) 본 연구에서는 기초자치단체 정보화수준측정 점수와 관련되어 분석을 했던 재정력 및 재정여건지수와 관련된 원자료(raw data)를 구할 수 없어서 재정자립도 및 총인구수로 대체하여 분석하였다. 그 이유는 지방자치단체의 면적의 廣狹과 인구의 多少 및 그 증감추이는 그 자치단체의 기본적 성격의 결정요인으로 간주되고 있어 그 규모에 따라 자치단체간의 재정적 격차가 현격할 수 있기 때문에(정세욱, 1994: 646) 총인구수를 포함시켰으며, 또한 지방재정력을 결정하는 중요한 변수 중 하나로 자주재원비율 등을 들 수 있어(정세욱, 1994: 648) 재정자립도를 포함시켰다.

〈표 4-14〉 재정자립도 및 총인구수와의 상관관계 분석-시

		CCR	BCC	총인구수	재정자립도
CCR	Pearson Correlation	1	.782(**)	-.205	-.150
	Sig. (2-tailed)	.	.000	.080	.201
	N	74	74	74	74
BCC	Pearson Correlation	.782(**)	1	-.051	-.088
	Sig. (2-tailed)	.000	.	.668	.457
	N	74	74	74	74
총인구수	Pearson Correlation	-.205	-.051	1	.691(**)
	Sig. (2-tailed)	.080	.668	.	.000
	N	74	74	74	74
재정자립도	Pearson Correlation	-.150	-.088	.691(**)	1
	Sig. (2-tailed)	.201	.457	.000	.
	N	74	74	74	74

** Correlation is significant at the 0.01 level (2-tailed).

군의 경우 DEA효율성 점수와 재정자립도 및 총인구수와는 유의미한 상관관계가 나타난 것은 규모의 효율성 점수와 총인구수와 0.215의 약한 상관관계가 나타난 것을 제외하곤 다른 변수간에는 상관관계가 있는 것으로 나타나지 않았다. 따라서 군의 경우에는 DEA효율성 점수와 재정자립도 및 총인구수와의 상관관계가 거의 없다고 볼 수 있다.

142

〈표 4-15〉 재정자립도 및 총인구수와의 상관관계 분석-군

		CCR	BCC	총인구수	재정자립도
CCR	Pearson Correlation	1	.859(**)	.123	.111
	Sig. (2-tailed)	.	.000	.250	.300
	N	89	89	89	89
BCC	Pearson Correlation	.859(**)	1	.005	.073
	Sig. (2-tailed)	.000	.	.960	.499
	N	89	89	89	89
총인구수	Pearson Correlation	.123	.005	1	.711(**)
	Sig. (2-tailed)	.250	.960	.	.000
	N	89	89	89	89
재정자립도	Pearson Correlation	.111	.073	.711(**)	1
	Sig. (2-tailed)	.300	.499	.000	.
	N	89	89	89	89

** Correlation is significant at the 0.01 level (2-tailed).
* Correlation is significant at the 0.05 level (2-tailed).

구의 경우 DEA효율성 점수와 재정자립도 및 총인구수와는 유의미한 상관관계가 나타난 것은 규모의 효율성 점수와 총인구수와 0.274의 약한 상관관계가 나타난 것을 제외하곤 다른 변수간에는 상관관계가 있는 것으로 나타나지 않았다. 따라서 구의 경우에는 DEA효율성 점수와 재정자립도 및 총인구수와의 상관관계가 거의 없다고 볼 수 있다.

〈표 4-16〉 재정자립도 및 총인구수와의 상관관계 분석-구

		CCR	BCC	총인구수	재정자립도
CCR	Pearson Correlation	1	.818(**)	.021	.230
	Sig. (2-tailed)	.	.000	.861	.057
	N	69	69	69	69
BCC	Pearson Correlation	.818(**)	1	-.186	.136
	Sig. (2-tailed)	.000	.	.126	.266
	N	69	69	69	69
총인구수	Pearson Correlation	.021	-.186	1	.103
	Sig. (2-tailed)	.861	.126	.	.400
	N	69	69	69	69
재정자립도	Pearson Correlation	.230	.136	.103	1
	Sig. (2-tailed)	.057	.266	.400	.
	N	69	69	69	69

** Correlation is significant at the 0.01 level (2-tailed).
* Correlation is significant at the 0.05 level (2-tailed).

2. 기초자치단체 정보화수준측정 순위와의 비교

DEA분석에 의해 평가를 실시한 연구들은 정도의 차이는 있으나 대부분 전체 평가대상 기관들의 순위를 매기고 있다. 원칙적으로 DEA에 의한 평가 결과로부터 전체 평가대상기관들의 효율성 순위를 매기는 것은 잘못된 비교이다. 그러나 어느 정도는 각 기관들의 효율성 점수순위가 실제 효율성 순위를 반영하는 측면도 있을 것이다.

실제 DEA연구[75] 중 동일한 투입·산출지표를 사용해서 다른 기법에 의

한 평가결과와 비교를 하고 있는 연구도 있다. 기존방식과의 비교를 위해 사용한 기법은 회귀분석기법으로, DEA연구와 회귀분석 점수에 따라 상·하 집단으로 구분하고 두 기법에 의한 상·하의 분류결과가 어느 정도 일치하는가를 분석하였는데, 구체적인 순위가 아닌 상·하로 분류하였음에도 불구하고 두 기법의 분류결과는 상당한 차이를 보였다.

윤경준(1995)의 연구에서 54개 기관 중에서 22개 기관의 분류가 달랐으며, 곽영진(1993)의 연구에서는 20개 기관 중에서 11개가, 김용(1993)의 연구에서는 25개 기관 중에서 14개가 달랐다. 물론 두 기법에 의한 결과가 다른 것을 통해 어느 기법이 옳은 것인지를 알 수는 없다. 그러나 이와 같이 기법의 차이에 따라 결과가 달라질 수 있다는 것은 DEA에 의한 순위 선정의 타당성에 대하여 신중히 고려해야 함을 보여주고 있다.

기존 연구에서는 회귀분석에 의한 결과와 비교하였지만, 행정기관의 효율성 평가에서 일반적으로 사용되는 방식은 지표체계에 의한 평가이다. 그러나 DEA를 실시한 연구에서 직접 지표체계에 의한 평가와 비교를 실시한 사례는 발견할 수 없다(김태일, 1999: 202).[76] 따라서 본 연구에서는 DEA결과와 기존지표체계 방식결과를 비교하여 차이점 여부를 파악하고자 하며, 이를 통해 DEA의 적용가능성을 탐색한다.

DEA결과와 지표체계결과를 위해 사용할 수 있는 방법은 순위검정 방법이다. 순위검정(rank test)은 크기의 순서(rank)를 이용하여 분석하는 방법이다. 즉, 자료에서 주어진 수치나 계산과정에서 도출된 수치를 직접 사용하지 않고, 그 수치가 전체에서 차지하는 순위를 평가하여 그 순위를 가설검정의 근거로 삼는 방법이다. 이와 같은 가설검정방법은 여러 가지가 있

---

75) 윤경준(1995), 곽영진(1993), 김용(1993)의 연구를 들 수 있다.
76) 김태일(1999)은 문춘걸(1998)의 1996년도 자료를 기초로 67개 도시의 생산성을 DEA를 통해 측정한 결과와 한국능률협회(1997)의 1996년도 자료를 토대로 67개 도시의 경쟁력 측정결과를 비교하여 설명하였다. 본인도 밝혔듯이 각각의 연구는 평가목적에서 차이가 나는 생산성과 경쟁력을 측정했기 때문에 정확한 비교는 될 수 없다.

으나 Wilcoxon의 부호화된 순위검정(signed rank test)과 Spearman의 ρ를 이용한 검정이 대표적이라 할 수 있다. 본 연구에서는 Spearman의 ρ의 순위상관관계(rank correlation)를 이용해서 기초자치단체 정보화수준평가의 순위와 DEA를 이용한 기초자치단체 정보화 효율성 순위를 비교한다.

순위 통계량은 부호순위검정(signed rank test)을 위한 것으로서, 비모수 통계학의 가장 간단한 기법 중의 하나이다. Spearman의 ρ는 순위의 상관관계를 알아봄으로써 변수 사이의 독립성을 검정하는 방법이다. 여기서 순위의 상관관계란 기존의 상관분석에서 다루는 것과는 달리 측정치를 사용하지 않고 각 관찰치에 매겨진 순위(rank)를 사용하므로 순위검정의 한 종류라고 할 수 있다. 이 방법에 의하면 두 변수간의 독립성과 종속성뿐만 아니라 관계의 방향까지도 판단할 수 있다는 장점이 있다.

두 방식간의 순위검정을 하기에 앞서 기초자치단체 정보화수준측정의 지표체계가 재정력과 밀접한 관계가 있는 것으로 나타났기 때문에 본 연구의 효율성점수와 재정력 및 인구수와 관계가 있는지의 여부를 분석하고자 한다.

〈표 4-17〉 기존방식과의 순위 상관관계 분석-시

			CCR순위	BCC순위	지표체계
Spearman's rho	CCR 순위	Correlation Coefficient	1.000	.799(**)	-.015
		Sig. (2-tailed)	.	.000	.900
		N	74	74	74
	BCC 순위	Correlation Coefficient	.799(**)	1.000	-.093
		Sig. (2-tailed)	.000	.	.430
		N	74	74	74
	지표체계 순위	Correlation Coefficient	-.015	-.093	1.000
		Sig. (2-tailed)	.900	.430	.
		N	74	74	74

** Correlation is significant at the 0.01 level (2-tailed).

Spearman의 ρ 상관관계 분석결과, 시의 경우 DEA분석방식의 순위결과와 기존의 지표체계방식의 순위간의 유의미한 차이는 나타나지 않았다. 따라서 시의 경우에는 두 방식의 평가결과 사이에 상관관계가 0이라는 귀무가설은 기각되지 않으므로, 두 방식간의 상관관계는 없다고 볼 수 있다.

〈표 4-18〉 기존방식과의 순위 상관관계 분석-군

			CCR순위	BCC순위	지표체계
Spearman's rho	CCR 순위	Correlation Coefficient	1.000	.878(**)	.393(**)
		Sig. (2-tailed)	.	.000	.000
		N	89	89	89
	BCC 순위	Correlation Coefficient	.878(**)	1.000	.276(**)
		Sig. (2-tailed)	.000	.	.009
		N	89	89	89
	지표체계 순위	Correlation Coefficient	.393(**)	.276(**)	1.000
		Sig. (2-tailed)	.000	.009	.
		N	89	89	89

** Correlation is significant at the 0.01 level (2-tailed).

Spearman의 ρ 상관관계 분석결과, 군의 경우 ρ의 값이 DEA분석방식의 순위결과간에 모두 유의미한 결과가 나타나고 있다. 먼저 CCR모형에서의 기술효율성 순위와는 0.393으로 낮은 상관관계로 나타나고 있으며, BCC모형에서 기술효율성 순위와는 0.276으로 낮은 상관관계가 나타나고 있다.[77] 따라서 기초자치단체 정보화수준측정 순위와 DEA순위는 약한 관련성을 가진다고 볼 수 있다. 이 두 방식의 평가결과 사이에 상관관계가 높게 나타나지 않기 때문에 평가 방식의 차이에 따라 평가결과가 다르게 나올 가능성이 있음을 보여준다.

---

[77] 상관관계의 계수(r)의 절대값이 r>0.90이면 '아주 높은 관계', .70≤r≤.90이면 '높은 관계', .40≤r≤.70이면 '비교적 높은 관계', .20≤r≤.40이면 '낮은 관계', .20 미만이면 '아주 낮은 관계'가 있다고 말할 수 있다(김호정, 2001: 317).

〈표 4-19〉 기존방식과의 순위 상관관계 분석-구

			CCR순위	BCC순위	지표체계
Spearman's rho	CCR 순위	Correlation Coefficient	1.000	.821(**)	.091
		Sig. (2-tailed)	.	.000	.458
		N	69	69	69
	BCC 순위	Correlation Coefficient	.821(**)	1.000	-.015
		Sig. (2-tailed)	.000	.	.900
		N	69	69	69
	지표체계 순위	Correlation Coefficient	.091	-.015	1.000
		Sig. (2-tailed)	.458	.900	.
		N	69	69	69

** Correlation is significant at the 0.01 level (2-tailed).

Spearman의 ρ 상관관계 분석결과, 구의 경우 DEA분석방식의 순위결과와 기존의 지표체계방식의 순위간의 유의미한 상관관계는 나타나지 않았다. 따라서 구의 경우에는 두 방식의 평가결과 사이에 상관관계가 0이라는 귀무가설은 기각되지 않으므로, 두 방식간의 상관관계는 없다고 볼 수 있다.

3. 기존평가결과와 DEA결과의 차이점 원인분석

1) 가중치 설정체계

본 연구에서는 DEA에 의한 성과측정과 기존평가결과간의 차이점을 분석한 결과 군에서 약한 상관관계가 나타났으며, 시와 구의 경우 상관관계가 없는 것으로 결과가 나타났다. 그 원인이 무엇인가를 파악하고자 가중치 부여를 중심으로 살펴보고자 한다. 가중치를 중심으로 살펴보는 이유는 전술한 바와 같이 기존방식은 평가지표들 사이의 가중치가 어떻게 설정되었는가에 따라 최종 점수가 달라질 수 있는 것을 보여주고 있어서 이다.[78]

가중치의 설정은 본질적으로 평가자의 주관에 의하는 것으로 객관화 또는 일반화가 어렵다는 한계를 갖는다. 따라서 평가자의 주관적인 가중치 부여가 필요없다는 점에서 DEA분석기법이 기존 방식과 가장 큰 차이점을 갖기 때문에 그 원인을 가중치체계에서 찾는 것이 타당하다고 보여진다. 기관성과를 평가할 때 사용되는 가중치는 결정시점 및 가중치의 적용범위에 따라 평가방법을 분류할 수 있다(전용수·최태성·김성호, 2002: 1).

---

[78] 지표체계방식과 DEA를 비교하면 다음과 같지만, 가장 큰 영향을 미치는 것은 가중치 체계라고 볼 수 있다(전용수·최태성·김성호, 2000).

구 분	지표체계방식	자료포락분석
평가지표	-자료수집 및 점수화에 과도한 시간 필요 -평가지표수 많음	-지표체계방식 대비 과도한 시간 불필요 -평가지표수 적음(지표가 많을 시 판별력 떨어짐)
가중치	-평가관련자들의 주관적 판단에 의지 -회귀분석이나 요인분석 같은 통계기법을 활용한 수리적 도출	-효율적이기 위한 가중치 자동 도출 -주관적 판단에 따른 가중치 도출이 아님
적용상의 문제점	-조직의 성격과 규모를 고려치 않고 동일한 평가모형과 지표의 획일적 적용	-효율적 집단이 많을 수록 평가의 변별력 떨어짐
가격정보	-가격요구(단위 통일 필요)	-가격을 요구하지 않음
평가지표의 합산	-곤란함	-용이함
적용분야	-순위부여+컨설팅	-경영개선컨설팅용 -세부적 정보제공

150

〈표 4-20〉 가중치 결정시점 및 적용범위에 따른 평가방법 분류

	구 분	평가항목에 대한 가중치를 사전에 결정하는 경우	평가항목에 대한 가중치를 사전에 결정하지 않는 경우
모든 피평가기관에게 같은 가중치체계를 적용하는 경우		Ⅰ	Ⅱ
모든 피평가기관에게 같은 가중치체계를 적용하지 않는 경우		Ⅲ	Ⅳ

가중치의 결정시점

* 출처: 전용수·최태성·김성호(2002: 2)

가중치의 결정시점은 평가항목에 대한 가중치를 사전에 결정하는 경우와 그렇지 않은 경우로 나눌 수 있다. 다음으로 가중치의 적용범위는 모든 피평가기관에게 같은 가중치를 적용하는 경우와 그렇지 않은 경우로 나눌 수 있다. 또한 가중치체계를 어떻게 적용하는가에 따라 결과가 달라질 수 있다. 이러한 내용을 도식적으로 설명하면 다음과 같다.

■ 가중치체계 Ⅰ의 경우:
   항목A×1 + 항목B×1 + 항목C×1
■ 가중치체계 Ⅱ의 경우 :
   항목A×4 + 항목B×3 + 항목C×1

가중치체계Ⅰ은 각 항목에 대한 가중치를 모두 1로 부여한 것이며, 가중치체계Ⅱ는 항목A에는 가중치를 4로 부여하고 항목B에는 3을, 항목C에는 1을 부여한 경우이다. 이러한 경우 가중치를 무엇으로 선택했는가의 여부에 따라 어느 기관에는 유리하고 불리해질 수 있는 것을 보여주고 있다.

이는 기존의 기초자치단체 정보화수준측정 가중치를 보면 잘 나타난다.

기초자치단체 정보화수준측정에서 가중치는 가중치체계 Ⅳ에 속한다고 볼 수 있다. 사전에 결정되지 않고 지방정부 정보화관련 자료조사와 같이 병행되며, 동일한 가중치 값을 주지 않기 때문이다.

기존 지표체계평가의 가중치 부여로 인한 문제점을 설명하면 다음과 같다. 수준측정의 목적이 정보화활용 극대화임에도 불구하고 다른 항목보다 가중치가 상대적으로 적게 부여되고 있는 것으로 나타나는 것을 볼 수 있다. 가장 큰 문제점은 정보화투자 항목에 지표가 1개밖에 없어서 그 영향력은 다른 지표보다 크다는 것이다. 이러한 가중치가 미친 결과는 정보화예산이 많은 지방정부가 상대적으로 높은 순위를 받게 되는 결과를 낳고 있다.

〈표 4-21〉 정보화수준측정 가중치

구 분	지표명	부문 가중치			부문내 가중치	전체 가중치
		1999	2000	2001		
정보화 지원	정보화촉진협의회 개최건수	0.1570	0.1555	0.07036	0.2153	0.0158
	정보화사업계획 시행수준				0.7847	0.0578
정보화 투자	정보화 예산비율	0.1939	0.2980	0.2212	1.0000	0.2212
정보 인프라	서버 보유수준	0.2117	0.1304	0.2547	0.1746	0.0445
	PC 보급수준				0.3422	0.0872
	소프트웨어 보유수준				0.1313	0.0334
	정보보호수준				0.0963	0.0246
	네트워크 운영 · 관리				0.2556	0.0651
정보화 조직/인력	정보화인력비율	0.1953	0.2656	0.2591	0.4777	0.1237
	정보화관련 공인자격증 보유수준				0.1433	0.0371
	전문 정보교육 수준				0.2525	0.0654
	일반 정보교육 수준				0.1265	0.0328
정보화 활용	업무정보화수준	0.2421	0.1507	0.1915	0.2952	0.0564
	시군구행정종합정보시스템 활용수준				0.1445	0.0277
	전자결재수준				0.2390	0.0458
	전자게시판 활용수준				0.0511	0.0098
	DB 운영실적				0.0822	0.0157
	전자민원처리수준				0.0955	0.0183
	주민정보화교육 실적				0.0924	0.0177

* 출처: 행정자치부 · 자치정보화지원재단(2002: 65).

수준측정의 가중치 부여 방식은 AHP기법을 사용해서 구하고 있다. AHP
기법은 기본적으로 복잡하고 비구조화된 문제들을 하위구성요소들로 분해하
고, 각 계층내의 구성요소들을 이원비교분석방식(pairwise comparison
method)에 의해 상대적 중요도에 대한 가중치(weights)를 할당한다. 그 후
가중치의 일관성을 검토한 후 전체 요소들에 대한 복합가중치(composite

weights)를 계산하는 기법이다(Satty, 1982: 5). 또한 AHP기법은 양적인 측정이나 평가가 곤란한 질적 평가의 방법이므로, 질적인 판단(qualitative judgement)이 필수적인 효과성 평가(O'Neil, 1998: 746)에 적합하다고 볼 수 있다.[79]

응답자의 의견일관성을 검토한다는 점에서 AHP기법의 유용성을 평가할 수 있으나 역시 설문응답자의 주관에 의해 좌우된다는 점에서는 다른 질적 분석과 크게 차이를 보이고 있지는 않다. 이와는 달리 DEA연구는 기존의 지표체계 연구에서 사용하는 주관적 가중치의 부여에서 나타나는 문제점을 보완할 수 있다는 장점이 있다.

2) DEA의 적용가능성

기존 연구가 수행하고 있는 가중치 부여방식에 대한 연구가[80] 있다. 이를 중심으로 가중치 부여방식의 한계를 살펴보고 본 연구가 수행한 방식과의 비교를 통해 기존 방식에서 나타난 결과와의 차이가 나타난 원인을 분석한다. 이를 토대로 DEA의 적용가능성을 확인한다.

기존 연구에서 다루는 주관적 판단에 따른 가중치 설정은 필연적으로 개입되는 '주관성'으로 인해 가중치가 타당한가의 논란이 나오기 쉽다. 특히 불리한 평가결과가 나온 대상자들은 가중치 설정에 대하여 불만을 가질 수 있다. 이에 비하여 수리적 기법을 적용하여 가중치를 정한다면 비록 그 방법이 잘못된 것이라 해도 '주관성'이 배제되었다는 이유만으로 가중치 설정의 타당성에 대한 논란이 적을 수 있다. 특히 평가대상자들은 수리적 방식에[81] 의한 가중치 부여의 원리에 대하여 자세히 알지 못하는 경우가 많

---

79) AHP기법의 분석절차의 원칙과 과정, 중요도 측정방법 및 척도 등에 관한 구체적인 내용은 나제민·박영미(1993), 노화준·노시평·김태일(1996), 이창원·최창현·권해수(1998), 차종화(2000), 최길수(1999)를 참조
80) 김태일(1999a,b), 홍준현(1999)의 연구가 대표적이다.
81) 수리적 방식에는 회귀분석, 요인분석, 상관관계분석 등이 있다.

을 것이므로 비록 가중치의 타당성에 의심은 가더라도 이에 대한 명확한 반박을 제기하지 못한다. 즉 수리적 방식을 사용했다는 것이 가중치 설정의 타당성 논란에 대한 면죄부처럼 작용할 수 있다(김태일, 1999a: 256). 따라서 수리적 방식에 의한 가중치 설정은 평가자들에게 매력적인 방법일 수 있다.

수리적 방식들은 모두 지표들 사이의 공변량에 기초하여 가중치를 계산하고 있다. 즉 각 지표들이 평가목표를 위하여 어느 정도 중요한지에 대한 이론적인 고려없이 주어진 자료들로부터 상관관계를 구하고 가중치를 설정한다. 수리적 방식인 회귀분석, 요인분석, 상관관계분석의 결과를 비교한 연구(김태일, 1999a)에[82] 따르면 각각의 방식에 의한 가중치 부여 후 계산된 점수의 순위가 거의 유사하게 나온 것으로 나타났다. 홍준현(1999)의 한국능률협회(1997)의 도시경쟁력 평가 중 도시경영성과부문 점수에 대하여 주관적 판단에 따른 가중치와 요인분석에 의한 가중치 결과를 비교했을 때 매우 큰 격차가 나타났다. 따라서 가중치 설정을 통한 종합점수화 결과는 일관적이지 않다고 볼 수 있다. 이와 비슷하게 DEA연구에서도 효율적으로 나타난 지방정부와 기존평가방식(정보화수준측정)에서 나타난 순위를 비교해 본 결과, 서울 강남구와 서울 중구를 제외한 나머지 지방정부의 순위는 크게 차이가 나타나고 있다.[83]

요약하자면 수리적 방식에 의한 가중치를 설정할 때는 그 한계를 인식하여 조심스럽게 적용해야 한다. 김태일(1999a)은 공공부문의 성과평가에서 이를 적용하고자 한다면 최하위의 측정지표들로만 제한하거나 주관적

---

82) 김태일(1999)의 연구는 중앙행정기관 민원행정서비스 만족도 평가 보고서(조성한·강정석, 1998)에 제시되어 있는 7개 차원에 대한 가중치를 가지고 비교분석한 것으로 일반화는 곤란한다.
83) 순위에 대한 정보를 공개하는 것은 지방정부에 득보다 실이 많을 것 같아 구체적인 언급은 하지 않는다. 그 이유는 결과가 공개될 시 해당 자치단체와 해당부서의 담당공무원에게 좋지 않은 영향을 줄 수 있을 것으로 판단되기 때문이다.

판단에 의한 가중치 설정의 참고자료로 이용하는 정도가 적당할 것으로 주장하고 있다. 이러한 주장을 수준측정 가중치 체계를 보면서 부연설명할 필요가 있다.

첫째, 가중치를 어떤 방법을 적용할 것인가의 선택의 이전에 지표체계를 잘 구성해야 한다. 정보화투자의 큰 항목에 지표가 한 개의 지표밖에 없다면 가중치에 따라 결과에 영향을 미치는 정도가 너무도 크다는 것이다. 따라서 우선적으로 지표체계 구성을 잘 해야 한다.

둘째, 가중치를 최하위의 측정지표들로 제한해야 한다. 한 가지 지표에 너무 많은 가중치가 부여될 시 문제가 되기 때문에 최하위의 지표에 분산해서 측정해야 한다.

셋째, 주관적 판단에 의한 가중치 설정에 있어서 전문가만을 대상으로 할 것인지 아니면 관련된 공무원들을 참여시킬 것인지를 명확히 해야 한다. 앞서 논한바와 같이 평가가 매년 시행될 때 가중치의 중요성을 해당 자치단체는 알고 있다. 따라서 가중치를 자기가 속한 자치단체에 유리한 부문으로 편중될 가능성이 높다. 이러한 문제를 해결하기 위해서는 전문가만을 대상으로 가중치를 조사하는 게 바람직하다고 판단된다. 또한 가중치 부여에 있어서도 사전에 합의를 보고 진행하는 게 더 나을 수 있다. 왜냐하면 정보화사업의 테마가 '기반'에서 '활용'으로 변화해야 하기 때문이다(김성태·오철호, 2003: 867). 2002년 11월 일차적인 기반구조 완성이 되었다고 김대중 정부가 선언하였기 때문에 정보화활용 부문을 가장 높은 가중치를 두면서 시작하는 게 타당할 것이다. 이러한 방식은 가중치체계 Ⅳ에 해당한다고 볼 수 있다.

결론적으로 지표체계방식과 DEA방식은 서로 장단점이 있다. DEA기법은 평가지표의 포괄성 결여, 성과측정평가가 불가능한 대상기관들의 존재, 하위부문 내에서의 비교만 가능하다는 한계를 지닌다. 이를 역으로 해석하면 세 가지 문제점에 해당하지 않을 경우 DEA기법을 사용하는 게 타당할 것이다. 따라서 DEA에서 계산되는 효율성 점수는 평가대상 기관들의 효율성 순위를 의미하는 게 아니므로 순위 매기기에는 사용될 수 없다. 즉 DEA는 '경영실적 평가'의 용도에는 적합하지 않지만, '경영개선컨설팅'의 용도에는 적합하다고 보여진다.

제3절 지방정부 정보화의 상대적 효율성 결정요인

지방정부 정보화에 대한 효율성의 차이가 자치단체별로 왜 발생하는가에 대한 분석은 향후 효율성 향상을 위한 지침과 다른 공공서비스의 공급에 도움을 주기 위해 정책적 함의를 지니고 있다. 이것은 DEA를 이용한 최근의 연구가 효율성 점수를 구하고 난 후의 post-DEA분석까지 고려하고 있는 것을 고려한다면 쉽게 이해할 수 있는 사실이다. 따라서 지방정부의 효율성과 관련된 요인들을 고찰하기 위해서 본 연구에서는 관련요인들로 고려되는 여러 변수들을 선정하고, 이를 이용해서 통계적 검정의 절차를 밟아 나가려 한다.

이를 위해 CCR모형에서 도출된 효율성 점수를 통해 각각의 효율적인 자치단체들(효율성 점수가 1)과 비효율적인 자치단체들을 구분해서[84] 두 집단간의 평균차 검정을 위한 t-test를 실시한다.

---

84) 효율적 집단과 비효율적 집단의 구분은 효율성 점수가 1인 집단과 그렇지 않은 집단으로 구분할 수도 있으며, 사분위수를 통하여 구분할 수도 있다. 하지만 이러한 방법들의 이면에는 효율성의 범위를 어디까지 설정해야 하는가 하는 고차원적 문제까지 들어가게 된다. 본 연구에서는 효율적 집단을 1로 정하고 그렇지 않은 집단은 비효율로 통일해서 논의를 전개하고 있으므로 통일을 기하기 위해 효율적 집단은 효율성값이 1인 집단으로 한정한다.

1. 정보화 효율성 결정요인

지방정부간 정보화의 효율성에 있어 차이가 난다면 그 원인을 찾기 위해서는 먼저 영향요인에 관한 연구를 살펴보아야 할 것이다. 따라서 영향요인에 대한 확인을 위해 기존 정보화평가연구를 중심으로 어떠한 변수로 측정이 이루어졌는지를 살펴보기로 한다.

1) 기존연구에서의 정보화 영향요인

DEA는 '투입'→'산출'의 구도로 연구결과가 도출되기 때문에, 투입→전환→산출의 구도에서 산출결과가 효과적으로 나타나게끔 해주는 매개변수(전환)를 찾는 것이라 할 수 있다.

먼저, 우리나라의 정보화평가를 위한 본격적인 연구의 시작으로 통신개발연구원(KISDI: 현 정보통신정책연구원)의 연구(1989)를 들 수 있다. 정보화의 기초를 형성하는 정부하부구조의 확산정도를 분석하기 위해 정보설비, 사회전체의 입장에서 정보수요의 확산정도를 측정하기 위한 정보이용과 정보기기산업지표를 통해 분석이 이루어진 연구물이다.

김영미(1992: 72)는 지역정보화의 불균형을 정보의 생산적 측면, 전달수준 그리고 이용수준으로 구분하여 측정하였다. 이 연구는 생산→전달→이용의 지표흐름으로 전개하고 있는데, 지역정보화의 격차분석으로 불균형을 발견해냈다고 볼 수 있다.

김인환(1996: 64)은 지방경쟁력 향상을 위해 행정전산화가 필요하고 지역의 경쟁력 향상을 위해 정보산업이 발달해야 한다고 주장하면서 지역정보화와 지방경쟁력의 관계를 분석했다. 지역정보화수준은 사회적 여건, 정보화 장비율, 정보활용, 그리고 이용주체수준을 통해 도출하였고, 지방경쟁력은 한국경제연구원에서 실시한 1994년 지방경쟁력지수를 이용하여 회귀분석을 실시하였다.

윤상오(2000)는 정보화가 국가경쟁력에 영향을 미치는 변수로 정보화투자, 정보화설비, 정보화보급, 정보이용, 정보통신산업을 들고 있다. 정보화투자는 정보화를 진행시키고 성숙시키기 위하여 정보화에 투입되는 자원과 예산을 의미하고, 정보화설비는 국민개개인을 비롯하여 정부, 기업 등이 활동하는 데 필요한 정보통신기반 및 정보통신기기를 의미한다. 정보화보급은 정보화투자를 통한 정보화설비의 구축으로 인해서 정보통신을 이용할수 있는 환경이 갖추어져 있을 때, 이러한 정보통신서비스를 이용할 수 있는 각종 정보화장비 및 정보통신서비스에의 가입을 의미한다. 정보이용은 정보통신기반시설 위에 보급된 각종 정보통신서비스를 실제로 각 경제주체들이 어느 정도나 이용하고 있는가를 나타내며, 마지막으로 정보통신산업이란 정보기기생산업, 정보처리산업, 통신산업, 정보통신서비스업을 비롯하여 정보화시대의 도래와 함께 새롭게 등장한 각종 첨단산업이나 신종산업을 말한다.

이윤식·오철호(1999)는 국가정보화를 통한 정부생산성 제고방안에 관한 연구에서 독립변수인 정보화로는 정보인프라 설비, 정보인프라 이용, 그리고 정보화 투자 및 인력을 들고 있으며, 종속변수로서는 절약된 비용 혹은 절약된 업무처리 시간을 나타낼 수 있는 전년대비 예산증가율, 전년대비 인원증가율, 부처별 정기보고 건수 등으로 선정하여 분석하였다. 이윤식·오철호의 지표흐름은 정보화투자 및 인력→정보인프라설비→정보인프라이용→정부생산성의 흐름을 보여주고 있다.

〈표 4-22〉 정보화에 영향을 미치는 변수에 관한 분류

연구자	평가대상	주요 하위변수	
KISDI	이론적 논의	정보화설비 정보이용 정보기기산업지표	
김영미	15개 시도	정보화생산수준 정보화전달수준 정보의 이용수준	
김인환	정보산업	사회적 여건 정보장비율 정보활용 이용주체수준	
윤상오	국가간	독립변수	- 정보화투자 - 정보화설비 - 정보화보급 - 정보이용 - 정보통신산업
		종속변수	- 생산성 - 경제성장
이윤식 오철호	국 가	독립변수	- 정보인프라설비 - 정보인프라이용 - 정보화투자 및 인력
		종속변수	- 절약된 비용/절약된 업무처리시간
김성태*	광 역	독립변수	- 정보정책적 요소: 정보화정책/추진체계 - 정보공급적 요소: 기반/HW/SW/전문인력
		종속변수	- 정보수요적 요소: 보활용요소/대민서비스요소
김두현	기초지자체	독립변수	- 내부프로세스: 원활한 업무처리환경 구축 - 혁신 및 발전: 학습조직 구축
		종속변수	- 고객관점: 고객만족도 향상 - 행정생산성관점: 업무생산성 향상
행자부*	기초지자체	독립변수	- 정보화지원 - 정보화투자 - 정보화설비 - 정보화조직/인력
		종속변수	- 정보화활용

* 지표체계를 통한 연구물로 종속변수가 선정되어 있지 않아 본 연구에서 산출요소를
  종속변수로 설정한 연구임

김두현(2002)은 기초자치단체를 대상으로 행정정보화사업 성과평가에
관한 연구에서 정보화 추진 자체만으로는 행정생산성과 고객서비스 만족에

는 거의 영향을 미치지 못한다는 연구결과를 발표했다. 이 연구는 성과평가 측정지표로 고객관점, 행정생산성 관점, 내부 프로세스적 관점, 혁신 및 발전적 관점의 4가지로 선정해서 정보화 성과에 영향을 미치는 영향요인을 측정하였다. 정보화가 직접적으로 성과에 영향을 미친다기 보다는 혁신 및 발전적 관점과 내부프로세스적 관점이 직접적인 영향을 미치는 결과를 보여주고 있다. 혁신 및 발전적 관점은 교육훈련의 만족도, 행정정보화에 대한 인식의 변화, 정보기술의 활용능력으로 구성되어 있다. 내부프로세스적 관점은 업무처리규정 · 조례의 변화, 업무처리절차의 분석여부, 업무처리절차의 변경, 업무처리조직구조의 변화로 구성되어 있다. 이 연구가 인식을 바탕으로 성과에 미치는 영향요인에서 강조하는 것은 혁신 및 발전적 관점에서 정보화교육을, 내부 프로세스적 관점에서 BPR, ISP 및 규정 · 조례의 제정을 강조하고 있다. 김두현의 연구는 정보화→혁신 및 발전→내부프로세스→행정생산성과 고객의 흐름을 보여주고 있다.

지금까지 살펴본 기존 연구들을 정리하면, 정보화의 효율성에 대해 객관적이고 포괄적인 영향요인을 설정한다는 것은 사실상 불가능하다고 볼 수 있다. 이것은 정보화가 사회의 어느 한 부문에서 일어나는 것이 아니라, 모든 부분에서 총체적으로 일어나기 때문이다. 그러나 비록 정보화 효율성에 미치는 변수들에 대한 통일된 견해가 없더라도 각각의 영향요인이 정보화에 영향을 미치는 요인을 이해 설명하는데 도움이 된다면 이러한 여러 변수에서 공통적으로 지적되고 요인들을 간과해서는 안 될 것이다.

기존 연구들의 큰 범주로 나누어 공통적 요인을 보면 정보화지원(법제도적 측면)을 토대로 정보화 투자에 대한 예산액이 배정된 후 이를 기초로 정보화설비에 대한 투자가 이루어지고 이와 함께 설비에 대한 숙련을 위한 정보화 교육을 통해 이용주체의 수준이 향상되어 결국에는 정보에 대한 활용이 극대화되는 것으로 나타낼 수 있다.

이를 기초로 지방정부 정보화의 효율성에 영향을 미친다고 볼 수 있는 설명변수들을 본 연구에서는 정보화지원, 정보화투자, 정보화설비, 그리고 이용주체수준 등의 변수를 선정하였다. 정보이용은 종속변수로서 DEA에서 다루었던 정보화활용과 동일하기 때문에 설명변수에는 포함시키지 않았다. 이를 도식적으로 나타내면 다음과 같다.

〈표 4-23〉 정보화 효율성에 영향을 미치는 요인

투 입	전환: 효과성 결정요인				산 출	효율적 산출/투입
	정책지원	정보화투자	정보화설비	이용주체수준		
정보화예산	●	●	●		내부업무정보화 전자결재 전자민원처리 지역주민정보화교육	효율성 점수
정보화인력	●			●		
정보화교육	●			●		

효율성 결정요인에 대한 범주를 4개의 요소로 구분한다면 각각의 범주에 속하는 변수를 기존연구에서는 어떻게 구성하고 있는지를 살펴볼 필요가 있다. 기존연구에서는 대부분이 설비에만 집중되어 있으므로 이를 제외한 연구물과 본 연구가 연구대상으로 삼은 자치단체에 적용한 연구를 토대로 영향요인을 추출하여 본다.[85]

---

85) 김두현(2002)의 연구는 인식을 바탕으로 성과를 측정한 연구물이기 때문에 본 연구가 분류한 범주인 정보화투자와 정보화설비에 관한 항목은 없어서 포함시키지 않았다.

<표 4-24> 효율성에 영향을 미치는 변수에 대한 분류

	김성태(광역)	행정자치부(기초)	김두현(기초)
정책지원	-정보화기본계획 -CIO운영 -협의회구성여부	-협의회개최건수 -정보화사업계획수준	-업무처리규정조례 개정
정보화투자	-정보화예산비율	-정보화예산비율	-
정보화설비	-통신망기반 -H/W, S/W -보안시스템 -정보교육시설	-H/W,S/W -정보보호기반 -네트워크	-
이용주체수준	-전담조직운영의 효율성 -정보기술전문자격 보 유구성원현황	-정보화인력비율 -공인자격증 -전문정보교육수준 -일반정보교육수준	-교육훈련의 적절성 -정보화에 대한 의식 변화 -정보화 활용능력

2) 정보화의 효율성 결정요인

효율성 영향요인 및 관련요인에 대한 기존의 연구들은 대체로 DEA모형
에서 사용한 투입·산출요소들을 효율성 영향요인을 구하는데 사용하였음
을 알 수 있다. 따라서 이러한 점을 고려하여 효율성 측정변수외의 지방정
부 정보화의 효율성 관련요인들을 선정하면 〈표 4-25〉와 같으며, 이를 구
체적으로 설명하면 다음과 같다.

첫째, 정책지원에는 정보화기본계획, CIO운영, 협의회구성 및 개최, 그리고
업무처리조례가 주요 변수로 나타나고 있다. 이중 정보화관련조례의 경우, 자
치단체에서 현재 제정하고 있는 대부분의 조례는 행정자치부의 표준조례안을
수정한 것이 대부분으로 자치단체의 특수성을 반영하기 힘들며(행정자치부·
자치정보화지원재단, 2001:71), CIO의 경우 거의 대부분의 지역이 2000년도 말
을 기준으로 거의 100% 지정되어 있으므로(행정자치부·자치정보화지원재단,
2001:88-89) 변수로서의 의미가 없다고 볼 수 있다.

정보화촉진협의회는 지역정보화기본계획의 심의, 정보화사업 심사 등을 담

당하는 주요기관으로서 구성여부보다는 개최건수가 더 의미있는 요인이 될 것으로 판단된다. 그리고 정보화기본계획은 정보화촉진협의회의 개최와 더불어 심의되는 사안이기 때문에 정보화촉진협의회의 개최안에 그 의미가 들어가 있다고 볼 수 있다. 또한 정보화사업계획수준은 정보화예산액을 정보화인력으로 나누어 얻은 값(행정자치부·자치정보화지원재단, 2002: 156)으로 투입변수인 예산과 인력이 중복되어 사용되었으므로 제외한다. 따라서 정책지원부문에서 효율성에 영향을 주는 변수로 정보화촉진협의회개최건수를 선정한다.

둘째, 정보화투자에는 정보화예산비율이 공통적으로 제시되고 있다. 이러한 요인은 이미 DEA의 효율성을 측정하는데 사용하였기 때문에 효율성의 관련요인을 고려하는데 있어서는 불필요하게 반복되는 경향을 보이게 된다. 결국 효율성이란 투입 대 산출의 비율이기 때문에 인력, 예산, 교육이 단지 양적으로 적을수록, 혹은 산출이 양적으로 많을수록 효율성이 높다고 볼 수는 없는 것이다.

따라서 이러한 변수를 이용하여 가설을 설정하기에는 무리가 따르므로 본 연구에서는 투입요소간의 비율로 정의되는 정보화예산비율을 이용하고자 한다. 정보화예산비율은 일반회계예산에서 정보화예산이 차지하는 비율로 나타낼 수 있다. 또한 본 연구에서는 정보화예산비율외에도 정보화부서외에 타부서에 정보화예산이 배정되어 분산적으로 정보화가 효과적으로 추진되는 것이 효율적인가의 여부를 확인하기 위해 타부서정보화예산을 포함시킨다. 그리고 정보화부서의 예산이 많이 투자되면 될수록 효율성을 나타내는지의 여부를 파악하기 위해서 정보화부서자체의 예산을 살펴본다.

셋째, 정보화설비에는 김성태 교수는 통신망기반과 H/W에 대부분 LAN과 관련지어 포트수, PC현황, 그리고 프린터현황을 변수로 선정하고 있다. 행정자치부의 2001년 조사결과 LAN설비는 거의 100%에 이른 것으로 판단되기 때문에(행정자치부·자치정보화지원재단, 2001: 80-81) 의미가 없어졌다고 볼 수 있다. 오히려 네트워크로 연결된 업무처리환경에서는 서버수와 최신의 서버가 중요할 수 있다. 최신 서버의 여부는 감가상각가치를 통해 측정가능하다. 또한 총보유PC수는 이미 공무원 1인 1대의 보급이 이루어진 상태이기 때문에 의미가 없다고 보여진다(행정자치부·자치정보화지원재단, 2001: 78-79). 그리고 다양한 업무지원을 위해서는 상용S/W의 보유현황이 중요하다고 판단되기 때문에 이러한 변수를 포함시키려 한다. 따라서 정보화설비부문에서는 서버수, 감가상각 후 서버가치, S/W유저수로 선정했다.

넷째, 이용주체수준에는 정보화인력을 세분하여 정보화담당부서인력, 타부서정보화인력으로 나누어 살펴볼 필요가 있다. 정보화부서 자체의 인력만으로 정보화를 추진하는 자치단체와 타부서정보화인력까지 고루 갖춘 자치단체간의 차이를 살펴보는 것이 의미있다는 판단때문이며, 공통적인 요소로 보고있는 자격증의 경우도 공인자격증보유공무원수와 자체인증자격보유자수로 나누어 살펴볼 필요가 있다. 그 이유는 정보화교육이 효과성에 영향을 미치는지의 여부를 알 수 있기 때문이다.[86] 따라서 이용주체수준에서는 정보화담당부서인력수, 타부서정보화인력, 공인자격증보유공무원수, 자체인증자격보유공무원수로 선정했다.

---

86) 서버도입 금액은 감가상각비를 차감한 금액으로 계산했다. 감가상각기준은 내용년수 5년, 6개월 단위, 잔존가치는 0으로 정했다. 예를 들어 설명하면, 구입한지 6개월 미만은 6개월분 상각, 6개월 이상은 1년을 상각하면 되는데, 2000년 4월 50,000천원에 구입한 서버의 현재가치를 환산하면 다음과 같다. 구입가격(50,000천원) - 감가상각비(20,000천원) = 300,000천원이 된다. 결국 구입 후 1년 8개월은 2년분을 상각하게 된다(50,000/5×2).

업무지원용 정품 소프트웨어는 첫째, 업무처리를 위한 application으로 세외수입시스템, 인사관리시스템 등은 제외된다. 둘째, 업무지원용 정품S/W는 흐글, 엑셀, 백신 등을 의미하며, MS-Office와 같은 패키지는 구성하고 있는 S/W(엑셀, 엑세스 등) 각각을 별도의 S/W로 카운트 했다. 셋째, 기증 S/W 중 상용(판매용)인 S/W는 총계에 포함된다. 넷째, 쉐어웨어, 공개용 S/W는 제외했다.

국가공인자격증은 국가기술자격법에서 인정하는 자격증(정보관련기사, 기능사, 워드프로세스, 컴퓨터활용능력 등)에 한정했으며, 자체인증자격은 자체 또는 위탁교육에 의한 정보능력인증 등에 한정했다.

〈표 4-25〉 정보화 효율성 관련요인분석을 위한 설명변수

분 류	분 류	변수명	내 용
투입·산출 측면의 특성	효율성 측정변수	정보화예산	정보화예산액
		정보화인력	정보화인력수
		정보교육시간	정보화인력이 전문정보교육을 받은 시간+소속기관 일반공무원이 정보교육을 받은 시간
		내부업무정보화	전산업무활용업무수
		전자결재	3개월간의 전자결재건수
		홈페이지를 통한 전자민원처리	전자민원접수건수
		지역주민정보화교육	교육수료주민수
투입·산출 외 특성	정보화지원	정보화협의회개최건수	정보화촉진협의회 개최건수
	정보화투자	정보화부서예산	정보화담당부서에서 직접 수행하는 정보화사업예산
		타부서정보화예산	정보화담당부서외의 부서에서 사용하는 시스템개발용역비, H/W, S/W구입비, 유지보수비
		정보화예산비율	정보화예산/일반회계 총예산×100
	정보화설비	서버수	2001년 기준으로 도입기간이 5년 미만인 서버수
		감가상각후 서버가치	2001년 현재가치로 환산한 서버가치
		S/W유저수	업무지원용 정품S/W의 수량(유저수)
	이용주체수준	정보화담당부서인력	정보화담당부서 내의 행정적·전산직·전산기능직·전산관련계약직(상근자)
		타부서정보화인력	정보화담당부서외의 전산직, 전산계약직
		공인자격보유공무원수	국가공인자격증(국가기술자격법에서 인정하는 자격) 보유자 수
		자체인증자격보유자수	자체 또는 위탁교육에 의한 정보능력인증

설명변수들에 대한 선정에 이어 지방정부 정보화 효율성에 미치는 영향을 알아보기 위해 분석방법을 선정해야 한다. DEA결과로 도출된 효율성점수는 상대적인 것이다. 따라서 시군구별 자치단체에 대한 효율성점수를 완전 서열화가 가능한 연속변수로 간주해서는 안될 것이다(윤경준, 1996: 100). 따

라서 영향요인 연구에 흔히 쓰이는 회귀분석과 같은 기법은 적용하기가 어렵다고 볼 수 있다.[87]

이럴 경우 효율성 점수의 차이에 대한 분석방법의 선택에 있어 각 비효율적 DMU와 이에 대한 준거집단간의 관계를 염두에 두고 행해져야 한다. 따라서 본 연구에서는 효율성점수 1을 갖는 DMU와 비효율적 DMU를 구분하여 두 집단간 평균차 검증을 위한 t-test 분석을 실시한다.

2. 효율성 격차 원인 분석

CCR모형의 기술적 효율성 점수를 이용해서 효율성 점수가 1인 자치단체와 그렇지 않은 자치단체로 구분하여 시군구별 효율성 격차원인을 분석한다. 이후 시군구별 효율적 집단의 특성이 어떠한가를 살펴보고, 이후 t-test결과와 효율적 집단의 특성을 요약해서 전체적인 특성을 살펴본다.

1) 효율적 집단과 비효율적 집단간의 비교

먼저 CCR모형의 기술적 효율성 점수를 이용해서 市를 대상으로 18개의 변수에 따라 분석한 평균비교 t-test결과이다.

우선 유의수준을 0.05로 할 경우에는 집단간 평균차이를 유의미하게 하는 변수로는 효율성 측정변수와 관련해서는 정보화예산이 유의하게 나타나

---

87) DEA를 통해 도출된 효율성값을 토대로 사후분석(post-DEA)을 하는 목적은 효율성 차이를 가져오는 요인을 알고자 함이다. 이를 위해 기존의 연구에서도 t-test분석이나 회귀분석과 같이 널리 알려진 통계기법을 사용하고 있다. 문제는 본 연구에서도 택하고 있는 t-test역시 문제를 안고 있다는 점이다. 왜냐하면 효율성값은 연속적인 값이 아니기 때문이다. 이에 대한 해결책은 아직까지 연구가 계속적으로 진행중이기 때문에 본 연구는 좀 더 개선된 방식의 적용까진 못했다. 따라서 기존 연구에서 많이 사용하는 방법으로 t-test를 사용하는 수준까지로 본 연구의 분석수준을 제한한다.

고 있으며, 효율성 측정변수외의 변수중에서는 타부서정보화예산과 서버수
가 유의한 결과를 보여주고 있다.

유의수준을 0.1로 했을 경우에는 효율성 측정변수에서는 집단간 유의한
차이를 보이는 변수로는 정보교육시간과 전자결재가 나타나고 있으며, 효
율정 측정변수외에서는 S/W유저수와 공인자격보유자공무원수가 유의하게
나타나고 있다.

〈표 4-26〉 市의 t-test 결과

분 류	변수명	t값	p값	집단평균	
				효율적 집단	비효율적 집단
효율성 측정변수	정보화예산*	3.029	.004	2,314,849	4,070,024
	정보화인력	1.393	.168	14.17	18.69
	정보교육시간**	1.773	.080		
	내부업무정보화	.219	.827	154.42	157.98
	전자결재**	-2.031	.068	26,004.27	11,185.30
	홈페이지를 통한 전자민원처리	-1.056	.295	460.94	304.86
	지역주민정보화교육	-.783	.450	18,705.58	8,538.18
정보화지원	정보화협의회개최건수	.273	.661	2.00	2.23
정보화투자	정보화부서예산	1.461	.109	1641865	2235958
	타부서정보화예산*	3.147	.003	672983.58	1834066
	정보화예산비율	1.310	.195		
정보화설비	서버수*	3.3514	.038	11.00	18.07
	감가상각후 서버가치	.401	.690	479510.71	550075.19
	S/W유저수**	1.679	.098	4881.58	6836.44
이용주체수준	정보화담당부서인력	1.241	.219	12.58	15.36
	타부서정보화인력	1.005	.318	1.58	3.33
	공인자격보유공무원수**	1.860	.067	204.08	302.49
	자체인증자격보유자수	1.380	.172	109.00	267.51

* p 〈 0.05 수준에서 유의한 변수   ** p 〈 0.1 수준에서 유의한 변수

CCR모형의 기술적 효율성 점수를 이용한 郡의 t-test결과를 보면, 유의

수준을 0.05로 할 경우에는 집단간 평균차이를 유의미하게 하는 변수로는 효율성 측정변수와 관련해서는 내부업무정보화가 유의하게 나타나고 있으며, 효율성 측정변수외의 변수중에서는 유의한 결과가 나타나지 않았다.

유의수준을 0.1로 했을 경우에는 효율성 측정변수에서는 집단간 유의한 차이를 보이는 변수로는 홈페이지를 통한 전자민원처리가 나타나고 있지 않으며, 효율정 측정변수외에서는 정보화예산비율이 유의하게 나타나고 있다.

〈표 4-27〉 郡의 t-test 결과

분 류	변수명	t값	p값	집단평균	
				효율적 집단	비효율적 집단
효율성 측정변수	정보화예산	.609	.544	1,377,064	1,483,236
	정보화인력	.116	.908	8.92	9.01
	정보교육시간	1.156	.251	5,131.92	8,769.63
	내부업무정보화*	-3.752	.000	172.92	128.08
	전자결재	-.957	.358	6,882.42	4,363.75
	홈페이지를 통한 전자민원처리**	-1.850	.088	264.44	70.62
	지역주민정보화교육	-1.593	.136	8,020.69	2,799.51
정보화지원	정보화협의회개최건수	-.182	.856	1.38	1.32
정보화투자	정보화부서예산	1.579	.118	855,280.85	1,046,986.00
	타부서정보화예산	-.553	.589	521,783.08	442,067.47
	정보화예산비율**	1.692	.094		
정보화설비	서버수	-.674	.511	10.23	9.50
	감가상각후 서버가치	-.688	.493	331,732.55	297,481.18
	S/W유저수	-.542	.589	3,551.08	3,286.28
이용주체 수준	정보화담당부서인력	.638	.525	7.23	7.66
	타부서정보화인력	-.744	.459	1.69	1.36
	공인자격보유공무원수	-.289	.775	143.92	136.20
	자체인증자격보유자수	-.984	.328	173.62	119.49

* p 〈 0.05수준에서 유의한 변수   ** p 〈 0.1 수준에서 유의한 변수

우선 유의수준을 0.05로 할 경우에는 집단간 평균차이를 유의미하게 하는 변수로는 효율성 측정변수와 관련해서는 내부업무정보화와 전자결재가 유의하게 나타나고 있으며, 효율성 측정변수외의 변수중에서는 타부서정보화예산이 유의한 결과를 보여주고 있다.

유의수준을 0.1로 했을 경우에는 효율성 측정변수에서는 집단간 유의한 차이를 보이는 변수는 나타나고 있지 않으며, 효율정 측정변수외에서는 서버수와 자체인증자격보유자수가 유의하게 나타나고 있다.

〈표 4-28〉 區의 t-test 결과

분 류	변수명	t값	p값	집단평균	
				효율적 집단	비효율적 집단
효율성 측정변수	정보화예산	-1.282	.220	2,305,507	1,321,896
	정보화인력	.613	.542	10.80	11.77
	정보교육시간	.081	.936	9,504.33	9,893.96
	내부업무정보화*	-3.735	.000	193.90	144.33
	전자결재*	-2.920	.005	9,709.90	6,861.21
	홈페이지를 통한 전자민원처리	-1.193	.253	1,118.60	173.49
	지역주민정보화교육	-1.477	.162	15,142.47	3,093.08
정보화지원	정보화협의회개최건수	-1.552	.141	1.27	.63
정보화 투자	정보화부서예산	-1.560	.140	1,761,970	1,040,299
	타부서정보화예산*	-.880	.394	582,361.71	281,597.40
	정보화예산비율	-.537	.599		
정보화 설비	서버수**	-1.994	.063	13.53	9.31
	감가상각후 서버가치	-1.709	.107	475,632.21	336,597.99
	S/W유저수	-1.434	.170	5,239.80	3,879.10
이용주체 수준	정보화담당부서인력	-.231	.818	9.93	9.67
	타부서정보화인력	1.042	.301	.87	2.10
	공인자격보유공무원수	.798	.428	216.93	246.23
	자체인증자격보유자수**	1.985	.052	107.13	327.77

* p 〈 0.05수준에서 유의한 변수 ** p 〈 0.1 수준에서 유의한 변수

시군구별 t-test 분석결과에 대해서 전체적인 경향을 분석해 보면 다음과 같다.

첫째, 효율과 비효율로 나뉘게 하는 효율성 측정변수와 관련해서는 시군구별로 각 효율성 측정변수별로 일관된 차이점을 보여주고 있지는 않다.[88] 이러한 결과는 시군구별로 효율성에 영향을 미치는 변수가 각 계층별로 상이하기 때문이다.

기존의 평가방식은 시군구를 하나로 통합한 후 분석하는 방식을 택하고 있기 때문에 이러한 결과가 시사해 주는 바는 나름대로 의의가 있다. 왜냐하면 기존의 평가방식을 통해 나타난 결과를 가지고 중앙정부에서는 지원방안을 모색하는데, 이러한 경우 간과할 수 있는 점이 각 행정계층별로 효율과 비효율로 나뉘게 하는 변수를 파악하기 곤란해서 지원의 효과가 제고될 지에 대해서는 의문이 생길 수 있다는 것이다. 각 계층별로 중앙에서의 정책적 지원이 효율적이기 위해서는 시군구별로 나누어 분석할 필요성이 있다고 볼 수 있다.

둘째, 정보화지원부문은 시군구 모두 유의미한 결과가 나타나지 않고 있다. 그러나 본 연구에서 나타난 유의한 결과를 보인 변수들에 한해서만 의미를 지닌 것은 아닐 것이다. 즉 기존연구나 가설 상에서 정보화 효율성에 영향을 미칠 것으로 간주될 요인들에 있어서도 그 함의를 찾을 수 있을 것이다. 단년도의 횡단면 자료를 이용한 연구에서는 유의하지 않다고 해서 이것이 정책적으로 무의미함을 의미하는 것은 아닐 것이다. 예컨대 정보화는 전문가와 내부 실무자의 협의 과정에서 정보화방향을 결정하고 추진방향의 설정 속에 그 효율성을 추구할 수 있을 것이다. 이를 위해서는 정보화를 위한 외부전문가와 내부 실무자들로 구성된 협의체인 정보화촉진협의회의는 의의를 가질 수 있을 것이다. 유의하게 나타나지는 않았지만 시의 효율성 점수에서 협의회 개최건수가 적을수록 효율적인 것으로 나타난 것만을 제외하면, 나머지 군과 구에서는 정보화촉진협의회가 많이 개최될수록 효율적

---

88) 이러한 결과는 효율성 측정변수외에서도 동일한 결과가 나타나고 있다.

인 것으로 나타나고 있다. 따라서 이러한 협의회가 가지는 기능을 확대할 필요성이 있다고 볼 수 있으나 현재 시군구별로 협의회 개최는 평균 1건 정도로 개최건수도 적고 형식적으로 흐르고 있는 것으로 보여진다.

셋째, 정보화투자부문은 郡의 경우 정보화예산비율이 유의하게 나타나고 있으며, 市와 區의 경우는 공통적으로 타부서정보화예산에서 유의한 차이를 보여주고 있다. 이러한 결과는 분권화된 정보화추진이 효율적일 수 있다는 결과를 보여주고 있다. 하지만 市의 경우는 효율적인 자치단체는 타부서정보화예산이 적은 집단이 효율적으로 나타난 반면, 區의 경우는 타부서정보화예산이 많은 집단이 효율적으로 나타나서 대조를 보여주고 있다. 결국 區의 경우는 분산된 정보화 추진에 좀 더 많은 투자를 해야 할 것을 알 수 있으며, 市의 경우는 분산된 정보화투자가 아직까지 효율적이지 못하기 때문에 이에 대한 면밀한 검토가 필요한 것으로 보여진다.

넷째, 정보화설비에 있어 郡은 유의미한 결과가 나타나지 않았으며, 市와 區의 경우 서버수가 공통적으로 유의미한 차이를 보여주고 있다. 하지만 서버수에 있어서도 市의 경우는 효율적으로 나타난 집단의 평균이 비효율로 나타난 집단보다 평균값이 적을 경우 효율적으로 나타나고 있으며, 區는 이와는 달리 평균값이 큰 자치단체가 효율적으로 나타나고 있다.

서버는 대규모 응용시스템 도입 활용이 증가하였음을 보여주는 것으로, 정보시스템 구축 및 이에 따른 서버보유의 증가로 인한 유지보수비 부담이 상당히 증가할 수 가능성이 있음을 보여주는 것이다. 또한 서버의 경우, 인터넷 홈페이지를 통한 대민서비스제고의 기반이 되는 것으로 서버수의 증가가 필요로 되어질 뿐만 최신형의 서버가 필요로 되어진다.

다섯째, 이용주체수준에 있어 군의 경우에는 유의미한 값이 나타나지 않았으며, 시의 경우는 공인자격보유공무원수가, 그리고 구의 경우 자체인증자격보유자수에서 유의한 차이가 나타나고 있다. 시와 구의 경우 교육훈련의 가시적 결과라 볼 수 있는 자격증보유자수가 적을수록 효율적이라는 결과는 정보화교육의 실효성이 떨어지고 있는 것으로 판단할 수 있다.

2) 효율적 집단의 특성

우선적으로 실제 자료에는 차이가 있지만 t-검정결과 "차이가 없다"라고
결정을 내리는가에 대한 검토가 필요하다. 이는 두 집단의 차이는 각각의
집단을 대표할 수 있는 대표값의 차이로 해석하여 이 대표값이 서로 차이
가 없으면 두 집단의 차이가 없는 것으로 결론을 내리기 때문이다.[89]

두 집단의 "대표값의 차이가 없다"고 해서 "두 집단의 자료가 동일하
다"라는 것은 아니라는 점을 항상 유념해야 한다(조인호, 1995: 17-4). 만
일 두 분산의 차이가 크다면 두 그룹의 평균이 같다는 검정을 할 필요가
있는지를 생각해 보아야 한다(최병선, 1992: 213). 많은 경우 t-검정은 두
그룹이 동일한 집단인지 아닌지를 검정하고자 한다. 여기에 정규분포가정
을 더함으로써 두 그룹의 비교를 단지 평균의 비교로 축소해서 생각하는
것이다. 만일 분산이 유의적으로 다르다면 두 그룹은 동일한 성격을 갖는
집단이 아니다. 또한 F통계량은 이상점에 매우 민감하다는 점을 유의하여
야 한다(최병선, 1992: 213). 이는 유의수준을 통한 t-검정결과는 평균차이
에 대한 부가적 정보일 뿐이다. 따라서 효율적 집단의 전체적인 경향을 기
술(description)함으로써 이러한 점을 보완할 수 있다.

앞서 효율적으로 나타난 자치단체와 비효율적으로 나타난 자치단체간의
t-test를 통해 각 자치단체별 효율적인 설명변수가 무엇인가를 살펴보았다.
여기서는 효율적으로 나타난 자치단체를 대상으로 그 특성이 어떠한가를
요약정리하여 전체적인 경향파악과 함께 투입 및 산출변수를 어떻게 조절
할 것인가에 대한 윤곽을 파악하고자 한다.

DEA 분석은 투입 대비 산출의 값이 클수록 좋게 나타나는 특성 때문에
투입을 적게 하는 집단이 효율적일 가능성이 높다. 하지만 이와 배치되게
결과가 나타난다면 의미가 있을 것이다. 이를 토대로 효율적인 집단의 설
명변수들의 특성이 어떠한가를 기술하면 다음과 같다.

---

89) 대표값으로는 보통 산술평균을 많이 사용한다.

　비효율적 집단 대비 효율적 집단의 변수별 평균값의 대소여부를 놓고 전체적으로 시군구를 비교하면 다음과 같다. 전체적으로는 군과 구의 경우는 효율적인 집단의 변수별 평균값이 크게 나타나고 있으며, 시는 이와는 달리 효율적인 집단의 평균값이 작을 경우 효율적으로 나타나고 있어 대조를 보이고 있다.

　첫째, 효율성 측정변수에 있어서는 區의 경우의 정보화예산이 많은 경우 효율적인 것을 제외하고는 시군구가 일관된 결과를 보여주고 있다. 즉, 정보화예산, 정보화인력, 그리고 정보교육시간은 적게 투입될수록 효율적이며, 내부업무정보화, 전자결재, 전자민원처리, 그리고 지역주민정보화교육의 경우는 투입이 많을수록 효율적인 결과를 보여주고 있다.

〈표 4-29〉 효율성 설명요인 특성

분류	변수명	비효율적 집단 대비 효율적 집단의 변수별 평균값의 大小 여부(CCR분석결과)			소 계	
		市	郡	區	큼(▲)	작음(▽)
효율성 측정변수	정보화예산	▽	▽	▲	1	2
	정보화인력	▽	▽	▽	0	3
	정보교육시간	▽	▽	▽	0	3
	내부업무정보화	▲	▲	▲	3	0
	전자결재	▲	▲	▲	3	0
	홈페이지를 통한 전자민원처리	▲	▲	▲	3	0
	지역주민정보화교육	▲	▲	▲	3	0
정보화지원	정보화협의회개최건수	▲	▲	▲	3	0
정보화 투자	정보화부서예산	▽	▽	▲	1	2
	타부서정보화예산	▽		▲	2	1
	정보화예산비율	▽	▽	▲	1	2
정보화 설비	서버수	▽	▲	▲	2	1
	감가상각후 서버가치	▽	▲	▲	2	1
	S/W유저수	▽	▲	▲	2	1
이용 주체 수준	정보화담당부서인력	▽	▽	▲	1	2
	타부서정보화인력	▽	▲	▽	1	2
	공인자격보유공무원수	▽	▲	▽	1	2
	자체인증자격보유자수	▽	▲	▽	1	2
소 계	큼 (▲)	5	12	13	30	24
	작음 (▽)	13	6	5		

　　둘째, 정보화지원부문에서는 시군구 모두가 정보화협의회개최건수를 늘릴수록 효율적인 것으로 나타나고 있다. 정보화협의회개최건수의 경우 개최건수를 좀 더 늘려 향후 정보화추진에 대한 방향설정이 중요하다고 볼 수 있다.

　　셋째, 정보화투자부문에 있어서는 市・郡과 區가 차별화된 결과를 보여주고 있다. 시는 정보화투자변수 모두가 적을수록, 군의 경우는 타부서정보화예산만을 제외하곤 모두 적을수록 효율적으로 나타난 반면, 구의 경우는 모든 변수가 많을수록 효율적으로 나타나고 있다. 이는 효율성 측정변수에서 정보화예산액에 있어 區의 경우 많이 투자될수록 효율적인 결과를 대변해 주는 것으로, 구의 경우는 정보화 투자가 지속적으로 이루어져야 함을 보여주고 있으며, 시와 군의 경우는 정보화 투자에 대한 효율성을 다시금 검토해야 한다고 볼 수 있다.

넷째, 정보화설비에 있어서는 시와 군·구가 차별화된 결과를 보여주고 있다. 시의 경우는 모든 변수의 평균값이 적을 경우 효율적으로 나타난 반면, 군과 구의 경우는 모든 변수가 평균값이 클 경우 효율적으로 나타나고 있다. 이는 자치단체에서 업무의 전산화 및 홈페이지를 통한 대주민서비스가 증가함에 따라 기존의 PC중심에서 서버중심으로 그 비중이 옮겨가고 있음을 알 수 있다.

다섯째, 이용주체수준에서는 시구와 군이 차별화된 결과를 보여주고 있다. 시와 구의 경우 대부분 변수값이 적을 경우 효율적인 것으로 나타난 것으로 나타나고 있다. 이러한 의미는 정보화인력과 정보화교육훈련의 결과가 효율성에 큰 영향을 미치지 못하는 것으로 판단될 수 있다. 인력과 교육이 적을수록 좋다는 의미는 정보화의 산출요소를 달성하는데 있어 본래의 업무에 투입이 안되는 것으로 해석할 수 있을 것이다. 이에 대한 문제점을 해결할 수 있는 대책의 강구가 무엇보다 중요하다고 볼 수 있다.

3) 시군구별 격차원인

앞에서 시군구별 t-test를 통해 효율성 격차가 나타나는 요인을 파악하였으며, 이에 대한 기술통계량을 구하여 보았다. 이러한 결과를 행정계층과 항목별로 요약해서 정리하면 다음과 같다.

(1) 행정계층별 격차원인

기술통계를 대표하는 것으로 평균과 표준편차를 들 수 있다. 그리고 단위가 다른 변수를 비교하기 위해 표준화시킨 값을 통해 서로간 비교가 가능하기 때문에 이와 관련하여 기술(descriptive)하면 다음과 같다.

〈표 4-30〉 행정계층별 효율성 분석 요약

구 분	설명변수		표준화(평균/표준편차)		
			시	군	구
효율성 측정변수	투 입	정보화예산액수	1,235 ▽	2,534 ▽	1,039 ▲
		정보화인력	1,714 ▽	3,515 ▽	2,166 ▽
		정보화교육시간	0,778 ▽	0,784 ▽	0,601 ▽
	산 출	내부업무정보화	3,086 ▲	3,154 ▲	3,097 ▲
		전자결재건수	0,991 ▲	0,974 ▲	2,322 ▲
		전자민원처리건수	0,710 ▲	0,534 ▲	0,254 ▲
		지역주민정보화교육시간	0,490 ▲	0,589 ▲	0,372 ▲
효율성 측정변수외의 변수	정보화지원	협의회	0,825 ▲	1,060 ▲	0,802 ▲
	정보화투자	정보화부서정보화예산	1,637 ▽	2,498 ▽	1,269 ▲
		타부서정보화예산	0,736 ▽	1,209 ▲	0,565 ▲
		정보화예산비율	1,593 ▽	2,638 ▽	2,322 ▲
	정보화설비	서버수	1,551 ▽	3,520 ▲	1,843 ▲
		감가상각후비용	0,969 ▽	1,828 ▲	1,859 ▲
		S/W유저수	1,7511 ▽	2,050 ▲	1,684 ▲
	이용주체수준	정보화담당부서인력	2,070 ▽	3,414 ▽	2,585 ▲
		타부서정보화인력	0,548 ▽	0,932 ▲	0,448 ▽
		공인자격보유공무원수	1,693 ▽	1,537 ▲	1,871 ▽
		자체인증자격보유자수	0,667 ▽	0,695 ▲	0,485 ▽

* 음영으로 처리한 부분: 각 행정계층별 t-test결과 유의미한 차이가 나타난 변수
** ▲ ▽: 각 행정계층별 비효율적 집단 대비 효율적 집단의 변수별 평균값의 大小 여부

첫째, 평균을 표준편차로 나눠서 표준화시킨 값으로 행정계층별 산포를 보면 郡에 포함된 변수 대부분이 전자결재(市), 감가상각후 비용(區), 그리고 공인자격보유공무원수(區)를 제외하고 가장 많은 편차를 보여주고 있어

정보화격차가 심하게 나타나고 있음을 알 수 있다. 이중에서 가장 큰 편차를 보이고 있는 변수를 보면, 郡의 서버수-정보화인력-정보화부서담당인력 순으로 변수가 나타나고 있다. 이러한 기초통계치를 통해 郡지역의 자치단체간 정보화격차가 심하게 나타나고 있음을 알 수 있다.

둘째, 행정계층별 효율적 집단과 비효율적 집단의 평균을 비교한 결과 (▲▽)를 보면 市는 전반적으로 변수들의 값을 줄여야 하지만 區의 경우는 전체적으로 투입을 많이 해야 하는 것으로 나타나고 있다.

특히, 정보화인력이나 정보교육시간 역시 줄여야 하는 특성을 보여주고 있어 정보화인력의 유휴인력이 존재하는지에 대한 면밀한 검토가 필요한 것으로 보이며 정보교육의 실효성에 대한 재검토가 필요한 것으로 보여진다.

마지막으로 효율성 측정변수외의 변수를 보면 일관된 특성을 보이지 않고 있다. 즉 이러한 것이 의미하는 것은 시군구별로 정보화 효율성에 영향을 미치는 변수가 상이함을 알려주는 것으로 차후 분석에 있어서도 행정계층별로 구분하여 분석할 필요성이 제기된다고 볼 수 있다.

(2) 항목별 격차원인

첫째, 행정계층 이외의 변수별 편차를 보면 내부업무정보화의 경우가 다른 변수들에 비해 시군구 모두 큰 편차를 보이고 있어 이에 대한 해결이 필요한 것으로 보인다. 그 다음으로는 정보화부서담당인력의 경우도 시군구 모두가 큰 편차를 보이고 있음을 알 수 있다. 효율성 측정변수에서 투입과 산출변수의 경향을 보면, 투입변수는 줄여야 하며, 산출변수는 증가해야 하는 것으로 나타나고 있다. 특이한 점은 區의 경우는 정보화예산액수의 증가가 요구되고 있어 다른 시군과 차이를 보이고 있다.

둘째, 정보화투자부문에 있어서는 t-검정결과 유의미한 차이를 보이는 변수로 타부서정보화예산과 정보화예산비율이 있다.

우선, 타부서정보화예산의 경우 郡은 적게 투입될수록 효율적으로 나타난 반면, 區의 경우는 많이 투자될수록 효율적으로 나타나고 있다. 이러한 결과는 분산된 정보화추진의 효과가 區에서 잘 나타나고 있음을 보여주는 것으로 도시지역에 속한 자치단체가 많은 區지역이 초기의 중앙중심적 정보화추진에서 점점 분산된 정보화추진으로 그 특성이 변해가고 있는 특성을 반영해 주고 있다고 볼 수 있다.

다음으로 정보화예산비율의 경우 郡지역의 경우 그 값이 적을수록 효율적인 것으로 나타나서 정보화예산이 정보화활용보다는 다른 부분에 투자가 되는 것으로 볼 수 있다.

셋째, 정보화설비부문에 있어서 t-검정결과 유의미한 차이를 보이는 변수로 서버수와 S/W유저수가 있다.

먼저 서버수의 경우 市는 적게 투입될수록 효율적인 반면, 區의 경우는 투입이 증가할수록 효율적으로 나타나고 있다. 이러한 결과는 새로운 시스템 도입이 활발함을 보여주는 것이며, 대민서비스를 위한 홈페이지 활용 역시 증가하고 있음을 보여주는 것이다.

다음으로 S/W유저수의 경우 시의 경우 적게 투입될수록 효율적으로 나타난 결과는 S/W가 업무지원에 활용제고에 도움이 안되는 것으로 볼 수 있다.

마지막으로 이용주체수준과 관련해서는 市의 공인자격보유공무원수와 區의 자체인증자격보유자수가 적을수록 효율적으로 나타나서 교육훈련의 효과가 떨어지고 있음을 보여주고 있다.

제5장 지방정부의 정보화 효율성 향상방안

효율성 분석에 앞서 변수들의 기술통계량을 구했으며, 이후 효율성점수를 통해 효율적 집단과 비효율적 집단으로 구분한 후 효율성 격차원인을 파악하기 위해 t-test를 실시하였다. 그리고 시군구별 효율적 집단의 특성을 파악하기 위해서 효율적 집단만을 놓고 평균의 특성을 파악하였다. 이러한 결과를 하나로 묶어 정보화의 비효율이 나타나는 원인을 두 가지 측면에서 살펴보고 이에 대한 효율성 향상 방안을 제시하고자 한다.

첫째, DEA는 동질적인 집단간의 비교를 통해 효율성을 측정하는 방식으로 준거집단이 상이한 효율적 집단과 그렇지 못한 집단을 하나로 묶어서 분석한다는 것 자체가 무리일 수 있다. 하지만 효율적 집단과 그렇지 못한 집단을 구분 짓는 공통된 요인을 밝혀내는 것도 의의가 있을 것이다. 이를 통해 중앙정부에게는 비효율적인 자치단체를 지원할 정보를 제공할 수 있을 것이다.

둘째, DEA의 장점 가운데 하나는 비효율로 나타난 자치단체에게는 준거집단을 통해 계산된 가중치(Lambda)를 가지고 해당 자치단체가 효율적일 수 있는 풍부한 정보를 제공해 줄 수 있다는 점이다. 이러한 정보를 제공하기 위해 개별 자치단체별로 효율화될 수 있는 정보를 주고자 한다.

제1절 행정계층별 효율성 향상 방안

1. 정보화불균형 해소: 지방양여금법 개정추진

표준화한 값을 통해 행정계층별 산포를 파악한 결과, 郡지역의 자치단체들은 정보화격차가 큰 것으로 나타나고 있다. 특히 郡의 경우 t-test결과 유의미하게 나타난 변수들의 편차가 시나 구보다 큰 변수가 많아 이에 대한 문제는 더욱 심각하다고 볼 수 있다. 이에 대한 정보화격차를 완화하기 위해서는 중앙정부차원에서 양여금의 지원을 통해 해결방안을 강구해야 할 것이다.

지방양여금의 성격은 균형있는 발전을 위한 취지로 사용된다는 점에서 정보화의 불균형 부문에 대해서도 양여금의 지원이 필요하다고 볼 수 있다. 하지만 현재의 법은 이러한 시대적 요청에 대해 아직까지 정보화부문에 대한 조항이 없는 실정이다. 이에 대한 구체적인 개정방안을 제시하면 다음과 같다.

첫째, 정보화는 양여금제도의 근본목적에 부합된다고 볼 수 있다. 양여금제도의 근본목적은 지역간 균형개발로 대상사업선정은 ① 지역균형발전 효과 및 주민복지와 밀접한 연관된 사업, ② 개발효과가 전 자치단체에 미치는 사업, ③ 지속적으로 추진되면서 지방재정부담이 큰 사업이 그 대상이 된다.

양여금의 지원방향은 인센티브적 성격보다는 재정보전을 통한 지역활력의 균형화에 초점을 맞추고 있다. 정보화, 구체적으로 지역정보화는 정보기술을 활용하여 지역내 인적, 물적, 산업기반의 활성화 통한 지역발전 도모하고, 산업화시대의 지역간 성장격차 해소 및 새로운 정보격차 발생 차단하는데 목적을 둔 개념으로 양여금의 대상으로 충분하다고 볼 수 있다.

둘째, 지방양여금법에 정보화관련 조항의 신설이 필요하다. 현행 지방양여금법 제4조(양여금의 재원)의 ①은 대상사업으로 총 5개의 대상사업(1. 도로정리사업, 2. 농어 지역개발사업, 3. 수질오염방지사업, 4. 청소년 육성사업, 5. 지역개발사업)으로 구분하고 있다. 정보화사업을 추가할 수 있는 근거마련을 위해 정보화사업에 대한 양여를 위해서는 제4조의 6의 신설이 필요하다고 판단된다. 차후, 제4조의 6이 신설될 경우, 제5조(양여금의 대상사업별 배분비율)가 이와 맞물려 개정이 요망된다. 또한 각 대상사업에 대한 배분비율이 명시적으로 제시되어 있으므로 지역정보화사업에 대한 배분비율에 대한 기준안이 제시될 필요가 있으며, 이와 맞물려 제6조(양여금의 양여기준)의 개정도 필요하다. 결국 제6조 6의 신설이 요구되는데 정보화촉진사업에 대한 양여금 양여기준 신설이 필요하게 된다.[90]

결국 정보화투자부문은 자치단체의 재정력과 밀접한 관계가 있는 부문으로 자치단체별 재원확보방안의 강구노력을 적극 유도해야 한다. 이를 위해서는 중앙정부차원의 정보화재원지원도 국가 정보화종합계획에 의하여 체계적인 지원방안을 마련해야 한다.

2. 적정 정보화인력 산정

효율성에 영향을 미치는 변수별로 시군구를 보았을 때 내부업무정보화 변수 다음으로 정보화인력이 다른 변수들에 비해 편차가 가장 큰 것으로 나타나고 있다. 그리고 시군구 모두가 투입변수인 정보화인력이 적을수록 효율적인 것으로 나타나고 있다. 이러한 원인은 유휴인력이 존재한다고 볼 수 있다. 정보화에 대한 유휴인력이 존재한다는 것은 정보화에 대한 몰입이 떨어지거나 아니면 정보화 외적인 업무에 치중했다고 볼 수 있을 것이다. 이러한 결과를 알려주는 정보화인력 상황은 다음과 같다.

정보화인력은 전국적인 전자정부사업이 계속 시행됨에 따라 유지관리업

---

90) 이에 대한 내용은 차후 연구를 통해 분석되어야 할 것으로 보인다.

무의 중요성은 증대하고 있으며 자치단체 업무의 과다, 전담인력 부족, 잦은 인사교체 등으로 효율적인 업무가 곤란한 실정이다(행정자치부, 2002: 62). 자치단체의 자체적 업무 외에도 중앙에서 보급하고 있는 시군구행정종합정보시스템, 정보화시범마을조성, 백업센터구축운영 등과 더불어 보안시스템의 중요성 증가, 네트워크 이중화사업 등 새로운 업무가 추가되고 있어 당초 의도한 정보화활용 제고에 지장을 초래하고 있는 것으로 판단된다. 결국 계속적인 양적인 투자에만 신경 쓴 결과, 내실화를 기하지 못해 효율성이 떨어지고 있다고 볼 수 있다. 이는 정보화 인력에 대한 형식적 운영 및 구성의 부적절로 빚어진 결과로 볼 수 있다. 따라서 이러한 문제를 해결하기 위해서는 체계적인 정보화인력 산정이 필요하다고 본다.

첫째, 정보화 조직 적정인원산정의 합리적 고려가 필요하다. 조직에서의 적정 인원 즉 정원이란 조직 목표를 가장 효과적이며 경제적으로 수행할 수 있는 인원을 뜻한다. 정보시스템 조직의 특성상 업무량의 계량적 측정이 매우 어렵고 과업 수행에 필요한 기술 및 노하우(know-how)의 변화 속도가 빠르기 때문에 조직원의 업무수행 능력이나 숙련도에 따라 소요인력의 규모 차이가 나타날 수 있다. 조직은 하나의 부서의 자체로 이루어지는 것이 아니라 다른 부서와 함께 복합적으로 관련되어 있다. 따라서 전산조직의 개편은 자치단체 조직 전반의 개편문제와 맞물려 있으므로 전산조직의 개편은 여러 가지 측면을 모두 고려해서 판단해야만 한다. 이를 위해서는 지방자치단체의 적정인원을 산정하기 위한 산출정원, 조직정원, 방침정원 및 설비정원의 개념을 병행 적용할 필요가 있다.

둘째, 구체적 정원산정을 통해 인력확보의 근거를 마련해야 한다. 전산조직이 가진 비정형적·비구조적인 업무의 특성상 산출정원개념 하나만을 적용한 정원의 제시는 그 자체가 문제점을 내포하고 있다. 지방자치단체의 산출 정원을 산정하는 데 있어서 가장 큰 영향을 미치는 요소는 지방자치단체에서 향후 운영될 정보시스템의 수라고 볼 수 있다. 현재 자치단체의 정보화인력은 5명~10명 사이가 대부분이다. 또한 정보화인력 현황을 살펴보면 전산인력은 전체적으로 4명~7명 사이가 대부분을 차지하고 있다. 그러나 적용예상시스템의 추진단계에서는 시스템 안정화 작업 및 현업에 대한 운영교육 등 다양한 지원을 위하여 인력이 상당히 증원되어야 할 것이며, 향후에 종합적인 행정정보화사업이 완성되어 가는 추세에 따라서 인력이 조정되어야 한다.

실제에 있어서는 인구규모 및 지역특성 및 공무원의 정보화 수준에 따라서 상당한 증감 요인이 발생할 수도 있다. 그러나 지방자치단체의 조직규모나 역할 분화정도로 볼 때 지방자치단체의 정보총괄책임자(지자체 CIO) 1명 및 정보화 실무조직의 관리책임자 1명은 반드시 존재해야 한다. 향후 정보 기술의 활용성 증대에 따라 Nolan의 정보시스템 발전단계의 2단계에서 3단계로 전환 및 통합단계로의 진입에(김상욱, 2002: 32) 대비하기 위해서는 새로운 업무 인력이 필요하다.[91] 구체적으로 서버구조 환경에 부응하기 위한 최종사용자 컴퓨팅(EUC: End User Computing)을 보다 활성화하기 위해서 이를 추진할 요원이 필요하다. 그리고 지방자치단체내의 정보자원의 규모와 범위가 증가함에 따라 효율적인 정보 자원 및 기기의 유지·보수관리를 위한 전담 인력이 필요하다.

시군구 전산조직에서 전산직이 아닌 타직종이 전산계장 또는 직원으로 보직을 맡는 경우 행정력 및 기획력과 함께 기술적 전문성을 함께 발휘할 수 있는 인력(정보화 교육수료)으로 배치하는 것이 중요할 것이다. 따라서 선진 정보기술의 연구 및 도입 확산을 위한 전담 인력, 클라이언트기초자치단체의 향후 정보화 추진에 있어서 필요한 소요인력의 수는 자치단체의 규모에 따라 약간의 차이(증감)가 발생할 수 있지만 개략적으로 제시할 수 있다.

---

91) 김상욱(2002: 32)은 지역정보화의 현주소를 Nolan의 IS성장단계 모형에 기초해서 3단계로 진단하고 있다. 이와 관련하여 정보격차에 대한 논의를 전개하고 있는데 그것은 보급가설과 격차가설이다. 미국의 사례와 한국의 사례를 통해 그 상황을 진단하고 있는데 자세한 논의는 생략한다.

규모가 감소될 수 있는 부문은 시스템 운영관리 부문과 최종사용자 컴퓨팅 지원부문으로서, 외주(outsourcing)방식을 활용하는 방안을 고려하는 것이 바람직하다. 이와 관련하여 정보시스템 아웃소싱 우선 선정분야에 대한 설문조사 결과(문석완, 2002: 71)를 보면, 가장 먼저 선정해야 할 분야는 53%가 공통활용성이 높은 시스템, 30.6%가 업무가 표준화된 시스템을 꼽아 여러 분야에서 많은 사람들이 활용가능한 어플리케이션을 우선적인 아웃소싱 대상으로 인식하고 있었다.

지방자치단체의 정보화 수준이 향상되고 관련 기반 조직이 안정화되었을 경우에는 전산 조직의 기능을 현업 및 관련 기관에 이관하면서 전산 조직을 다시 조정해나가야 할 것으로 판단된다. 그리고 중앙부처에서 분산 추진되고 있는 지역정보화 사업에 대한 자치단체 주도의 통합·자율적인 계획수립 및 정보시스템 구축·운영 등 지역정보화 사업의 추진을 뒷받침하기 위한 전담조직 및 인력의 정비·보강이 필요하다.

3. 정보화교육훈련의 실효성 증진

市의 경우 정보화교육시간이 적을수록 효율적인 유의미한 결과를 보여주고 있으며, 정보화교육의 가시적 결과인 市의 공인자격보유공무원수와 區의 자체인증자격보유자수가 적을수록 효율적인 것으로 유의미하게 나타나고 있다.

공무원의 정보화교육은 공무원이 지닌 정보능력을 끌어내어 이를 계발시키기 위한 것으로 볼 수 있다.[92] 정보화교육을 통한 자격증취득이 정보

---

[92] 구체적으로 공무원의 정보화교육은 공무원의 정보화에 필요한 소양과 능력을 계발하고, 직무수행에 필요한 지식과 기술을 향상시키며, 공무원의 가치관과 태도를 전자정부를 지향하는 방향으로 변화시키는 활동으로 볼 수 있다(이기식, 2002: 73).

화활용 제고로는 연결되지는 못하는 결과가 나타난 것에 대해서는 신중히 접근할 필요가 있을 것이다.

자격증취득은 정보화에 대한 인식전환과 함께 활용도 제고에도 바람직한 결과를 가져올 수 있을 것으로 판단된다. 하지만 그렇지 못한 결과가 보여주는 것은 교육체계의 문제점과 아울러 교육훈련이 활용제고로 연결되지 못한다는 것을 입증해 주고 있다고 볼 수 있다.

첫째, 정보화교육수요의 충족과 교육내용의 업무활용도로의 연결효과를 높여야 한다. 공무원들은 정보화교육에 대해 관심과 선호에 대해 살펴보면, 정보화교육을 받을 공무원을 대상으로 설문조사를 한 결과 52.7%가 '가능하면 계속 받고 싶다'는 반응을 보였고, 22%정도는 '반드시 받고 싶다'는 반응을 보이는 것으로 나타난 연구결과가 있다(손연기, 2000.3). 이러한 결과는 정보화교육에 대해 공무원의 관심도가 높으며, 교육을 받을 준비가 되어 있다고 판단할 수 있다. 실제 정보화교육을 담당하는 공무원의 말을 빌리면 공무원의 정보화교육수요가 매우 높다고 한다.93) 다만 교육받은 내용을 어느 정도 업무에 활용하고 있는지는 공무원들의 맡길 수밖에 없을 것이나, 본 연구결과에 비추어 볼 때는 그리 높지 만은 않은 것으로 판단된다.

둘째, 정보화교육훈련과 보직관리의 연계를 통한 형식화의 방지가 필요하다. 대다수의 피교육자들이 교육훈련을 단지 승진을 위한 전제조건으로 인식하고 있어서 교육훈련을 통한 능력개발이란 본연의 목적을 달성하지 못하고 있다. 또한 교육훈련과 보직관리의 연계성 미흡하여 교육훈련의 성과가 저하되고 있다(박천오 외, 2000: 228; 박천오·최호진, 2002: 956).

셋째, 교육훈련대상의 선발과 교육훈련 후 인력활용의 체계화를 모색해야 한다. 교육훈련은 조직 내 인력을 대상으로 조직의 목적과 기능에 부합

---

93) 공무원의 정보화교육을 전담하는 정부전산정보관리소(GCC) 공무원의 말을 빌리면 '공무원 정보화교육수요의 30%-40%정도만 충족시키고 있다'고 한다 (2002.5.10일자 인터뷰내용 재인용).

되도록 조직원의 직무수행능력을 제고하여 조직의 운영과 활동에 활용함을 최종 목적으로 한다고 할 수 있다. 따라서 조직원 중 누구에게 어느 정도의 교육훈련을 실시하여 어떻게 활용할 것인가가 체계적으로 정립되어 있어야만 교육훈련의 효율성과 취지를 달성할 수 있다. 교육훈련의 본래의 목적을 달성하고 그 효율성을 제고하기 위해 교육훈련대상의 선발과 교육훈련 후 인력활용에 대한 체계적인 방안과 지침의 정비와 수립을 우선적으로 추진해야 하며 이를 위해 직무분석의 실시, 개인별 직무수행능력의 엄정한 평가, 그리고 보직 및 인사관리제도의 강화를 추진해야 할 것이다.

마지막으로 정보철학(information philosophy) 및 윤리(ethics)의 확립이 필요하다. 이것은 공무원정보화 교육내용이 주로 각종 어플리케이션활용 등에 치중되어 있다는 점에 근거한다. 물론 당장 활용이 가능한 내용이 교육되어야겠지만 중장기적으로 볼 때 정보활용 및 이용에 따른 정보철학 내지 정보윤리의 확립도 매우 중요하다(Heeks, 2001). 21세기 지식정보시대는 합리성과 일관성 그리고 선형적이며, 정성적 인과관계를 원자론적으로 이해하는 뉴턴의 세계관보다는 복수의 합리성과 모순을 허용하고, 비선형적이며, 비가역적인 생성적 관계를 강조하는 새로운 세계관을 통해 이해되어야 하며(김영평, 1997), 정보화교육도 이러한 맥락에서 이루어져야 한다.

4. 차별화된 정보화추진 유도

첫째, 효율성에 영향을 미치는 변수별로 시군구를 보았을 때 내부업무정보화 변수가 다른 변수들에 비해 편차가 가장 큰 것으로 나타나고 있었다. 특히 郡과 區의 경우 내부업무정보화가 많이 추진될수록 효율적인 것을 보여주는 유의미한 결과를 나타내 주고 있다. 이렇기 때문에 내부업무정보화 추진을 위한 정보화예산액의 투자와 함께 서버수의 증가 및 최신성이 필요하게 된다. 또한 서버의 증가는 홈페이지를 통한 대민서비스 제고에도 영향을 주기 때문에 한정된 재원을 서버의 증설과 함께 최신형으로 교체하는 데 많은 부분 할애할 필요가 있는 방향으로 나아가야 한다.

둘째, 정보화투자부분에 있어서도 타부서정보화추진의 경우, 區의 경우 효과를 거두고 있는 것으로 나타나고 있으나, 市의 경우는 효율성이 떨어지는 것으로 나타나고 있다. 이러한 결과는 區의 경우 정보화부서 중심에서 분산된 추진이 효율적인 단계에 접어든 것으로 보이며, 다른 시와 군의 경우는 이렇다 할 효과를 내지 못하고 있는 것으로 볼 수 있다. 이에 대해서는 해당 자치단체별로 면밀한 검토가 필요하다고 본다.

셋째, 정보화설비부분에서는 서버의 증가가 區의 경우 효율적으로 나타나는 반면 市는 아직까지 효율적이지 못한 것으로 나타나고 있다. 또한 市의 경우는 S/W유저수가 적을수록 효율적인 것으로 나타나서 업무수요에 맞춘 적절한 프로그램의 도입이 요구된다고 볼 수 있다.

5. 평가체계의 다기화

그 동안의 평가는 지표체계방식을 통해 시군구별 특성을 고려치 않고 통할해서 평가를 진행해오고 있다. 하지만 본 연구의 결과에서 나타났듯이 시군구별로 효율성에 유의미한 영향을 미치는 변수는 다양성을 띠고 있다. 따라서 시군구별 특성을 고려해서 기존의 방식을 보완하는 방안으로 계량모형인 DEA의 적용이 필요하다고 본다. 이는 투입 및 산출구조가 유사한 준거집단을 활용해서 해당 자치단체에게 유용한 정보를 줄 수 있기 때문이다. 결국 지표체계방식의 한계를 극복하면서 자치단체에게 풍부한 효율화정보를 제공해주는 방식의 보완이 필요하다고 볼 수 있다.

제2절 자치단체별 비효율성 정도와 최적화

각각의 DMU들의 효율성은 투입산출 구조가 유사한 집단과의 비교를 통해 측정한다. 투입산출 구조가 유사한 준거집단과의 관계 속에서 비효율로 나타난 자치단체의 경우는 준거집단을 대상으로 벤치마킹을 할 수 있다. 또한 비효율적 자치단체의 경우는 벤치마킹의 대상이 되는 조직만큼 효율적으로 되기 위해 투입 및 산출의 증가분과 감소분의 목표치를 설정할 수 있다.[94]

문제는 전체 232개의 자치단체 중 비효율로 나타난 자치단체 전부에 대한 비효율 정도와 최적생산규모를 모두 다 설명할 수 없으므로 행정자치부·자치정보화지원재단이 보고서에서 발표한 행정계층별 정보화 종합순위 5개 기관에서 3개 기관만을 상대로 예시적으로 최적화 방안을 제시하고자 한다.[95]

1. 시지역의 개별 자치단체별 최적치

지표체계방식으로 행정자치부와 자치정보화지원재단에서 측정한 결과 시지역의 정보화수준은 제주 제주시가 수위를 차지하였으며, 그 뒤로 경기 과천시·안양시·의정부시, 전북 전주시 순으로 나타나고 있다. 하지만 DEA 결과는 이와는 다른 결과가 나타나고 있는데, 이는 앞서 기존평가방식결과

---

94) 비효율성 정도와 최적생산규모에 대한 계산논리는 제4장 1절의 3에서 설명했으므로 여기서는 효율선상의 값을 가지고 설명한다.
95) 비효율로 나타난 각각의 자치단체의 최적생산규모는 부록에 수록해 놓았다. 또한 시군구별 상위 5개 기관만을 행정자치부 보고서에서 밝히고 있으므로 이러한 결과와 DEA결과와의 비교를 통해 본 연구의 차별성도 보이는 것도 의의가 있다고 본다.

와 DEA결과의 상관관계를 분석한 결과, 지표체계방식과 DEA결과간 차이
가 존재함을 입증해 주고 있다.

〈표 5-1〉 시의 정보화 종합순위 상위 3개 기관-지표체계

지표체계분석			DEA분석		
시 도	지역명	점 수	시 도	지역명	점 수
제 주	제주시	83.3	제 주	제주시	25.9
경 기	과천시	80.9	경 기	과천시	26.2
경 기	안양시	78.6	경 기	안양시	40.0
시지역 평균		71.6	시지역 평균		60.0
시지역표준편차		3.32	시지역표준편차		0.25

*출처: 지표체계분석 자료는 행정자치부·자치정보화지원재단(2002: 103)

DEA결과를 토대로 준거집단과 최적생산규모를 3개 기관별로 설명하면
다음과 같다. 제주시의 경우, 준거집단은 5개의 자치단체로서 구리시
(0.144), 남양주시(0.055), 속초시(0.073), 창원시(0.102), 밀양시(0.873)로
나타났다.[96] 이 중에서 가중치값이 가장 큰 밀양시가 벤치마킹 대상이 된
다고 볼 수 있다. 이러한 가중치(람다값)를 기초로 최적생산규모를 제시하
면 다음과 같다.[97]

---

96) 준거집단 및 가중치에 대한 결과는 제4장 제1절 1에 제시하고 있다.
97) 벤치마킹 대상이 되는 준거집단은 운영이나 자원활용에 있어 참고할 수 있어
   해당 자치단체에 도움을 줄 수 있다. 하지만 벤치마킹 대상이 되는 조직이 해
   당 비효율로 나타난 조직보다 재정이나 기타 여건이 열악하다면 큰 효과를 보
   지 못할 수 있다. 이럴 경우 홍한국 외(2000)는 준거집단을 단계적으로 설정할
   수 있는 현실적 대안을 보여주고 있는 연구물을 제시하고 있지만, 본 연구에서
   는 이러한 방식을 적용하지는 않았다. 왜냐하면 본 연구에서는 해당 자치단체
   의 비효율이 빚어지고 있다는 정보를 제공함을 주 목적으로 삼으며 조직간 차
   이가 심한 경우보다 그렇지 못한 지자체에 정보를 제공하고자 한다.

〈표 5-2〉 제주시의 비효율 정도와 최적생산규모

DMU	정보화예산	정보화인력	정보화교육	내부정보화	전자결재	전자민원	주민교육
준거집단 (가중치)		12(0.144)	13(0.055)	31(0.073)	63(0.102)	70(0.873)	
기존량	13,308,058.00	34.00	14,319.00	185.00	11,511.00	350.00	19,090.00
최적량	206,712.03	8.80	3,707.53	185.04	11,526.75	350.23	19,062.27
최적량/ 기존량	16%	26%	26%	100%	100%	100%	100%

정보화예산의 경우 최적량은 기존량의 16%에 해당하며, 정보화인력과 정보화교육도 각각 기존량의 26%에 해당하고 있어 비효율의 정도가 큼을 알 수 있다. 산출요소를 나타내는 변수들의 최적량은 기존량과 동일하게 나타나고 있어 현재의 산출수준은 유지하면서 투입요소를 감소해야 함을 알 수 있다.

과천시의 경우, 준거집단은 4개의 자치단체로서 김포시(0.012), 속초시(0.489), 창원시(0.015), 밀양시(0.483)로 나타났다. 이 중에서 가중치값이 가장 큰 속초시가 벤치마킹 대상이 된다고 볼 수 있다. 이러한 가중치(람다값)를 기초로 최적생산규모를 제시하면 다음과 같다.

〈표 5-3〉 과천시의 비효율 정도와 최적생산규모

DMU	정보화예산	정보화인력	정보화교육	내부정보화	전자결재	전자민원	주민교육
준거집단 (가중치)		23(0.012)	31(0.489)	31(0.073)	63(0.015)	70(0.483)	
기존량	4,413,375.00	24.00	121,918.00	167.00	4,101.00	78.00	5,509.00
최적량	1,159,445.38	6.30	2,062.11	167.13	4,118.14	361.12	5,544.29
최적량/ 기존량	26%	26%	2%	100%	100%	461%	101%

정보화교육의 경우 최적량은 기존량의 2%에 해당하여 비효율 정도가

가장 크게 나타나고 있으며, 정보화예산과 정보화인력도 각각 기존량의 26%에 해당하고 있어 비효율의 정도가 큼을 알 수 있다. 산출요소를 나타내는 변수들 가운데 전자민원은 기존량 대비 361%의 증가가 필요한 것으로 나타나고 있으며, 주민교육도 좀 더 늘려야 함을 알 수 있다.

안양시의 경우, 준거집단은 5개의 자치단체로서 구리시(0.255), 파주시(0.164), 김포시(0.043), 창원시(0.009), 밀양시(1.029)로 나타났다.[98] 이 중에서 가중치값이 가장 큰 밀양시가 벤치마킹 대상이 된다고 볼 수 있다. 이러한 가중치(람다값)를 기초로 최적생산규모를 제시하면 다음과 같다.

〈표 5-4〉 안양시의 비효율 정도와 최적생산규모

DMU	정보화예산	정보화인력	정보화교육	내부정보화	전자결재	전자민원	주민교육
준거집단 (가중치)		12(0.255)	20(0.164)	23(0.043)	63(0.009)	70(1.029)	
기존량	10,030,730.00	24.00	14,412.00	220.00	21,171.00	413.00	5,277.00
최적량	2,474,641.77	9.61	5,772.70	220.11	21,193.47	413.16	5,292.17
최적량/ 기존량	25%	40%	40%	100%	100%	100%	100%

정보화예산의 경우 최적량은 기존량의 25%에 해당하여 비효율 정도가 가장 크게 나타나고 있으며, 정보화인력과 정보화교육도 각각 기존량의 40%에 해당하고 있어 비효율의 정도가 큼을 알 수 있다. 산출요소를 나타

---

98) 가중치에 대한 제약을 본 연구는 했음에도 불구하고 가중치가 1을 넘는 현상이 발생하고 있다. Ali(1994)의 주장처럼 DEA모형이 투입-산출자료가 매우 큰 수와 작은 수를 함께 포함할 경우 퇴화현상을 일으키거나 계산상의 난점이 발생하기 때문이다. 이를 보완하기 위해서는 SAS를 통한 분석을 했을 경우 그런 현상은 본 연구에서는 나타나지 않았다. 하지만 BCC분석의 결과도 본 연구는 함께 진행하고 있기 때문에 EMS소프트웨어로 통일해서 사용했다. 앞에서 밝혔듯이 SAS/DEA는 아직까지 BCC모형에 대한 모듈이 나오지 않았기 때문이다. DEA는 통계프로그램을 어떤 회사 제품을 사용하는가에 따라 결과가 조금씩 다르게 나타남을 확인할 수 있었지만 이에 대한 자세한 언급은 하지 않는다.

내는 변수들의 최적량은 기존량과 동일하게 나타나고 있어 현재의 산출수 준은 유지하면서 투입요소를 감소해야 함을 알 수 있다.

2. 군지역의 개별 자치단체별 최적치

지표체계방식으로 행정자치부와 자치정보화지원재단에서 측정한 결과 군지역의 정보화수준은 강원 평창군이 수위를 차지하였으며, 그 뒤로 경기 양주군, 제주 남제주군, 충북 괴산군, 울산 울주군 순으로 나타나고 있다. DEA결과는 시에서와 마찬가지로 지표체계방식 결과와 다르게 나타나고 있다.

<표 5-5> 군의 정보화 종합순위 상위 3개 기관-지표체계

지표체계분석			DEA분석		
시 도	지역명	점 수	시 도	지역명	점 수
강 원	평창군	75.1	강 원	평창군	82.7
경 기	양주군	74.9	경 기	양주군	57.5
제 주	남제주	73.8	제 주	남제주	100
충 북	괴산군	73.6	충 북	괴산군	82.6
울 산	울주군	73.3	울 산	울주군	86.4
군지역 평균		70.0	군지역 평균		67.9
군지역표준편차		2.16	군지역표준편차		0.22

* 남제주군은 효율적으로 나타나 분석에서 제외했으며, 괴산군의 경우는 준거집단이
 2개밖에 되지 않아 분석에서 제외한다.

평창군의 경우, 준거집단은 4개의 자치단체로서 군위군(0.332), 의성군 (0.896), 거창군(0.227), 남제주군(0.128)으로 나타났다. 이 중에서 가중치 값이 가장 큰 의성군이 벤치마킹 대상이 된다고 볼 수 있다. 이러한 가중

치(람다값)를 기초로 최적생산규모를 제시하면 다음과 같다.

〈표 5-6〉 평창군의 비효율 정도와 최적생산규모

DMU	정보화예산	정보화인력	정보화교육	내부정보화	전자결재	전자민원	주민교육
준거집단 (가중치)	65(0.332) 66(0.896) 86(0.227) 89(0.128)						
기존량	2,938,305.00	13.00	4,078.00	232.00	2,170.00	718.00	1,288.00
최적량	2,432,799.97	10.76	3,383.09	232.14	3,393.34	718.90	3,400.46
최적량/ 기존량	83%	83%	83%	100%	156%	100%	264%

정보화예산의 경우 최적량은 기존량의 83%로 정보화인력과 정보화교육도 각각 기존량의 83%에 해당하고 있다. 산출요소를 나타내는 변수들 가운데 주민교육이 기존량 대비 164%의 증가가 요구되며, 다음으로 전자결재가 현재 대비 56%의 증가가 요구되고 있다.

양주군의 경우, 준거집단은 5개의 자치단체로서 포천군(0.128), 청원군(0.008), 영광군(0.148), 군위군(0.194), 의성군(0.265)으로 나타났다. 이 중에서 가중치값이 가장 큰 의성군이 벤치마킹 대상이 된다고 볼 수 있다. 이러한 가중치(람다값)를 기초로 최적생산규모를 제시하면 다음과 같다.

〈표 5-7〉 양주군의 비효율 정도와 최적생산규모

DMU	정보화예산	정보화인력	정보화교육	내부정보화	전자결재	전자민원	주민교육
준거집단 (가중치)	9(0.128) 23(0.008) 60(0.148) 65(0.194) 66(0.265)						
기존량	2,281,420.00	10.00	2,987.00	129.00	6,297.00	116.00	1,666.00
최적량	1,045,951.07	5.76	1,720.91	129.06	6,306.15	116.19	1,677.63
최적량/ 기존량	46%	58%	58%	100%	100%	100%	101%

정보화예산의 경우 최적량은 기존량의 46%로 정보화인력과 정보화교육
도 각각 기존량의 58%에 해당하고 있다. 산출요소를 나타내는 변수들의
최적량은 기존량과 동일하게 나타나고 있어 현재의 산출수준은 유지하면서
투입요소를 감소해야 함을 알 수 있다.

울주군의 경우, 준거집단은 3개의 자치단체로서 포천군(0.163), 강진군
(0.470), 남제주군(0.037)으로 나타났다. 이 중에서 가중치값이 큰 강진군이
벤치마킹 대상이 된다고 볼 수 있다. 이러한 가중치(람다값)를 기초로 최
적생산규모를 제시하면 다음과 같다.

<표 5-8> 울주군의 비효율 정도와 최적생산규모

DMU	정보화예산	정보화인력	정보화교육	내부정보화	전자결재	전자민원	주민교육
준거집단 (가중치)			9(0.163)	55(0.470)	89(0.037)		
기존량	2,102,724.00	6.00	8,790.00	137.00	7,595.00	54.00	960.00
최적량	882,159.88	5.18	4,644.46	136.84	7,582.64	53.24	1,211.92
최적량/ 기존량	42%	86%	53%	100%	100%	99%	126%

정보화예산의 경우 최적량은 기존량의 42%로 정보화인력과 정보화교육
은 각각 기존량의 86%와 53%에 해당하고 있다. 산출요소를 나타내는 변
수들 가운데 주민교육은 기존량의 26%의 증가가 필요한 것으로 나타나고
있다.

3. 구지역의 개별 자치단체별 최적치

지표체계방식으로 행정자치부와 자치정보화지원재단에서 측정한 결과 구
지역의 정보화수준은 서울 강남구가 수위를 차지하였으며, 그 뒤로 서울 중

구, 광주 광산구, 부산 서구, 울산 동구 순으로 분석되고 있다. DEA결과는 시 및 군에서와 마찬가지로 지표체계방식 결과와 다르게 나타나고 있다.

〈표 5-9〉 구의 정보화 종합순위 상위 3개 기관-지표체계

지표체계분석			DEA분석		
시 도	지역명	점 수	시 도	지역명	점 수
서 울	강남구	84.8	서 울	강남구	100
서 울	중 구	79.5	서 울	중 구	100
광 주	광산구	75.7	광 주	광산구	54.2
부 산	서 구	75.6	부 산	서 구	59.7
울 산	동 구	74.5	울 산	동 구	84.0
구지역 평균		71.0	구지역 평균		73.6
구지역표준편차		2.99	구지역표준편차		0.21

* 강남구와 서울 중구는 효율적으로 나타나 분석에서 제외

부산시 서구의 경우, 준거집단은 4개의 자치단체로서 동대문구(0.180), 은평구(0.174), 서대문구(0.078), 부산시 강서구(0.716)로 나타났다. 이 중에서 가중치값이 가장 큰 부산시 강서구가 벤치마킹 대상이 된다고 볼 수 있다. 이러한 가중치(람다값)를 기초로 최적생산규모를 제시하면 다음과 같다.

〈표 5-10〉 부산시 서구의 비효율 정도와 최적생산규모

DMU	정보화예산	정보화인력	정보화교육	내부정보화	전자결재	전자민원	주민교육
준거집단 (가중치)	6(0.180) 12(0.174) 13(0.078) 37(0.716)						
기존량	1,911,241.00	15.00	2,993.00	249.00	3,507.00	63.00	1,800.00
최적량	1,141,959.82	8.96	1,788.84	249.13	3,512.94	146.87	2,089.26
최적량/ 기존량	60%	60%	60%	100%	100%	233%	116%

196

    정보화예산, 정보화인력 그리고 정보화교육의 경우 최적량은 기존량의 60%로 나타나고 있으며, 산출요소를 나타내는 변수들 가운데 전자민원이 기존량 대비 133%의 증가가 요구되고 있으며, 주민교육의 경우도 16%의 증가가 요구되고 있다.

    울산시 동구의 경우, 준거집단은 3개의 자치단체로서 은평구(0.291), 서대문구(0.228), 부산시 동구(0.362)로 나타났다. 이 중에서 가중치값이 가장 큰 부산시 동구가 벤치마킹 대상이 된다고 볼 수 있다. 이러한 가중치(람다값)를 기초로 최적생산규모를 제시하면 다음과 같다.

〈표 5-11〉 울산시 동구의 비효율 정도와 최적생산규모

DMU	정보화예산	정보화인력	정보화교육	내부정보화	전자결재	전자민원	주민교육
준거집단 (가중치)			12(0.291)	13(0.228)	28(0.362)		
기존량	784,599.00	13.00	1,602.00	151.00	4,540.00	61.00	475.00
최적량	658,353.30	9.03	1,344.87	150.84	4,535.25	191.24	1,485.45
최적량/ 기존량	84%	69%	84%	100%	100%	315%	313%

    정보화예산과 정보화교육의 경우 최적량은 기존량의 84%로 나타나고 있으며, 정보화인력의 경우 기존량의 69%에 해당하고 있어 비효율이 큰 것으로 나타나고 있다. 산출요소를 나타내는 변수들 가운데 전자민원과 주민교육은 각각 기존량 대비 215%와 213%의 증가가 요구되고 있다.

제6장 결 론

제1절 연구결과의 요약

본 논문은 급증하는 정보기술 투자에 대해 투자 대비 성과를 검토해야 하는 시기가 도래했다는 문제의식에서 출발하였다. 성과측정의 필요성이 대두되면서 정보화분야에서도 성과측정을 위한 여러 가지 시도들이 진행되고 있다. 하지만 이러한 성과측정 및 평가방법이 과연 기대한 만큼의 결과를 가져오는가에 대해서는 논의가 부재했다. 따라서 기존 평가방식에 대한 비판적 검토와 아울러 이를 보완할 방법으로 DEA를 적용하여 기초자치단체의 정보화를 측정하여 평가하였다.

기존의 우리나라 정보화분야 성과측정방법은 지표체계에 의한 방식을 통해 정보화순위를 부여하는 방식을 적용하고 있다. 이러한 방식은 성과를 측정하기에 적지 않은 한계가 나타난다. 그 이유는 대개의 공공조직이 금액으로 환산하기 어려운 복수의 서비스를 산출하며, 상이한 단위로 측정되고 있어 이러한 산출요소들을 합산한다는 것이 용이치 않기 때문이다. 이러한 한계를 극복하기 위한 대안적 접근으로 기존방식과 대비되는 계량모형인 자료포락분석(DEA)을 이용하여 232개 전체 기초자치단체를 시군구로 구분하여 정보화의 상대적 효율성을 측정하였다.

기초자치단체 전체를 단일의 평가대상으로 묶어 분석하는 기존평가체계와는 달리 시군구로 구분하여 분석을 하였다. 이는 행정계층별로 재정적 상황과 인구 및 여타 여건상의 차이가 있기 때문에 하나로 묶어 분석하는 방식은 무리가 따르기 때문이다. 또한 DEA는 동질적 집단을 대상으로 분석해야 그 효용이 높아지기 때문에 구분하여 분석하였다.

198

DEA는 비영리적 의사결정단위(DMU)의 상대적 효율성을 측정할 목적으로 1978년에 Charnes, Cooper 그리고 Rhodes에 의해 개발된 이래, 경영학 및 회계학 분야 및 비영리조직을 대상으로 하는 연구에서 유용성이 폭넓게 확인되어 온 방법이다. 구체적으로 DEA는 경험적 효율성 프런티어를 형성하고, 이 프런티어와의 관계 속에서 각 의사결정단위의 효율성을 측정하는 상대적 효율성 측정방법이다.

DEA는 투입 및 산출변수의 추출 후 이를 토대로 효율성을 얻을 수 있는 방법으로 어떠한 변수를 추출하는가에 따라 결과가 달라지기 때문에 변수 추출이 가장 핵심적인 사안이다. 이를 위해 기존 연구를 토대로 핵심적인 변수를 추출하였는데 3개의 투입변수(정보화예산, 정보화인력, 정보교육시간)와 4개의 산출변수(내부업무정보화, 전자결재, 홈페이지를 통한 전자민원처리, 지역주민정보화교육)를 통해 지방정부 정보화의 상대적 효율성을 측정하였다. 효율성 측정결과는 다음의 네 가지 차원에서 논의가 이루어졌다.

첫째, 상대적 효율성점수는 규모에 대한 수익불변을 가정하는 CCR모형과 규모에 대한 수익변화를 가정하는 BCC모형으로 분석이 이루어졌다. 두 가지 모형에 의한 분석을 진행한 이유는 효율적으로 나타난 자치단체가 과연 효율적인 투입량과 산출량의 조절을 통해 그와 같은 결과가 나타났는지, 아니면 그간 투자한 투입 및 산출변수가 일정수준에 이르러 평가시점에서 효율적으로 평가되었지를 알기 위함이다. 먼저 CCR모형에 의한 분석결과, 시는 74개 기초자치단체 가운데 13개가, 군은 89개 자치단체 가운데 13개, 그리고 구의 경우 69개 자치단체 중 15개의 자치단체가 효율적인 것으로 나타났다. 다음으로 BCC모형에 의한 분석결과, 전체적으로 CCR모형과 비교해서 효율성이 높아진 것으로 나타났다. 이는 이론적으로 당연한 결과라 할 수 있다. 왜냐하면 BCC모형은 CCR모형의 제약을 통해 만들어진 모형이기 때문에 CCR모형보다 효율적 집단이 많이 생겨나게 된다. 하지만 실증적 결과를 통해 CCR모형에서 비효율적인 집단이 BCC모형에서 효율적으로 나타난 집단을 파악할 수 있어 규모의 효과로 인한 비효율이 빚어지는 자치단체를 확인할 수 있었다. 따라서 해당 자치단체는 규모 및 정보화 관련변수의 투입량 및 산출량의 조절이 필요한 것으로 나타났다.

둘째, 비효율적으로 나타난 자치단체가 벤치마킹할 대상인 준거집단의 타당성에 대한 분석을 하였다. DEA에 있어 어느 DMU의 상대적 효율성은 프런티어 상에 존재하는 준거집단과의 관계 속에서 계산된다. 이러한 준거 집단을 형성하는 것은 상대적으로 효율적인 DMU들이며, 일반적으로 효율 적 DMU는 효율적 DMU의 관리절차나 행태로부터 효율성 향상에 도움을 얻을 수 있는 벤치마킹 대상이 된다. 하지만 준거집단이라 하더라도 전적 으로 신뢰할 수는 없다. 효율적 집단이란 상대방과의 비교를 통해 효율성 여부가 판명되기 때문에 비교대상 없이 자체적으로 평가되었다면 그 집단 은 신뢰할 수 없다. 또한 효율적으로 나타난 집단이 너무 많은 경우 DEA 결과를 통해 어떠한 정책함의를 제시할 수 없기 때문에 어느 정도의 일정 한 수준의 권고조건을 충족해야 한다.

효율적으로 평가된 집단을 보면 시군구의 경우 전체 대비 25%를 넘지 않아야 한다는 권고사항을 충족하고 있으며, 다른 연구가 권고조건을 충족 시키지 못하는 DEA의 일반적인 연구와 비교해 볼 때 타당성이 높은 것으 로 나타났다. 이러한 권고조건이 어느 정도 정확한가의 여부를 떠나서 기 존 연구에서는 이러한 최소조건의 확인이 중요하다. 왜냐하면 효율적으로 평가된 집단이 너무 많다면 그 연구결과는 효율적으로 나타난 자치단체에 풍부한 정보를 줄 수 없기 때문에 이러한 최소한 조건은 어느 정도 확보해 야 한다. 이러한 근거는 본 연구에서 다룬 기존 DEA 연구경향을 통해 확 인할 수 있었다.

다음으로 효율적으로 평가된 DMU가 준거횟수가 많을수록 준거집단으 로 인정된다. 이를 확인하기 위해 효율적으로 평가된 지방정부의 준거횟수 를 검정하였다. 참조횟수가 많을수록 효율성의 여부의 일치성이 강화되기 때문이다. 검정결과 市는 CCR모형에서 74개 자치단체 중 효율성이 자체평가된 자치단체는 2개(2.70%), 郡은 4개(4.49%), 그리고 區는 2개(2.89%)에 불과하며, BCC모형에서는 市는 5개(6.75%), 郡은 2개(2.24%), 그리고 區는 11개(15.9%)로 나타나서, 나머지 효율적으로 평가된 자치단체의 효율성을 신뢰할 수 있었다. 따라서 본 연구의 DEA 모형이 갖는 타당성을 확인할 수 있었으며, 본 연구가 제시한 준거집단은 비효율적 지방정부의 효율성 향상을 위해 참조될 수 있다고 판단하였다.

셋째, 기존의 정보화평가방식인 지표체계방식과 대안적 계량모형인 DEA방식과의 비교를 실시하였다. 이러한 분석을 진행한 이유는 기존의 평가방식과 대안적 모형인 DEA의 결과간에 차이가 있는가를 파악하기 위함이다. 또한 두 기법의 결과의 차이여부를 통해 DEA가 차후 기존평가에 대해 보완할 수 있는 방식인가의 여부를 확인할 수 있기 때문이다. 먼저 두 방식의 비교를 위해 Spearman ρ 상관관계 분석을 했다. 그 결과 유의미한 상관계수값이 나타나지 않아 순위를 나타내는 결과간 차이가 존재함을 확인할 수 있었다. 두 방식 가운데 어느 방식을 택하여 적용하는 것이 더 타당한가라는 의문이 생긴다. 하지만 이분법적으로 생각하기보다는 상호보완적으로 적용해야 좀 더 많은 정보를 해당 자치단체에 제공해 줄 수 있을 것이다. 따라서 기존 평가방식은 자치단체별로 정보화 진척도를 파악하는데 적합하다고 볼 수 있으며, DEA는 비효율적으로 나타난 집단에 대해 풍부한 정보를 제공해 줄 수 있기 때문에 경영개선컨설팅 용도에 적합하다고 볼 수 있어 상호 적용이 필요하다.

넷째, 지방정부 정보화의 효율성에 영향을 미치는 요인을 규명하기 위해 효율성 측정 변수와 그 외에도 정보화지원, 정보화투자, 정보화설비, 그리고 이용주체수준을 나타내는 변수들을 선정하여 t-test를 실시하였다.

DEA는 상대적 비교를 통해 각각의 비효율적 집단에 대해서 투입 및 산출량의 조절량을 알려 주는 방법이다. 따라서 원칙적으로는 시군구 집단으로 나누어 효율성의 공통점을 추출한다는 것 자체가 무리일 수 있다. 하지만 효율적인 집단과 비효율적 집단간에 차이가 나타나는 요인을 파악한다면, 거시적 측면에서는 중앙정부의 정보화정책에 정보를 제공해 줄 수 있으며, 개별 자치단체별에게는 구체적인 개선량을 제시함으로써 효율성을 높일 수 있다.

다음으로는 시군구별 효율적 집단의 특성을 파악하기 위해서 효율적 집단만을 놓고 평균의 특성을 파악하였다. DEA는 효율적 집단(효율성값이 1)과 그렇지 못한 집단으로 구분하여 결과를 제시해 준다. 본 연구는 기초자치단체를 시군구로 구분하여 분석하였기 때문에 행정계층별로 효율적으로 나타난 집단들의 특성만을 놓고 비교·분석한다면 효율적인 집단들간의 공통점과 차이점의 확인을 통해 정책함의를 얻을 수 있기 때문이다.

먼저 행정계층별로 효율성 격차요인을 살펴보았다. 그 결과 행정계층별로는 일관된 공통요인을 추출할 수 없었다. 하지만 격차를 나타나게 하는 요인은 예산과 인력 및 정책적 요인으로 좁힐 수 있었다.

첫째로 자치단체의 열악한 정보화재원을 보충하기 위해 현재 정보화관련 지원근거를 만들 필요가 있다. 이를 위해 지방양여금법의 개정이 추진되어야 한다. 지방양여금법은 정보화시대의 요구에 맞게 정보화분야에도 적용되어야 할 것이다.

둘째로 적정한 정보화인력의 산정이 필요하다. DEA결과 정보화인력에 대해서는 행정계층별로 편차가 심하게 나타나고 있었으며 정보화인력의 효율성이 떨어지고 있었다. 이는 기존 인력이 정보화에 대한 유휴인력이 존재한다고 볼 수 있으며, 이를 다른 시각에서 해석하자면 정보화에 몰입(committment)하는 정도가 전체적으로 떨어지고 있다고 볼 수 있다. 이에 대한 개선을 위해서는 합리적인 정보화인력 산정방식의 도입이 필요하며, 전체적으로 효율성이 낮게 나타나고 있는 정보화교육훈련의 실효성 증진을 통해 전문화가 필요하다는 결론에 도달했다.

셋째로 시군구별로 효율성의 차이가 나타나는 요인이 다르기 때문에 중앙정부 차원에서는 차별화된 정보화추진을 유도할 필요가 있다. 이는 기존방식과의 비교결과 차이가 나타났으며 이를 통해 기존평가방식에 DEA평가방식의 도입이 필요함을 확인할 수 있었다.

다음으로 개별 자치단체별로 비효율적으로 나타난 자치단체에게 준거집단을 통해 계산된 가중치(Lambda)로 해당 자치단체가 효율적일 수 있는 정보를 제공하였다. 모든 자치단체를 대상으로 개선량을 제시하기보다는 행정자치부의 보고서에 나타난 상위수준의 자치단체를 대상으로 개선량을 제시하였다. 이는 기존방식과 DEA간 차이점이 존재한다는 결과를 토대로 상위그룹이라도 비효율로 나타난 대부분의 자치단체를 대상으로 개선량을 제시하였다.

제2절 정책적 함의

기존의 평가방식은 하드웨어 중심의 평가에 치중하여 왔으며 이를 어떻게 활용하여 대국민 서비스 향상에 좀 더 다가갈 수 있는가에 대해서는 의문이 제기되어 왔다. 또한 기존 방식은 수리적 가중치를 통해 합리성을 강조하고 있지만 그 이면에는 상당한 한계가 존재하고 있다. 그 이유는 수리적 방식이라 할지라도 인간의 주관적 판단에 의지할 수밖에 없기 때문이다. 이러한 인위적 방식에서의 가중치 영향력을 재정력과의 상관관계 분석을 통해 확인할 수 있었다. 따라서 본 연구는 기존 방식에 대한 비판적 검토를 통해 건설적 방향으로 나아갈 수 있도록 하자는 데 그 목적이 있다.

우선 본 연구는 지방정부가 한정된 재원을 가진 상황에서 얼마나 효율적으로 운영되는지, 그리고 효율성 차이의 원인은 무엇인지에 대해 초점을 두고 연구를 수행하였으며, 다음과 같은 정책적 함의를 얻을 수 있었다.

첫째, 정보화불균형 해소를 위해 지방양여금법 개정의 추진이 필요하다. 표준화한 값을 통해 행정계층별 산포를 파악한 결과, 郡지역의 자치단체들은 정보화격차가 큰 것으로 나타나고 있으며, 특히 郡의 경우 t-test 결과 유의미하게 나타난 변수들의 편차가 크게 나타나는 변수가 市나 區보다 많아 이에 대한 대책이 필요하다고 볼 수 있다. 결국 郡지역의 정보화추진 여건이 다른 행정계층보다 열악하다고 볼 수 있으며 이러한 격차를 해소하기 위해서는 중앙차원의 재정적 지원이 필요하다. 이를 위해서는 정보화시대에 걸맞게 양여금의 취지에 맞게 지역간 격차해소의 범위에 정보화도 당연히 포함되어야 한다.

둘째, 적정 정보화인력의 산정이 필요하다. 효율성에 영향을 미치는 변수별로 시군구를 보았을 때 내부업무정보화 변수 다음으로 정보화인력이 다른 변수들에 비해 편차가 가장 큰 것으로 나타나고 있다. 그리고 시군구 모두가 투입변수인 정보화인력이 적을수록 효율적인 것으로 나타나고 있다. 이러한 원인은 유휴인력이 존재한다고 볼 수 있다. 정보화에 대한 유휴인력이 존재한다는 것은 정보화에 대한 몰입이 떨어지거나 아니면 정보화 외적인 업무에 치중했다고 볼 수 있다. 이에 대한 해결방안으로 정보화 조직 적정인원산정의 합리적 고려와 함께 구체적 정원산정을 통해 인력확보의 근거가 마련되어야 한다. 현재는 자치단체별로 표준정원이 산정된 후 자치단체장의 의지에 따라 부서별 인력을 조절할 수 있다. 결국 자치단체장의 의지에 따라 인력의 탄력적 조정이 가능하다는 결론이다. 하지만 계속적 사업의 성격인 정보화가 자치단체장의 열의에 따라 증감이 자주 나타난다면 소기의 성과를 거두기 어렵다고 볼 수 있다. 이러한 문제의 해소를 위해서는 정보화인력에 대한 산정조건이 구체적으로 제시되어야 한다.

셋째, 정보화교육훈련의 실효성을 증진시켜야 한다. 市의 경우 정보화교육시간이 적을수록 효율적인 결과를 보여주고 있으며, 정보화교육의 가시적 결과인 市의 공인자격보유공무원수와 區의 자체인증자격보유자수가 적을수록 효율적인 것으로 나타나고 있다. 정보화교육의 교육의 가시적 효과인 자격증취득이 정보화활용 제고로 연결되지는 못하는 결과가 나타난 것에 대해서는 신중히 접근할 필요가 있을 것이다. 이를 위해 정보화교육수요의 충족과 교육내용의 업무활용도로의 연결효과를 높여야 하며, 다음으로 정보화교육훈련과 보직관리의 연계를 통해 형식적으로 흐를 정보화 교육의 실효성을 높여야 한다. 그리고 교육훈련대상의 선발과 교육훈련 후 인력활용의 체계화를 모색해야 한다.

넷째, 차별화된 기초자치단체의 정보화추진을 중앙정부에서 유도해야 한다. 정보화투자부분에 있어서도 타부서정보화추진의 경우, 區의 경우 효과를 거두고 있는 것으로 나타나고 있으나, 市의 경우는 효율성이 떨어지는 것으로 나타나고 있다. 이러한 결과는 區의 경우 정보화부서 중심에서 분산된 추진이 효율적인 단계에 접어든 것으로 보이며, 다른 市와 郡의 경우는 이렇다 할 효과를 내지 못하고 있는 것으로 볼 수 있다. 이에 대해서는 해당 자치단체별로 면밀한 검토가 필요하다고 본다. 또한 정보화설비부분에서는 서버의 증가가 區의 경우 효율적으로 나타나는 반면 市는 아직까지 효율적이지 못한 것으로 나타나고 있다. 또한 市의 경우는 구매한 S/W의 적합성은 S/W유저수가 적을수록 효율적인 것으로 나타나서 업무수요에 맞춘 적절한 프로그램의 도입이 요구된다고 볼 수 있다. 이렇듯 행정계층별로 효율성에 미치는 요인이 상이하기 때문에 중앙차원에서의 획일적 지원대책보다는 현재의 상황을 기초로 차별화된 정보화지원이 필요하다고 할 것이다.

다섯째, 평가체계의 다기화가 필요하다. 그 동안의 평가는 지표체계방식을 통해 시군구별 특성을 고려치 않고 하나로 묶어서 평가를 진행해 왔다. 하지만 연구결과에서 나타나듯이 시군구별로 효율성에 유의미한 영향을 미치는 변수는 상이하다. 따라서 시군구별 특성을 고려해서 기존의 방식을 보완하는 방안으로 계량모형인 DEA의 적용이 필요하다고 본다. 이는 투입 및 산출구조가 유사한 준거집단을 활용해서 해당 자치단체에게 유용한 정보를 줄 수 있기 때문이다. 결국 지표체계방식의 한계를 극복하면서 자치단체에게 풍부한 효율화 정보를 제공해주는 방식의 보완이 필요하다.

지방정부 정보화의 효율성 측정을 위한 DEA결과 일반적 적용가능성을 가지고 있음을 확인할 수 있었다. 우선 본 연구는 DEA를 통해 지방정부

정보화에 대한 전반적 효율성을 기존 방식보다 좀 더 타당하게 측정할 수 있었다. 구체적으로 금액으로 환산되지 않은 복수의 투입과 복수의 산출을 사전적 가중치 설정없이 지방정부 정보화의 상대적 효율성을 측정할 수 있었다. 또한 비효율적 지방정부의 효율성 향상을 위해 유용한 두 가지 관리정보를(준거집단, 부문별 개선비율) 도출해 낼 수 있었다.

우리나라에서는 정보화의 효율성에 대한 연구가 부분적으로 이루어져 왔으나 아직은 미흡한 상태이며, 특히 복수의 투입물을 사용하여 복수의 산출물을 내는 지방정부 정보화의 특성을 고려해 볼 때 DEA를 이용한 정보화의 효율성 측정은 지속적으로 이루어질 필요가 있다고 할 수 있다.

제3절 연구의 한계 및 향후 연구방향

본 연구에서는 지방정부 정보화의 효율성 측정과 향상을 목적으로 연구를 진행하였으나 다음과 같은 면에서 한계를 지닌다.

첫째, 본 연구는 효율성의 측정과 향상이라는 측면에 초점을 두었기 때문에 공공성에 대한 측정은 상대적으로 이루어지지 않았다. 공공부문은 효율성 외에도 고려해야 할 다른 가치들과 질적인 요소들이 많이 존재한다. 따라서 정보화의 경우, 서비스 수혜자인 주민의 입장에서 정보화만족도에 대한 평가를 후속적으로 수행해야 할 것이다.

둘째, 자료획득의 한계로 인해 효율성 측정의 한계가 있었다. 본 연구에서는 기본적으로 기술적 효율성과 규모효율성을 구하는데 효율성 측정의 1차적 목적을 두었다. 하지만 투입자료에 대한 가격 정보를 알 수 있었다면 비용효율성과 배분적 효율성도 아울러 구할 수 있을 것이다. 따라서 차후 이러한 투입·산출 자료의 획득이 가능해 진다면 측정의 타당성이 좀 더 제고될 것이다.

　셋째, 본 연구의 목적과 상황에 따라 효율성 측정방법을 선택되어야 할 것이다. DEA도 다른 효율성 측정방법처럼 한계를 지니고 있다. Ganley & Cubbin의 주장처럼 DEA는 만병통치약(panacea)이 아니기 때문이다. 또한 효율성을 측정하는 여러 대안적 방법들도 기본적으로 계량화가 가능한 부분에 한해서 분석이 이루어지고, 서비스의 질이라는 측면에서는 모두 한계를 지니고 있다. DEA는 효율적인 것으로 평가된 DMU에 대해서는 적절한 관리정보를 제공해 주지 못하는 단점이 있다. 즉 효율적인 DMU로 평가된다는 것은 비교대상이 되는 DMU들 중에서만 효율적으로 평가된다는 것이지, 이러한 DMU가 효율성 향상의 여지가 전혀 없음을 의미하는 것은 아니다.

　넷째, 구체적으로 지방정부 정보화의 효율성 향상을 위한 추가적인 연구가 진행되어야 한다. DEA는 투입·산출요소의 다른 배합에 따라 효율성 지수가 변화할 수 있기 때문에 투입·산출요소의 선정이 중요하며, 이러한 이유로 인해 측정된 효율성지수의 신뢰성에 문제를 제기한다(Trankersley, 2000: 294). 따라서 DEA에 의한 효율성 지수는 지방정부의 투입·산출 특성 및 공간적, 지리적, 인구적 특성 등과 같은 변수를 고려한 post-DEA를 병행하는 것이 타당할 것이며, 각 자치단체별로도 효율성 차이에 대한 원인을 보다 구체적으로 논의하는 것이 바람직할 것이다.

참고문헌

〈단행본〉

강태진 · 유정식 · 홍종학(1996). 『미시적 경제분석』. 서울: 박영사.

김규정(1990). 『행정학원론』. 서울: 법문사.

김형렬(1990). 『정책학』. 서울: 법문사.

김호정(2001). 『행정통계학』. 서울: 삼영사.

민　진(1988). 한국행정이념에 관한 연구. 「행정과 가치」. 관악행정학회편.
　　　　서울: 법문사.

박동서(1986). 『한국행정론』. 서울: 법문사.

박연호(1994). 『행정학신론』. 서울: 박영사.

오석홍(1992). 『조직이론』. 서울: 박영사

유종해 외(1984). 『행정학사전』. 서울: 고시원.

유종해(1991). 『현대조직관리』. 서울: 박영사.

윤재풍(1991). 『조직학원론』. 서울: 박영사.

이종수(1988). 『행정과 가치』. 서울: 법문사.

전상경(2001). 『정책분석의 정치경제』(개정판). 서울: 박영사.

전용수 · 최태성 · 김성호(2002). 『효율성 평가를 위한 자료포락분석』. 인천:
　　　　인하대학교출판부.

정세욱(1992). 『지방행정학』. 서울: 법문사.

정윤수 외(2002). 정보화의 진단과 분석기법. pp.266-296. 『정부조직진단』.
　　　　서울: 대영문화사.

정정길(2000). 『행정학의 새로운 이해』. 서울: 대명출판사.

최병선(1997). 『정부규제론』. 서울: 법문사.

최호준(1984). 『참가와 능률의 행정학』. 서울: 삼영사.

박천오 외(2000). 『인사행정의 이해』. 서울: 법문사.

〈논 문〉

강기창(2000). 공무원교육훈련과 인사관리의 연계강화방안. 한국행정연구, 9(3).

곽영진(1993). 자료포락분석(DEA)을 이용한 병원의 효율성평가에 관한 연구. 충남대 박사학위논문.

김광주(1995). 지방정부조직의 생산성향상에 관한 연구. 한국행정학회발표논문집, 95-114.

김기환·정명주(2003). 행정기관 정보화사업이 생산성에 미친 영향: IT생산성지수의 개발 및 측정. 정책분석평가학회보, 13(1).

김두현(2002). 행정정보화사업의 성과에 대한 평가: 기초자치단체의 행정정보화사업을 중심으로. 한국행정학회 춘계학술대회 발표논문집.

김병국(2001). 지방자치단체 평가의 실태와 개선과제. 자치행정, 159: 18-23.

김상욱(2002). 지역정보화 공동추진 기본방향. pp.17-38. 「전자지방정부 구현을 위한 시도의원 및 정보화 관계관 워크샵」.

김선명(2001). 정보화사업의 경제성 분석 모델 및 기법. 정책분석평가학회보, 11(2): 145-171.

김성종(2000). 지방공공서비스 공급의 생산효율성 구조 분석. 한국지방자치학회보, 30.

김성태·오철호(2003). 효율적 전자정부 구현을 위한 기반기술 도입 정책 분석. 한국 행정학회 하계학술대회 발표논문집. 867-890.

김성호·최태성(2000). SAS를 활용한 자료포락분석의 실행. 경영과학, 17(2): 161-174.

김숙희·김건위(2000). ISP 관점에서 본 지방정부 행정정보화. 정보화정책, 8(4). 한국전산원.

김영기(1990). 지방공공서비스성과 측정에 관한 이론적 고찰. 지방자치연구, 2(1).

김영미(1992). 지역간 정보화의 불균형에 관한 연구. 한국외국어대학교 박사학위논문.

김영평(1997). 공무원교육의 새로운 패러다임. 행정과 정책, 제3호.

김 용(1993). 기업의 성과평가를 위한 자료포락분석기법의 유용성에 관한 연구. 계명대학교 박사학위논문.

김 인·김영기·류기형(1991). 지방정부의 공공서비스 성과측정 및 결정요인. 지방과 행정연구, 3(2).

김인환(1996). 지방경쟁력과 지역정보화의 상관관계. 지방자치, 89.

김재홍(2000). 도농통합 행정구역 개편이 지방정부의 효율성 변화에 미친 영향 연구. 한국정책학회보, 9(2).

김준한(2002). 중앙정부의 정보화 평가체제 정립. 한국행정학보, 36(4): 1-20.

김태일(1997). "지역경제활성화를 위한 주력 산업 선정 방법론"에 대한 논평. 정책분석평가학회보, 7(2): 169-178.

_____(1999a). 수리적 기법에 의한 평가모형체계의 가중치 부여방식에 관한 논의. 한국행정학보, 33(4): 243-258.

_____(1999b). 요인분석을 활용한 종합점수화 기법Ⅱ. 정책분석평가학회보, 9(2): 185-200.

_____(2000). 자료포락분석 기법에 의한 자치단체 행정의 생산성 평

가에 관한 비판적 논의. 정책분석평가학회보, 10(1): 185-207.

김태진·이재성·김건위(2002). 공공기관 홈페이지 평가지표 개발 연구: 평가연구 경향분석을 중심으로. 국토연구, 33: 159-173.

나경랑(1999). 기업정보화 투자효과의 균형측정지표에 관한 연구. 한국외국어대학교 석사학위논문.

나제민·박영미(1993). 계층적 분석절차와 기획예측, 한국행정학보, 27(1): 155-169.

남기범(2001). 지방자치제 실시에 따른 행정서비스 효율성의 변화: 쓰레기 수거 서비스에 대한 DEA를 중심으로. 한국행정연구, 10(4).

노화준(2000). 공공부문 성과측정의 이슈와 정책평가제도의 개혁방향. 정책분석평가학회보, 10(2): 1-22.

노화준·노시평·김태일(1996). 정부출연 연구기관 종합평가모형에 관한 연구: 평가요소의 개발과 가중치 설정. 한국정책학회보, 5(1): 30-54.

문석완(2002). 자치단체 정보화사업의 중복투자 방지에 관한 실증적 연구: 정보화부서 공무원의 인식을 중심으로. 한양대학교 석사학위논문.

박종원(1993). Data Envelopment Analysis를 이용한 보건소 운영의 효율성평가. 서울대학교 보건대학원 석사학위논문.

박천오·최호진(2002). 한국 공무원 교육훈련의 효과성에 관한 실증조사: 공무원의 인식을 중심으로. 한국행정논집, 14(4): 939-959.

박희정(2001). 지방자치단체 평가모형의 정립. 자치행정, 159: 24-31.

서진완(2001). 정보화 수준평가의 문제점과 개선방안. 제3회 정보화심포지엄 겸 한국정책분석평가학회 추계학술대회 발표논문집.

_____(2002). 정부기관 정보화 수준평가의 발전적 방안 모색. 정보화정책, 9(3).

소영진(2001). 지역정보화사업의 평가방법론 및 지표개발. 2001년 한국정책
학회 추계학술대회 겸 제3회 정보화평가심포지엄 발표논문집.

양재진·정명주·정진우(2001). 정보화사업의 사전평가 모형 구상: 예산과
의 연계와 사업 실효성 확보방안을 중심으로. 한국정책분석평가학회
추계학술대회발표논문집. 113-142

양정식(1989). Data Envelopment Analysis에 의한 정부투자기관의 효율성
평가에 관한 연구. 고려대 박사학위논문.

오동일(1991). 사업부조직의 성과평가를 위한 DEA모형의 적용가능성에 관한
연구: 증권회사 지점의 성과평가를 중심으로. 서울대박사학위논문

유금록(2001). 확률변경분석을 사용한 공공기관 성과평가의 방법론적 개선
방안. 정책분석평가학회보, 11(1): 1-17.

_____(2003). 보건소의 생산성 측정. 한국정책분석평가학회 춘계학
술대회 발표논문집. pp.108-125.

윤경준(1995). 지방정부 서비스의 상대적 효율성 측정에 관한 연구: 대도
시 보건소에 대한 자료포락분석(DEA)을 중심으로. 연세대학교대학
원 박사학위논문.

_____(1996). DEA를 통한 보건소의 효율성측정. 한국정책학회보,
5(1): 80-109.

_____(1998). 공공부문 성과측정을 위한 DEA와 확률전선모형의 비
교분석: 일선경찰서의 기술효율성 측정을 중심으로. 한국행정학보,
32(4): 257-273.

윤경준·원구환(1996). 지방정부 직영기업의 상대적 효율성 평가: 도시 상
수도사업에 대한 Data Envelopment Analysis. 한국행정연구, 5(4):
119-139.

윤상오(2000). 정보화가 국가경쟁력에 미치는 효과분석. 한국행정학보, 34(3).

_____(2002). BSC 기법을 활용한 정보화 수준평가에 관한 연구. 한국정책분석평가학회 하계학술대회 발표논문집.

이광희(2003). 지방정부 평가현황 및 개선방향. 한국정책분석평가학회 춘계학술대회 발표논문집. pp.95-107.

이기식(2002). 공무원 정보화교육의 문제점과 개선방안. 지역정보화, 19: 73-76.

이달곤(2001). 지방자치단체 평가이 논리와 방향. 자치행정, 159: 10-17.

이상섭·김규덕(1998). 자료포락분석(DEA)에 의한 지방정부 공공서비스의 상대적 효율성 측정: 쓰레기수거서비스를 중심으로. 한국지방자치학회보, 23.

이석재(2000). 공공부문 정보화성과관리 추진방안. 제2회 정보화평가 심포지엄 발표논문집.

이영균(1994). 공공영역의 생산성 측정 모형에 관한 소고. 한국행정학보, 28(3).

이윤식·오철호(1999). 국가정보화를 통한 정부생산성 제고방안에 관한 연구. 한국정책학회보, 8(1): 91-116.

이창원·차종화(2000). 노인복지회관의 조직효과성 평가에 관한 연구: 노인복지회관과 일반 노인복지회관의 비교분석을 중심으로. 한국정책학회보, 9(1): 215-241.

이창원·최창현·권해수(1998). 지방자치단체의 조직효과성 평가에 관한 연구: 계층분석절차 기법을 이용한 평가지표 개발 및 적용. 한국행정학보, 32(1): 129-145.

이혁주(1997). 지방자치시대에 있어 내무부 정원관리방식의 대안탐색. 한국행정학보, 31(3).

이혁주·박희봉(1996). 도시행정서비스의 생산특성과 비효율 분석. 한국행정학보, 30(4) : 121-137.

임동진·김상호(2000). DEA를 통한 지방정부의 생산성 측정: 인력·재정과 공공서비스의 관계를 중심으로. 한국행정학보, 34(4) : 217-234.

임석민(1996). 공공부문의 효율성에 관한 연구: DEA기법을 통한 상대적 효율성 측정. 한양대학교대학원 석사학위논문.

전병관(2002). 지방정부의 상대적 생산성 측정: DEA에 의한 기술, 배분, 규모 효율성을 중심으로. 지방정부연구, 6(2) : 23-44.

정명주·윤상오(2001). 정보화정책 평가지표의 개발: 정보화 수준평가 지표. 한국정책분석평가학회 하계학술대회 발표논문집.

정윤수(1995). 자료포락분석모형(Data Envelopment Analysis)을 이용한 효율성 연구: 미국의 의료교육병원을 중심으로. 한국정책분석평가학회보, 5(1) : 277-291.

_____(1999). 효율성 감사와 자료포락분석(DEA)모형, 감사논집, 4.

제갈돈·이환범·송건섭(2000). 정부 성과관리와 평가방법론에 관한 고찰. 정책분석평가학회보, 10(2).

조만형·이창기(1997). 정보시스템의 성공지표와 성공모형에 관한 실증적 연구: 지방자치단체를 중심으로. 한국행정학보, 31(1).

최길수(1999). 지방공기업에 있어서 TQM의 성공요인에 관한 연구. 한국행정연구, 8(2) : 183-202.

최문경(1990). DEA모형을 이용한 시중은행의 경영효율성분석에 관한 연구. 한양대 경제연구, 11(1) : 111-136.

최병남(1989). 지방자치와 행정정보시스템. 국토정보 다이제스트, 7(8).

최창수(2001). 지방자치단체 평가모형의 분석과 과제: 중앙정부의 광역자치단체 기관평가제도를 중심으로. 2001년 한국행정학회 하계학술대회 자료집.

최태성·김성호·김형기(1997). 비영리조직의 효율성평가를 위한 DEA의
활용: 대학연구효율성의 평가. 경영논집, 6(1): 37-58. 인천: 인하대
학교 경영연구소.

최홍석(1994). 조직에 있어서 컴퓨터 사용의 유형과 그의 결정요인에 관한
연구. 한국행정학보, 28(2).

한상연(1992). 21세기 지방행정업무의 효과적 수행을 위한 컴퓨터 정보시
스템 개발전략. 한국행정학보, 25(4).

한세억(2002). 공무원의 지식기반 정보화교육 발전방향. 지역정보화, 19:
67-72.

_____(1999). 요인분석을 활용한 종합점수화 기법. 정책분석평가학
회보, 9(1): 219-235.

홍한국(2000). 자료봉합분석과 기계학습을 이용한 효율성 평가에 관한 연
구: 시스템 통합 프로젝트와 생명보험사 사례. 한국과학기술원 박사
학위논문.

홍한국·하성호·박상찬(2000). SI프로젝트의 효율성 평가를 위해 자료포괄
분석과 기계학습을 결합한 하이브리드 분석. 경영정보학연구, 10(1).

〈기 타〉
금창호 외(2002). 「자치정보화조합 설립·운영방안」. 행정자치부

김광식·이성복(1991). 「광역지방정부사무의 전산화 가능성에 관한 연구:
서울시 고유업무를 중심으로」. 한국전산원.

문춘걸(1998). 「자료포락분석법 및 그 변형기법을 통한 공공부문의 생산성
측정: 한국중소도시의 생산성 분석」. 한국조세연구원. 정책보고서
98-02.

박세정(1992). 「행정의 능률성 제고를 위한 기본틀 구축」. 서울: 한국행정
　　　연구원.

손승태(1993). 「국내은행의 경영효율성 비교분석」. 한국개발연구원. 연구보
　　　고서 93-01.

손연기(2000.3). 「선진각국의 정보화교육 추진전략 및 우리나라 정보화교육
　　　의 방향」. 정보통신부 연구보고서.

오철호·정용관(2002). 「정보화를 통한 공공부문의 생산성 증대효과 추정
　　　모형 개발」. 서울: 한국전산원.

임수경 외(1999). 「정보화수준평가모형에 관한 연구」. 한국전산원.

자치정보화지원재단(2002). 「정보화공동추진을 위한 자치정보화조합설립의
　　　필요성」.

정보화평가위원회(2001). 2001년도 중앙행정기관 정보화수준평가 세부추진
　　　계획.

조성한·강정석(1998). 「중앙행정기관에 대한 국민고객만족도 조사」. 서울:
　　　한국행정연구원.

통신개발연구원(1989). 「국가정보화 측정지표 개발에 관한 연구」.

한국전산원(1997). 「시군구행정종합정보화 사업추진 기본계획(안)」1권.

행정자치부(2000). 「지역정보화 중복투자해소방안」.

　　　　　　　　　　(2001). 「2000년도 정보화계획업무 종합조정」.

　　　　　　　　　　(2002a). 「전자지방정부」구현을 위한 시도의원 및 정
　　　보화 관계관 워크샵.

　　　　　　　　　　(2002b). 「지역정보화 재원의 안정적 확보방안 연구」.

　　　　　　　　　　(2002. 10). 소프트웨어등록정보시스템 자료

216

_____(2002. 11). 「지방자치단체의 지역정보화촉진시기본계획 (2002~2006)」.

_____(2002. 12). 「지방자치단체의 2003년 지역정보화촉진 시행계획」.

행정자치부 · 경기도(2002. 7). 「지방행정정보화 연찬회 발표자료」. 제19회 지방행정정보화연찬회.

행정자치부 · 자치정보화지원재단(2000). 「지방자치단체 정보화수준측정을 위한 지표개발」.

_____(2001). 「2000 기초자치단체 정보화수준측정」.

_____(2002). 「2001 기초자치단체 정보화수준측정」.

⟨Books⟩

Accenture(2001). *Governments Closing Gap Between Political Rhetoric and e-Government Reality.*

Ali, A. I.(1994). Computational Aspects of DEA. in A. Charnes, W. Cooper, A. Y. Lewin, and L. M. Seiford(eds.). *Data Envelopment Analysis: Theory, Methodology and Applications,* Kluwer Academic Publishers, Boston.: 63-88.

Andersen, David F. & Sharon S. Dawes(1991). *Government Information Management.* Prentice Hall. Englewood Cliffs. New Jersey.

Barnard, C. (1938). *The Functions of the Executive.* Cambridge: Harvard University Press.

Brooke, A., D. Kendrick, & A. Meeraus.(1992). *GAMS: A User's Guide,*

Release 2.25, The Scientific Press, San Francisco, CA.

Burke, K(1935). *Performance and Change*. New Republic.

Byrnes, P., & V. Valdmannis(1994). Analyzing Technical and Allocative Efficiency of Hospitals. In *Data envelopment analysis: Theory, Methodology, and Applications*(A. Charnes, W. W. Cooper, A. Y. Lewin, and L. M. Seiford, Eds.), pp. 129-44. Kluwer Academic Publishers, Boston.

Cavas, R. E. & D. R. Barton(1990). *Efficiency in U.S. Manufacturing Industries*. The MIT Press. Cambridge, Mass.

Cohen, Steven and Ronald Brand. (1993). *Total Quality Management in Government: A Practical Guide for the Real World*. San Francisco, CA: Jossey-Bass Publishers.

Davenport, Thomas H. (1993). *Process Innovation: Reengineering Work through Information Technology*. Boston, Mass.: Harvard Business School Press.

DG Information Society(2001.10). *Summary Report: Web-based Survey on Electronic Public Services*. European Commission.

Epstein, Paul D.(1992). *Measuring the Performance of Public Service*. in Marc Holzer (ed.). Public Productivity Handbook. New York: Marcel Dekker. Inc.

Fourer, R., D. M. Gay, & B. W. Kernighan(1993). *AMPL: A Modeling Language for Mathematical Programming*, The Scientific Press, San Francisco, CA.

Ganley, J. A. & Cubbin, J. S.(1992). *Public Sector Efficiency Measurement: Applications of Data Envelopment Analysis*.

Amsterdam: North-Holland.

Gianakis, G. A. and McCue, C. P.(1997). *Local Government Capacity Building Through Performance Measurement* in Gargan, John J. (ed.) Handbook of Local Government Administration, New York: Marcel Dekkler Inc.

Greene, William H.(1993). The Econometric Approach to Efficiency Analysis. In Harold O. Fried, C. A. Knox Lovell & Shelton S. Schmidt(eds.). *The Measurement of Productive Efficiency: Techniques and Applications.* 68-116. New York: Oxford University Press.

Gujarati, Damodar N.(1995). *Basic Econometrics*, McGraw-Hill, Inc.

Hammer, M and James Champy. (1993). *Reengineering The Corporation: A Manifesto for Business Revolution.* New York: Linda Michael Literary Agency.

Hatry, Harry P. & Fisk, Donald M.(1992). Measuring Productivity in the Public Sector. in Marc Holzer.(ed.). *Public Productivity Handbook.* New York: Marcel Decker. Inc.

Hatry, Harry P. (1980). *Productivity and Motivation: A Review of State and Local Government Initiatives.* Washington, D.C.: An Urban Institute Press.

Heeks, R.(ed.)(2001). *Reinventing Government in the Information Age: International Practice in IT-enabled Public Sector Reform.* Routledge.

Johnson, Ronald W. & Arie Y. Lewin(1984). Management and Accountability Models of Public Sector Performance. in Trudi C.

Miller(ed.), *Public Sector Performance - A Conceptual Turning Point*. Baltimore: The Johns Hopkins University Press. pp. 224-250.

Kaplan, Robert S. & David P. Norton(1996). *The Balanced Scorecard: Translating Strategy into Action*, Boston: Harvard Business School.

Knight, F. H.(1933). *The Economic Organization*. Harper & Row, New York.

Koopmans, T. C.(1951) An Analysis of Production as an Efficient Combination of Activities. In *Activity Analysis of Production and Allocation*(T. C. Koopmans, Ed.), pp. 33-97. Wiley, New York.

Kraemer, Kenneth L. and Jason Dedrick. (1998). *Asia's computer challenge: threat or opportunity for the United States and the world?* New York: Oxford University Press.

Lovell, C. A. K.(1993). Production Frontiers and Productive Efficiency. In Harold O. Fried C. A., Knox Lovell & Shelton S. Schmidt(ed.), *The Measurement of Productive Efficiency: Techniques and Applications*, 3-67. New York: Oxford University Press.

Loveman, Garry W. (1988). "An Assessment of the Productivity Impact of Information Technologies." in Thomas J. Allen, Scott Morton, and S. Michael (eds.), *Information Technology and the Corporation of the 1990s: Research Studies*. Oxford University Press: 84-110.

Osborne, David and Peter Plastrik. (1998). 『정부개혁의 5가지 전략』, 최창현 역. 서울: 삼성경제연구소; *Banishing Bureaucracy: The Five*

Strategies for Reinventing Government. Reading, Mass.: Addison Wesley Pub. Co., 1997.

O'Neill, Deirdre.(1998). Effectiveness. Jay M. Shafritz(editor in chief), *International encyclopedia of Public Policy and Administration*, Vol.2. Boulder, CO: Westview Press.

Roach, Stephen S. (1987). Technology Dilemma: A Profile of the Information Economy. *Morgan Stanley Special Economic Study. (April)*.

Rogers, S.(1990). *Performance Measurement in Local Government.* Harlow, U.K.: Longman.

Satty, Thomas L.(1982). *Decision Making for Leader: The AHP for Decision in a Complex World.* CA: Wadsworth.

Schee, H.(2000). *EMS: Efficiency Measurement System User's Guide.*

Schinnar, A. P.(1980). Measuring production efficiency of public service provision. *Fels Discussion Papaer #143, SPUP,* University of Pennsylvania.

Sexton, T. R(1986). *The Methodology of Data Envelopment Analysis,* in Silkman, Richard H.(ed.) Measuring Efficiency: An Assessment of Data Envelopment Analysis. New Directions for Program Evaluation, No.32, San Francisco: Jossey-Bass

Sexton, T. R., R. H. Silkman. and A. J. Hogan.(1989). Data Envelopment Analysis: Critique and Extension. In *Measuring Efficiency: An Assessment of Data Envelopment Analysis*(R. H. Silkman, Ed.), pp.73-105. Jossey-Bass, San Francisco.

Thurow, Lester C. (1991). "Foreword," in Michael S. Scott Morton (ed.),

The Corporation of the 1990's: Information Technology and Organizational Transformation. New York: Oxford University Press.

West, Darrell M.(2001. 9). *State and Federal E-Government in the United States, 2001.* Brown University.

Wolf, C. W. (1991). 『시장과 정부: 불완전한 선택대안』, 전산경 역. 서울: 교문사; *Markets or Government: Choosing between Imperfect Alternatives.*

〈Articles〉

Ammons, D. N.(2002). Performance Measurement and Managerial Thinking. *Public Performance & Management Review* 25(3): 344-347.

Athanassopoulos, A. D. (1995). Performance Improvement Decision Aid Systems(PIDAS) in Retailing Organizations Using Data Envelopment Analysis. *Journal of Productivity Analysis* Vol.6, No.2, pp.153-70.

Athanassopoulos, A. D., C. Gounaris, and A. Sissouras.(1999). A Descriptive Assessment of the Production and Cost Efficiency of General Hospitals in Greece. *Health Care Management Science* Vol.2, No.2, pp.97-106.

Banker, R. D., A. Charnes, & W. W. Cooper(1984). Some Models for Estimating Technical and Scale Inefficiencies in Data Envelopment Analysis. *Management Science*, Vol.30, No.9, pp. 1078-1092.

Bauer, P. W(1990). Recent Developments in the Econometric Estimation of

Frontiers. *Journal of Econometrics*, 46: 39-56.

Bergsman, J(1974). Commercial Policy, Allocative Efficiency, and 'X-efficiency'. *Quarterly Journal of Economics*, 88(3): 409-433.

Bloch, H(1974). Prices, Costs, and Profits in Canadian Manufacturing: The Influence of Tariffs and Concentration. *Canadian Journal of Economics*, 7(4): 594-610.

Bouckaert, G. and Peters, B. G.(2002). Performance Measurement and Management—The Achilles' Heel in Administrative Modernization. *Public Performance & Management Review*. 25(3): 359-362.

Bowlin, W.(1986). Evaluating Performance in Government Organizations. *The Government Accounts' Journal*, 35: 50-57.

Bowlin, W.(1987). Evaluating the Efficiency of U.S. Air Force Real-Property Maintenance Activities. *Journal of the Operational Research Society*, 38: 127-135.

Bradford, D.F., Malt, R.A., and Oates, W. E.(1969). The Rising Cost of Local Public Services: Some Evidence and Reflections. *National Tax Journal*, 22: 185-202.

Brynjolfsson, Eric and Lorin Hitt. (1993). Is Information Systems Spending Productive? New Evidence and New Results. *Sloan School of Management*, MIT. Working Paper #3571-93.

Brynjolfsson, Eric. (1993). The Productivity Paradox of Information Technology: Review and Assessment. *Communications of ACM*. 35(12): 66-77.

Busoussofiane, A. R. Dyson and E Thanassoulis(1991). Applied Data Envelopment Analysis. *European Journal of Operational Research*,

52:1-15.

Button, Kenneth J. and Thomas G. Weyman-Jones(1994). X-efficiency and technical efficiency. *Public Choice*, 80: 83-104.

Carlsson, B(1972). The Measurement of Efficiency in Production: An Applications to Swedish Manufacturing Industries, 1968. *Swedish Journal of Economics*, 74(4): 468-485.

Charnes, A., W. W. Cooper, B. Golany, L. Seiford and J. Stutz(1985). Foundations of Data Envelopment Analysis for Pareto-Koopmans Efficient Empirical Production Functions. *Journal of Econometrics*, Vol. 30, No. 1/2, pp.91-107.

Charnes, A., W.W.Cooper and E.Rhodes.(1978). Measuring the Efficiency of Decision Making Units, *European Journal of Operational Research*, 2.

Costis Toregas.(1988). People, Services and Technology, State Government News, *Council of State Governments* 31(10): 8-9.

Debreu, G.(1951). The Coefficient of Resource Utilization. *Econometrica*, Vol. 19, pp. 273-292.

Dolye, J. R., and R. H. Green(1991). Comparing Products using Data Envelopment Analysis. *Omega* Vol.19, No.6, pp.631-638.

Emrouzejad, A(2000). A SAS Application for Measuring and Productivity of Decision Making Units. SUGI27 Proceedings, Cary, NC: SAS Institute Inc.

Emrouzejad, A(2000). An Extension to SAS/OR for Decision Support System, SUGI27 Proceedings, Cary, NC: SAS Institute Inc.

Farrell, M.(1957). The Measurement of Productive Efficiency. *Journal of*

224

the *Royal Statistical Society*, 120A.

Gibson, C. F. & Nolan, R. L.(1974). Managing the Four Stages of EDP Growth, *Harvard Business Review*, Jan/Feb.

Gleckman, Howard. (1993). The Technology Payoff. *Business Week. (Special Report)*, (June 14): 56-68.

Grizzle, G. A.(2002). Performance Measurement and Dysfunction ― The Dark Side of Quantifying Work. *Public Performance & Management Review*, 25(3): 363-369.

Ives. Blake. (1994). Editor comments: Probing the Productivity Paradox. *MIS Quarterly*. 18(2): xxi-xxiv.

Kopp, R. J., & W. E. Diewert(1982). The Decomposition of Frontier Cost Function Deviations into Measures of Technical and Allocative Efficiency. *Journal of Econometries*, Vol. 19, No. 2/3, pp.319-332.

Kopp, R. J., V. K. Smith, & W. J. Vaughan(1982). Stochastic Cost Frontiers and Perceive Technical Inefficiency. In *Advances in Applied Micro-economics*(V. K. Smith, Ed.), Vol. 2. JAI Press, Greenwich, Conn.

Laudon, Kenneth C. and Kenneth L. Marr. (1994). Productivity and the exactment of a macro culture. *Proceedings of the 15th International Conference on Information Systems*, Vancouver, Canada: 243-261.

Leibenstein, Harvey(1966). Allocative Efficiency vs. X-efficiency. *American Economic Review*, 56.

Lewin, A. Y., R. C. Morey, and T. J. Cook.(1982). Evaluating the Administrative Efficiency of Courts, *Omega* Vol.10, No.4, pp.401-411.

Nunamker, T.(1985). Using Data Envelopment Analysis to Measure the Efficiency of Non-Profit Organizations: A Critical Evaluation. *Managerial and Decision Economics*, 6: 50-58.

Olesen, O. B. & N.C. Petersen(1996). A Presentation of GAMS for DEA. *Computers and Operations Research*, 23(4).

Quaterman, John S. & Josiah C. Hoskins(1986). Notable computer networks. *Communications of the ACM*, 29(10): 932-971.

Quinn, Robert E.(1978). Productivity and the Process of Organizational Improvement: Why we cannot talk to each other. *Public Administration Review*, 38(1): 41-45.

R.Banker, A.Charnes, W.W.Cooper, J.Swarts & D.A.Thomas(1989). An Introduction to data envelopment analysis with some of its models and their uses? *Research in Governmental and Nonprofit Accounting*, 5.

Sanderson, I.(1998). Beyond Performance Measurement? Assessing 'Value' in Local Government. *Local Government Studies* 24(4): 1-25.

Schefczyk, M.(1993). Operational Performance of Airlines: An Extension of Traditional Measurement Paradigms. *Strategic Management Journal*. Vol.14, No.4, pp.301-317.

Seiford, L. M.(1996). *A Bibliography of Data Envelopment Analysis*. University of Massachusetts. Department of Engineering.

Sengupta, J. K.(1989). Transformation in Stochastic DEA Models. *Journal of Econometrics*, 46: 1019-123.

Smith, P. and Mayston, D.(1987). Measuring Efficiency in the Public

Sector. Omega: *The International Journal of Management Science*, 15: 181-189.

Solow, R. M(1987). "W'd better watch out", New York Times Book Review, July, 12. p.36.

Stigler, G. J.(1976). The Existence of X-Efficiency. *American Economic Review*, 66(1): 213-216.

Stipak, Brian.(1979). Citizen Satisfaction With Urban Services: Potential Misuse as a Performance Indicator. *Public Administration Review*, (Jan/Feb). 46-52.

Takayama, A.(1985). *Mathematical Economics*, 2nd Edition. Cambridge University Press, Cambridge, England.

Thanassoulis, E.(1995). Assessing Police Forces in England and Wales using Data Envelopment Analysis. *European Journal of Operational Research* Vol.87, No.3, pp. 641-657.

Thanassoulis, E., and R. G. Dyson.(1992). Estimating Preferred Target Input-Output Levels Using Data Envelopment Analysis. *European Journal of Operational Research*, 56(1): 80-97.

Thompson, R. G., F. D. Singleton, Jr., R. M. Thrall, and B. A. Smith.(1986). Comparative Site Evaluation for Locating a High-Energy Physics Lab in Texas, *Interfaces* Vol.16, No.6, pp.35-49.

Tofallis, C.(1997). Input Efficiency Profiling: An Applications to Airlines. *Computers & Operations Research* Vol.24, No.3, pp.253-258.

Van Thiel, S. and Leeuw, F. L.(2002). The Performance Paradox in the Public Sector. *Public Performance & Management Review*. 25(3):

267-281.

Weadock, W. E. (1994). *Exploring Computer Myth*. NY: Oliver Wright Publications.

Zhun, J.(1996). Multidimensional Quality-of-life Measure with an Application to Fortune's Best Cities. *Socio-Economic Planning Science* Vol.35, pp.263-284.

林克己(2002). 日本の地方公共團體の情報化現況び推進組織: 行政・地域の情報化ガと電子自治體の構築た向. 지식정보화 국가전략 국제포럼 발표논문집.

〈Web Site〉

http://my.netian.com/~correla

http://www.banxia.co.uk/~banxia

http://www.ideas2000.com

http://www.lindo.com

http://www.une.edu.au/econometrics/deap.htm

http://www.warwick.ac.uk/~bslu

http://www.wiso.uni-dortmund.de/lsfg/or/scheel/ems

〈附　錄〉

〈부록 1〉 BCC 모형에 의한 효율성 결과

#	DMU	효율성	준거집단(가중치)					
1	수 원 시	1.000						
2	성 남 시	1.000						
3	의정부시	0.553	14 (0.118)	23 (0.178)	31 (0.443)	63 (0.149)	70 (0.112)	
4	안 양 시	0.610	7 (0.253)	12 (0.224)	14 (0.345)	20 (0.093)	23 (0.066)	63 (0.019)
5	부 천 시	0.464	7 (0.175)	12 (0.183)	20 (0.180)	23 (0.455)	63 (0.007)	
6	광 명 시	0.521	14 (0.011)	20 (0.164)	23 (0.067)	31 (0.358)	63 (0.011)	70 (0.389)
7	평 택 시	1.000						
8	동두천시	0.500	25 (0.284)	31 (0.212)	45 (0.002)	59 (0.237)	63 (0.010)	70 (0.255)
9	안 산 시	0.344	12 (0.212)	23 (0.189)	31 (0.420)	63 (0.051)	70 (0.128)	
10	고 양 시	1.000						
11	과 천 시	0.262	23 (0.010)	31 (0.485)	45 (0.011)	63 (0.015)	70 (0.479)	
12	구 리 시	1.000						
13	남양주시	1.000						
14	오 산 시	1.000						
15	시 흥 시	0.426	13 (0.122)	18 (0.176)	31 (0.653)	63 (0.050)		
16	군 포 시	0.727	14 (0.518)	20 (0.406)	23 (0.005)	63 (0.027)	70 (0.045)	
17	의 왕 시	0.649	14 (0.154)	20 (0.174)	23 (0.145)	31 (0.527)		
18	하 남 시	1.000						
19	용 인 시	0.441	12 (0.671)	20 (0.307)	63 (0.022)			
20	파 주 시	1.000						
21	이 천 시	0.409	23 (0.047)	31 (0.447)	70 (0.506)			
22	안 성 시	0.917	13 (0.507)	18 (0.074)	31 (0.268)	59 (0.152)		
23	김 포 시	1.000						
24	화 성 시	0.970	7 (0.482)	14 (0.145)	23 (0.362)	63 (0.010)		
25	광 주 시	1.000						
26	춘 천 시	0.251	12 (0.027)	31 (0.023)	59 (0.134)	63 (0.019)	70 (0.797)	
27	원 주 시	0.425	12 (0.353)	31 (0.623)	63 (0.011)	70 (0.012)		
28	강 릉 시	0.309	12 (0.090)	31 (0.823)	63 (0.037)	70 (0.050)		
29	동 해 시	0.508	31 (0.866)	59 (0.106)	63 (0.027)			
30	태 백 시	0.904	14 (0.139)	23 (0.056)	31 (0.805)			
31	속 초 시	1.000						
32	삼 척 시	0.631	31 (0.471)	59 (0.145)	63 (0.028)	70 (0.355)		
33	청 주 시	1.000						
34	충 주 시	0.857	7 (0.057)	10 (0.019)	12 (0.097)	46 (0.818)	63 (0.009)	
35	제 천 시	0.902	59 (0.067)	63 (0.327)	70 (0.606)			
36	천 안 시	0.752	14 (0.087)	18 (0.372)	63 (0.036)	70 (0.505)		
37	공 주 시	0.588	31 (0.358)	59 (0.048)	63 (0.012)	70 (0.582)		

#	DMU	효율성	준거집단(가중치)					
38	보 령 시	0.820	31 (0.293)	68 (0.707)				
39	아 산 시	0.556	25 (0.093)	31 (0.422)	59 (0.286)	63 (0.010)	68 (0.189)	
40	서 산 시	0.909	31 (0.274)	59 (0.096)	70 (0.630)			
41	논 산 시	0.887	31 (0.505)	63 (0.015)	68 (0.479)			
42	전 주 시	0.230	12 (0.025)	20 (0.012)	23 (0.793)	63 (0.019)	70 (0.150)	
43	군 산 시	0.494	25 (0.034)	31 (0.478)	45 (0.047)	59 (0.206)	70 (0.235)	
44	익 산 시	1.000						
45	정 읍 시	1.000						
46	남 원 시	1.000						
47	김 제 시	0.550	14 (0.098)	20 (0.034)	23 (0.078)	31 (0.011)	70 (0.779)	
48	목 포 시	0.864	14 (0.525)	23 (0.162)	31 (0.255)	63 (0.059)		
49	여 수 시	0.309	13 (0.107)	14 (0.041)	18 (0.174)	31 (0.153)	63 (0.066)	70 (0.459)
50	순 천 시	0.567	1 (0.027)	10 (0.015)	46 (0.958)			
51	나 주 시	0.351	14 (0.026)	23 (0.028)	31 (0.418)	63 (0.006)	70 (0.521)	
52	광 양 시	0.424	23 (0.210)	31 (0.489)	63 (0.034)	70 (0.268)		
53	포 항 시	0.524	25 (0.175)	31 (0.174)	63 (0.402)	68 (0.249)		
54	경 주 시	0.390	12 (0.299)	13 (0.005)	25 (0.059)	31 (0.459)	63 (0.008)	70 (0.170)
55	김 천 시	0.409	31 (0.518)	59 (0.234)	68 (0.248)			
56	안 동 시	0.858	12 (0.314)	20 (0.548)	63 (0.003)	70 (0.134)		
57	구 미 시	0.820	7 (0.456)	33 (0.111)	44 (0.429)	46 (0.004)		
58	영 주 시	0.803	12 (0.124)	13 (0.010)	25 (0.000)	31 (0.591)	46 (0.275)	
59	영 천 시	1.000						
60	상 주 시	0.732	13 (0.016)	18 (0.173)	31 (0.628)	59 (0.182)		
61	문 경 시	0.913	31 (0.155)	63 (0.009)	70 (0.836)			
62	경 산 시	0.561	25 (0.048)	31 (0.143)	45 (0.023)	59 (0.451)	70 (0.334)	
63	창 원 시	1.000						
64	마 산 시	0.379	14 (0.046)	20 (0.063)	31 (0.886)	63 (0.006)		
65	진 주 시	0.647	14 (0.124)	20 (0.501)	31 (0.330)	63 (0.044)		
66	진 해 시	0.861	25 (0.055)	31 (0.722)	63 (0.014)	68 (0.209)		
67	통 영 시	0.906	23 (0.026)	25 (0.087)	31 (0.515)	45 (0.045)	63 (0.139)	70 (0.187)
68	사 천 시	1.000						
69	김 해 시	0.641	20 (0.017)	25 (0.902)	63 (0.081)			
70	밀 양 시	1.000						
71	거 제 시	0.739	31 (0.232)	63 (0.020)	68 (0.749)			
72	양 산 시	0.736	25 (0.116)	31 (0.496)	63 (0.016)	68 (0.373)		
73	제 주 시	0.322	14 (0.211)	20 (0.128)	23 (0.060)	31 (0.310)	63 (0.110)	70 (0.182)
74	서귀포시	0.686	31 (0.692)	68 (0.308)				
	평 균	0.714						
	표준편차	0.2524						

#	DMU	효율성	준거집단(가중치)
1	기 장 군	1.000	
2	달 성 군	0.497	65 (0.017) 67 (0.674) 69 (0.190) 78 (0.109) 89 (0.010)
3	강 화 군	1.000	
4	옹 진 군	0.838	3 (0.445) 9 (0.028) 55 (0.200) 65 (0.327)
5	울 주 군	0.954	9 (0.165) 67 (0.480) 78 (0.330) 89 (0.026)
6	양 주 군	0.602	3 (0.410) 9 (0.101) 32 (0.230) 55 (0.028) 65 (0.020) 66 (0.211)
7	여 주 군	0.894	3 (0.129) 9 (0.534) 32 (0.003) 55 (0.039) 65 (0.258) 66 (0.038)
8	연 천 군	0.548	1 (0.267) 3 (0.530) 9 (0.044) 32 (0.078) 67 (0.082)
9	포 천 군	1.000	39.000
10	가 평 군	0.643	3 (0.298) 9 (0.183) 65 (0.429) 66 (0.090)
11	양 평 군	0.713	1 (0.060) 9 (0.511) 65 (0.077) 67 (0.242) 69 (0.036) 86 (0.061) 89 (0.013)
12	홍 천 군	0.528	1 (0.656) 32 (0.250) 67 (0.094)
13	횡 성 군	0.662	23 (0.016) 32 (0.457) 55 (0.467) 89 (0.060)
14	영 월 군	0.824	55 (0.362) 65 (0.212) 67 (0.298) 78 (0.122) 89 (0.004)
15	평 창 군	1.000	
16	정 선 군	0.894	9 (0.035) 65 (0.262) 67 (0.319) 69 (0.136) 78 (0.247)
17	철 원 군	0.676	1 (0.815) 9 (0.040) 23 (0.010) 65 (0.135)
18	화 천 군	0.892	55 (0.157) 60 (0.040) 65 (0.406) 66 (0.229) 86 (0.152) 89 (0.015)
19	양 구 군	0.778	1 (0.631) 32 (0.258) 88 (0.111)
20	인 제 군	1.000	
21	고 성 군	0.733	23 (0.028) 32 (0.029) 55 (0.433) 65 (0.510)
22	양 양 군	0.690	23 (0.003) 55 (0.021) 60 (0.034) 65 (0.941) 89 (0.001)
23	청 원 군	1.000	
24	보 은 군	0.720	32 (0.635) 55 (0.027) 78 (0.057) 88 (0.022) 89 (0.259)
25	옥 천 군	0.573	3 (0.151) 23 (0.170) 32 (0.679)
26	영 동 군	0.870	23 (0.563) 67 (0.373) 89 (0.064)
27	진 천 군	0.829	32 (0.410) 67 (0.536) 78 (0.010) 89 (0.045)
28	괴 산 군	0.858	23 (0.718) 67 (0.097) 89 (0.185)
29	음 성 군	0.696	9 (0.155) 67 (0.388) 78 (0.039) 89 (0.418)
30	단 양 군	0.467	3 (0.181) 9 (0.043) 32 (0.528) 33 (0.072) 67 (0.162) 89 (0.014)
31	금 산 군	0.516	3 (0.038) 32 (0.237) 65 (0.066) 67 (0.659)
32	연 기 군	1.000	
33	부 여 군	1.000	
34	서 천 군	0.838	32 (0.004) 65 (0.036) 67 (0.488) 78 (0.470) 89 (0.003)
35	청 양 군	0.644	3 (0.188) 32 (0.162) 67 (0.650)
36	홍 성 군	0.772	55 (0.097) 78 (0.822) 89 (0.081)
37	예 산 군	0.712	32 (0.142) 65 (0.519) 67 (0.158) 78 (0.166) 89 (0.014)
38	태 안 군	0.687	32 (0.012) 65 (0.543) 67 (0.262) 78 (0.167) 89 (0.016)

#	DMU	효율성	준거집단(가중치)					
39	당 진 군	0.706	1 (0.240)	9 (0.034)	32 (0.053)	69 (0.579)	89 (0.094)	
40	완 주 군	0.586	3 (0.046)	9 (0.024)	65 (0.570)	67 (0.242)	86 (0.044)	89 (0.074)
41	진 안 군	0.823	9 (0.053)	65 (0.540)	67 (0.226)	78 (0.181)		
42	무 주 군	0.767	3 (0.230)	65 (0.570)	67 (0.200)			
43	장 수 군	0.955	1 (0.336)	3 (0.302)	9 (0.009)	65 (0.354)		
44	임 실 군	0.541	1 (0.516)	32 (0.054)	65 (0.405)	67 (0.025)		
45	순 창 군	0.754	3 (0.452)	32 (0.035)	67 (0.513)			
46	고 창 군	0.749	32 (0.303)	65 (0.295)	67 (0.379)	78 (0.023)		
47	부 안 군	1.000						
48	담 양 군	0.677	1 (0.258)	3 (0.173)	9 (0.082)	23 (0.215)	32 (0.217)	65 (0.055)
49	곡 성 군	0.531	1 (0.869)	9 (0.126)	88 (0.005)			
50	구 례 군	0.606	9 (0.054)	55 (0.024)	65 (0.487)	69 (0.380)	78 (0.017)	86 (0.039)
51	고 흥 군	0.282	1 (0.034)	3 (0.060)	32 (0.456)	67 (0.438)	89 (0.012)	
52	보 성 군	0.866	9 (0.079)	55 (0.156)	60 (0.524)	86 (0.048)	89 (0.192)	
53	화 순 군	0.521	9 (0.059)	32 (0.367)	65 (0.041)	67 (0.513)	78 (0.020)	
54	장 흥 군	0.684	3 (0.051)	9 (0.010)	32 (0.223)	55 (0.169)	65 (0.493)	66 (0.053)
55	강 진 군	1.000						
56	해 남 군	0.470	9 (0.018)	32 (0.707)	67 (0.236)	89 (0.039)		
57	영 암 군	0.622	3 (0.418)	9 (0.104)	32 (0.228)	67 (0.199)	78 (0.052)	
58	무 안 군	0.581	3 (0.463)	9 (0.049)	33 (0.312)	67 (0.124)	89 (0.053)	
59	함 평 군	0.983	1 (0.830)	9 (0.109)	88 (0.061)			
60	영 광 군	1.000						
61	장 성 군	0.897	3 (0.219)	9 (0.031)	55 (0.104)	65 (0.305)	66 (0.071)	89 (0.269)
62	완 도 군	1.000						
63	진 도 군	0.839	9 (0.002)	67 (0.487)	78 (0.509)	89 (0.002)		
64	신 안 군	0.462	1 (0.002) 9 (0.100) 65 (0.047) 67 (0.504) 69 (0.104) 86 (0.234) 89 (0.010)					
65	군 위 군	1.000						
66	의 성 군	1.000						
67	청 송 군	1.000						
68	영 양 군	0.938	65 (0.383)	67 (0.228)	69 (0.152)	89 (0.237)		
69	영 덕 군	1.000						
70	청 도 군	0.513	1 (0.796)	9 (0.003)	32 (0.018)	67 (0.182)		
71	고 령 군	0.725	9 (0.098)	33 (0.057)	67 (0.701)	89 (0.144)		
72	성 주 군	0.577	1 (0.203)	9 (0.138)	32 (0.139)	65 (0.130)	67 (0.391)	
73	칠 곡 군	0.711	1 (0.643)	9 (0.163)	32 (0.064)	88 (0.131)		
74	예 천 군	0.714	3 (0.320)	23 (0.006)	65 (0.656)	66 (0.018)		
75	봉 화 군	0.734	1 (0.575)	9 (0.076)	32 (0.042)	65 (0.080)	67 (0.210)	69 (0.018)

#	DMU	효율성	준거집단(가중치)					
76	울 진 군	0.540	3 (0.606)	66 (0.122)	67 (0.269)	89 (0.003)		
77	울 릉 군	0.714	3 (0.091)	65 (0.809)	67 (0.100)			
78	의 령 군	1.000						
79	함 안 군	0.679	1 (0.620)	9 (0.145)	67 (0.235)			
80	창 녕 군	0.945	9 (0.029)	23 (0.367)	32 (0.415)	89 (0.188)		
81	고 성 군	0.633	1 (0.131)	9 (0.076)	32 (0.309)	65 (0.458)	88 (0.001)	89 (0.026)
82	남 해 군	0.619	32 (0.507)	55 (0.150)	65 (0.015)	66 (0.185)	78 (0.105)	89 (0.038)
83	하 동 군	0.867	1 (0.171)	3 (0.121)	9 (0.317)	66 (0.086)	86 (0.305)	
84	산 청 군	0.866	3 (0.522)	32 (0.144)	33 (0.205)	67 (0.068)	89 (0.061)	
85	함 양 군	0.561	1 (0.802)	9 (0.123)	23 (0.045)	65 (0.030)		
86	거 창 군	1.000						
87	합 천 군	0.643	1 (0.076)	9 (0.006)	32 (0.407)	65 (0.005)	67 (0.371)	69 (0.135)
88	북 제 주 군	1.000						
89	남 제 주 군	1.000						
	평 균	0.769						
	표 준 편 차	0.1802						

#	DMU	효율성	준거집단(가중치)					
1	종 로 구	0.689	2 (0.014)	4 (0.128)	12 (0.206)	13 (0.558)	28 (0.094)	
2	(서)중구	1.000						
3	용 산 구	0.637	13 (0.245)	39 (0.150)	48 (0.042)	50 (0.020)	54 (0.543)	
4	성 동 구	1.000						
5	광 진 구	0.759	13 (0.092) 16 (0.624) 37 (0.057) 39 (0.027) 54 (0.064) 61 (0.136)					
6	동 대 문 구	1.000						
7	중 랑 구	0.875	6 (0.279)	9 (0.459)	12 (0.220)	61 (0.042)		
8	성 북 구	1.000						
9	강 북 구	1.000						
10	도 봉 구	1.000						
11	노 원 구	0.974	2 (0.001)	6 (0.824)	25 (0.019)	27 (0.105)	37 (0.003)	61 (0.048)
12	은 평 구	1.000						
13	서 대 문 구	1.000						
14	마 포 구	0.913	13 (0.339)	16 (0.293)	50 (0.071)	54 (0.297)		
15	양 천 구	0.627	2 (0.009)	13 (0.120)	16 (0.242)	25 (0.183)	37 (0.423)	61 (0.022)
16	강 서 구	1.000						
17	구 로 구	0.810	6 (0.353)	9 (0.072)	12 (0.560)	13 (0.015)		
18	금 천 구	1.000						
19	영 등 포 구	1.000						
20	동 작 구	0.760	2 (0.013)	6 (0.464)	16 (0.287)	24 (0.074)	37 (0.162)	
21	관 악 구	0.827	13 (0.715)	16 (0.043)	61 (0.242)			
22	서 초 구	1.000						
23	강 남 구	1.000						
24	송 파 구	1.000						
25	강 동 구	1.000						
26	(부)중구	0.756	28 (0.779)	39 (0.196)	61 (0.025)			
27	(부)서구	1.000						
28	(부)동구	1.000						
29	영 도 구	0.972	28 (0.208)	39 (0.792)				
30	부 산 진 구	1.000						
31	동 래 구	0.805	2 (0.005)	28 (0.105)	37 (0.147)	39 (0.743)		
32	(부)남구	0.682	2 (0.003)	28 (0.012)	37 (0.967)	39 (0.008)	61 (0.009)	
33	(부)북구	0.833	30 (0.038)	39 (0.594)	54 (0.368)			
34	해 운 대 구	0.766	2 (0.006)	37 (0.077)	39 (0.893)	61 (0.024)		
35	사 하 구	0.760	28 (0.029)	39 (0.841)	54 (0.105)	61 (0.025)		
36	금 정 구	0.846	39 (0.790)	54 (0.200)	61 (0.010)			

#	DMU	효율성	준거집단(가중치)
37	(부)강서구	1.000	
38	연 제 구	0.714	2 (0.012) 37 (0.524) 39 (0.463)
39	수 영 구	1.000	
40	사 상 구	0.886	28 (0.522) 39 (0.377) 54 (0.101)
41	(대)중구	0.826	6 (0.286) 28 (0.564) 37 (0.025) 51 (0.124)
42	(대)동구	0.492	13 (0.462) 28 (0.421) 54 (0.073) 61 (0.044)
43	(대)서구	0.636	28 (0.135) 37 (0.787) 39 (0.075) 61 (0.004)
44	(대)남구	0.709	13 (0.251) 28 (0.386) 39 (0.266) 54 (0.097)
45	(대)북구	0.660	2 (0.001) 4 (0.007) 12 (0.030) 37 (0.908) 61 (0.054)
46	수 성 구	0.392	13 (0.117) 28 (0.318) 37 (0.204) 54 (0.361)
47	달 서 구	0.487	2 (0.003) 13 (0.556) 28 (0.441)
48	(인)중구	1.000	
49	(인)동구	0.889	4 (0.000) 6 (0.063) 13 (0.147) 39 (0.388) 48 (0.074) 51 (0.328)
50	(인)남구	1.000	
51	연 수 구	1.000	
52	남 동 구	0.678	13 (0.135) 16 (0.446) 54 (0.419)
53	부 평 구	0.497	13 (0.515) 16 (0.094) 54 (0.391)
54	계 양 구	1.000	
55	(광)서구	1.000	
56	(광)동구	0.989	13 (0.321) 28 (0.285) 37 (0.059) 54 (0.321) 61 (0.013)
57	(광)서구	0.513	13 (0.455) 28 (0.094) 37 (0.023) 54 (0.298) 61 (0.130)
58	(광)남구	0.589	12 (0.060) 13 (0.393) 28 (0.349) 37 (0.027) 50 (0.049) 51 (0.123)
59	(광)북구	0.506	13 (0.727) 28 (0.270) 61 (0.002)
60	광 산 구	0.993	2 (0.015) 25 (0.135) 27 (0.579) 37 (0.019) 61 (0.251)
61	(대전)동구	1.000	
62	(대전)중구	0.869	6 (0.454) 39 (0.162) 48 (0.298) 51 (0.085)
63	(대전)서구	0.518	16 (0.325) 18 (0.070) 30 (0.083) 37 (0.022) 39 (0.451) 54 (0.015) 61 (0.033)
64	유 성 구	0.927	13 (0.060) 16 (0.210) 39 (0.006) 48 (0.347) 54 (0.377)
65	대 덕 구	0.853	2 (0.022) 13 (0.078) 30 (0.016) 37 (0.088) 54 (0.455) 61 (0.342)
66	(울)중구	0.909	13 (0.413) 28 (0.155) 39 (0.321) 50 (0.080) 51 (0.031)
67	(울)남구	0.642	13 (0.242) 16 (0.025) 30 (0.222) 54 (0.497) 61 (0.014)
68	(울)동구	0.884	12 (0.249) 13 (0.060) 28 (0.129) 69 (0.562)
69	(울)북구	1.000	

〈부록 2〉 비효율적 DMU들의 최적화 모형
- 시(CCR) -

DMU	정보화예산	정보화인력	정보화교육	내부정보화	전자결재	전자민원	주민교육
1	3957185.59	17.61	12660.84	393.72	24751.62	2682.94	18116.39
	53%	26%	53%	232%	100%	100%	100%
2	3053225.20	12.99	7457.54	236.04	16407.97	601.46	41907.41
	46%	59%	34%	100%	100%	100%	100%
3	2212558.40	9.03	3927.41	187.08	10791.50	303.83	25668.87
	42%	48%	36%	100%	134%	100%	100%
4	2474641.77	9.61	5772.70	220.11	21193.47	413.16	5292.17
	25%	40%	40%	100%	100%	100%	100%
5	2463319.15	10.91	13727.39	188.20	32321.23	362.58	4434.38
	29%	40%	40%	100%	100%	100%	102%
6	1509598.36	7.45	4038.39	164.21	13451.32	316.77	4568.02
	50%	50%	50%	100%	100%	100%	101%
7	3217149.03	14.97	11421.39	283.84	39230.07	293.28	5560.28
	62%	62%	62%	100%	100%	100%	99%
8	1056195.22	5.74	2539.68	124.09	9743.92	209.53	3418.27
	44%	44%	44%	100%	100%	757%	101%
9	1977649.95	7.24	4361.22	170.94	12028.15	605.73	10702.24
	29%	31%	11%	100%	118%	100%	101%
11	1159445.38	6.30	2062.11	167.13	4118.14	361.12	5544.29
	26%	26%	2%	100%	100%	461%	101%
15	1224939.95	8.70	1828.51	129.99	7369.82	239.90	10494.05
	36%	36%	36%	100%	100%	100%	100%
16	1803876.45	12.18	4377.19	199.93	23129.94	458.57	5097.54
	64%	64%	64%	100%	100%	2808%	100%
17	1322063.00	8.98	5248.30	188.99	13658.35	495.37	2960.27
	60%	60%	51%	100%	100%	559%	162%
19	1760909.58	8.38	7499.07	119.05	25844.84	373.24	4280.15
	23%	42%	42%	100%	100%	100%	100%
21	1200803.07	6.07	2338.50	166.98	5160.84	306.67	3341.40
	40%	40%	26%	100%	100%	236%	103%
22	1273539.23	9.73	1997.48	112.93	17847.09	166.39	1779.94
	80%	65%	80%	100%	100%	349%	153%
24	2816390.98	11.51	17653.97	244.86	30145.13	159.02	5964.89
	61%	64%	52%	100%	100%	100%	99%

DMU	정보화예산	정보화인력	정보화교육	내부정보화	전자결재	전자민원	주민교육
26	1324471.71	4.86	1797.53	132.95	6859.29	92.27	5549.84
	10%	23%	23%	100%	131%	100%	99%
27	1550074.25	6.80	4209.69	169.07	9120.20	879.37	4233.73
	38%	43%	43%	100%	#DIV/0!	100%	100%
28	1842696.51	7.40	4258.26	179.08	10686.84	703.88	8797.94
	26%	31%	31%	100%	#DIV/0!	100%	101%
29	581285.61	4.67	1349.94	109.00	456.27	399.49	7078.87
	33%	33%	28%	100%	#DIV/0!	336%	100%
30	1387405.01	6.98	2055.94	196.04	5215.70	361.59	3913.70
	78%	78%	48%	100%	253%	276%	389%
32	1039461.60	5.85	1776.41	148.94	3273.75	348.13	7121.67
	59%	59%	13%	100%	164%	328%	100%
33	2229220.97	12.64	7764.52	276.89	10985.41	1145.80	19576.30
	31%	31%	31%	100%	100%	100%	100%
34	2161115.68	7.34	7266.59	161.92	16819.60	1443.14	5019.94
	22%	52%	39%	105%	125%	100%	99%
35	2180500.96	10.62	4426.72	143.93	8212.11	277.41	52356.41
	58%	88%	19%	100%	161%	566%	100%
36	1258493.12	8.08	1247.43	130.96	4308.58	56.40	7865.81
	27%	62%	62%	100%	100%	141%	99%
37	1172051.34	5.74	1751.97	156.12	4543.10	272.86	4951.77
	57%	57%	33%	100%	108%	1342%	101%
38	645960.29	4.58	1925.09	89.94	7778.38	239.06	1353.65
	55%	42%	16%	100%	100%	215%	106%
39	575793.84	4.01	1902.15	81.89	4961.44	234.97	3550.13
	33%	33%	33%	100%	100%	691%	98%
40	1136222.93	5.16	1571.23	146.98	4805.90	210.20	3009.06
	86%	86%	40%	100%	#DIV/0!	21020%	123%
41	870308.59	6.71	2312.28	147.90	5444.19	484.36	5533.72
	81%	56%	28%	100%	100%	757%	99%
42	2197584.33	9.46	15736.93	182.18	25768.41	63.20	6961.18
	14%	23%	23%	100%	100%	263%	101%
43	884053.56	5.24	2041.47	141.01	3245.65	343.38	2719.13
	44%	44%	14%	100%	100%	129%	201%
44	1404736.88	11.31	4508.90	286.99	4347.04	970.98	5091.34
	49%	49%	11%	100%	100%	4284%	152%

DMU	정보화예산	정보화인력	정보화교육	내부정보화	전자결재	전자민원	주민교육
47	1643718.50	5.83	2855.80	161.98	10124.28	190.94	3277.69
	49%	49%	49%	100%	100%	377%	210%
48	2247684.44	8.26	2947.71	222.06	11440.92	104.54	11155.75
	36%	59%	12%	100%	164%	101%	100%
49	1808556.38	9.27	2185.93	142.00	10552.29	198.10	12771.94
	31%	31%	31%	100%	100%	100%	100%
50	1643418.38	9.91	12861.31	157.44	12903.89	1588.02	2819.10
	43%	43%	32%	136%	114%	100%	101%
51	1214977.31	6.12	2074.20	167.93	4863.75	309.26	4112.66
	34%	34%	32%	100%	100%	146%	99%
52	1396640.13	7.58	5489.33	175.97	8545.81	365.98	8492.94
	42%	42%	30%	100%	100%	813%	99%
53	2232649.70	13.80	6046.22	155.04	11719.77	562.99	63436.73
	52%	46%	28%	100%	100%	380%	100%
54	1104879.80	6.17	3104.33	133.33	7461.06	712.79	3607.43
	34%	36%	36%	102%	100%	100%	99%
55	686386.36	5.13	2761.69	128.02	3007.37	406.51	2331.36
	32%	32%	12%	100%	100%	265%	160%
56	1726927.66	9.48	6544.75	97.06	33793.62	264.27	1576.10
	66%	79%	76%	139%	100%	100%	100%
57	1776861.02	10.30	2914.35	284.05	5360.83	674.28	5637.53
	33%	33%	4%	100%	125%	243%	101%
58	1056123.02	7.77	6078.81	164.20	4866.25	993.76	2777.97
	80%	78%	80%	127%	100%	100%	591%
59	239418.62	1.06	431.46	29.09	1268.59	35.52	595.66
	26%	26%	27%	100%	101%	#DIV/0!	310%
60	874657.57	7.36	1140.76	137.11	3600.46	198.19	2106.01
	54%	53%	54%	100%	100%	305%	101%
61	1530134.07	5.43	2064.47	154.04	8193.08	108.52	4624.76
	66%	91%	65%	100%	396%	100%	100%
62	799782.65	3.69	2082.95	99.08	4497.62	138.96	2042.52
	41%	41%	27%	100%	100%	316%	175%
64	916101.29	7.60	2286.30	186.04	3417.43	641.95	3886.20
	37%	29%	26%	100%	100%	229%	100%
65	1742468.61	11.07	5551.38	169.02	26601.53	324.48	8326.19
	60%	48%	19%	100%	100%	203%	100%

DMU	정보화예산	정보화인력	정보화교육	내부정보화	전자결재	전자민원	주민교육
66	474602.61	3.34	1327.30	61.13	3890.17	187.87	5286.37
	44%	22%	35%	100%	100%	176%	100%
67	1459860.87	9.04	5199.23	168.88	6319.06	503.78	24199.82
	90%	90%	54%	100%	100%	190%	100%
68	987223.41	7.06	2895.17	140.01	11009.31	386.96	3140.21
	95%	88%	39%	100%	100%	2150%	98%
69	1632187.82	9.82	5445.02	121.08	25271.99	237.71	13431.65
	63%	36%	46%	100%	100%	100%	100%
71	684465.45	4.46	2076.80	70.02	8465.47	169.42	6122.59
	49%	30%	7%	100%	100%	253%	99%
72	907884.16	6.77	2506.19	141.97	7294.80	441.32	5334.94
	66%	62%	42%	100%	100%	315%	100%
73	2067121.03	8.80	3707.53	185.04	11526.75	350.23	19062.27
	16%	26%	26%	100%	100%	100%	100%
74	722477.27	5.93	1840.95	143.90	3388.45	486.66	2381.54
	57%	28%	28%	100%	100%	2863%	146%

242

- 군(CCR) -

DMU	정보화예산	정보화인력	정보화교육	내부정보화	전자결재	전자민원	주민교육
2	647785.20	3.59	4179.94	111.93	2021.55	58.98	1180.89
	40%	40%	6%	100%	133%	100%	425%
3	577960.13	4.44	1066.87	107.16	3814.03	39.42	305.01
	62%	89%	89%	100%	100%	100%	133%
4	638402.66	5.60	2032.49	147.91	3418.60	12.94	395.60
	56%	80%	80%	100%	100%	169%	135%
5	882159.88	5.18	4644.46	136.84	7582.64	53.24	1211.92
	42%	86%	53%	100%	100%	99%	126%
6	1045951.07	5.76	1720.91	129.06	6306.15	116.19	1677.63
	46%	58%	58%	100%	100%	100%	101%
7	1140059.11	7.97	2351.63	150.01	19022.49	49.24	868.38
	59%	89%	89%	100%	100%	100%	100%
8	537649.65	4.55	1353.64	111.63	3989.42	14.49	757.01
	37%	45%	45%	100%	100%	99%	99%
10	699096.25	5.67	973.15	123.93	7559.60	37.51	457.97
	48%	57%	57%	100%	100%	100%	151%
11	1122666.78	7.46	3377.69	138.93	18255.15	116.02	1260.11
	68%	68%	63%	100%	100%	100%	100%
12	484810.52	5.08	1156.73	128.99	442.31	28.55	1734.94
	46%	46%	5%	100%	#DIV/0!	98%	99%
13	1118020.65	6.59	5853.73	182.99	3656.61	54.75	4716.72
	52%	66%	66%	100%	115%	119%	100%
14	830081.11	5.38	4910.78	166.85	2551.81	24.51	729.93
	70%	77%	77%	100%	#DIV/0!	98%	97%
15	2432799.97	10.76	3383.09	232.14	3393.34	718.90	3400.46
	83%	83%	83%	100%	156%	100%	264%
16	693696.70	4.75	3660.24	137.97	2902.11	35.72	641.42
	79%	79%	50%	100%	100%	99%	99%
17	179338.10	1.68	292.58	32.86	1933.65	9.97	614.91
	26%	17%	26%	100%	100%	100%	98%
18	1094155.36	7.07	2287.77	170.17	1347.77	268.27	2374.90
	88%	88%	88%	100%	100%	100%	175%
19	597591.10	6.21	2138.86	137.97	914.11	39.89	5522.73
	69%	69%	62%	100%	#DIV/0!	173%	100%

DMU	정보화예산	정보화인력	정보화교육	내부정보화	전자결재	전자민원	주민교육
20	713886.63	7.65	907.64	197.16	705.63	26.45	1638.13
	63%	70%	70%	100%	101%	102%	101%
21	815128.79	6.60	3328.21	185.97	1902.99	14.08	1382.44
	69%	73%	73%	100%	#DIV/0!	141%	100%
22	544903.52	6.20	620.54	162.96	299.48	9.91	669.01
	40%	69%	68%	100%	#DIV/0!	96%	98%
24	1374249.69	6.42	7648.99	157.95	3870.15	247.96	9920.93
	71%	71%	71%	100%	#DIV/0!	1078%	100%
25	808798.18	5.09	1811.00	97.04	2789.27	15.62	9091.45
	38%	42%	42%	100%	1690%	98%	100%
26	1360235.85	7.42	3307.12	121.09	4331.48	136.70	17546.82
	56%	74%	74%	100%	123%	1367%	100%
27	787245.38	4.35	4317.95	120.80	2471.68	67.14	3542.83
	44%	73%	72%	100%	#DIV/0!	181%	100%
28	1847715.77	9.91	4473.26	157.51	5830.06	201.72	24297.80
	83%	83%	23%	136%	149%	1681%	100%
29	1575157.53	5.84	9980.17	143.89	8098.32	425.11	8669.46
	64%	65%	47%	100%	100%	163%	100%
30	851128.20	4.99	3054.32	123.19	4513.04	37.21	3968.01
	41%	42%	42%	100%	100%	101%	101%
31	548181.79	3.34	3012.94	97.07	1826.43	15.62	1649.46
	36%	37%	37%	100%	#DIV/0!	104%	100%
32	890805.33	6.00	3018.95	142.21	3502.71	43.25	6160.36
	99%	100%	100%	100%	100%	101%	100%
33	558230.77	2.55	2533.68	48.93	4330.55	106.94	3888.01
	44%	51%	51%	100%	100%	2139%	100%
34	795840.89	4.49	5156.91	140.07	2499.93	60.28	1460.39
	75%	75%	34%	100%	#DIV/0!	232%	100%
35	546494.98	3.42	3092.05	101.92	1747.92	17.60	1187.71
	40%	49%	49%	100%	#DIV/0!	98%	99%
36	1189685.77	6.15	7858.40	185.19	3517.07	154.03	3844.15
	77%	77%	45%	100%	518%	670%	100%
37	699238.66	5.44	2834.77	150.02	1573.50	32.57	1809.62
	49%	68%	68%	100%	#DIV/0!	101%	101%
38	645750.67	5.13	2921.88	145.80	1398.54	31.88	1047.12
	64%	64%	50%	100%	#DIV/0!	100%	99%

DMU	정보화예산	정보화인력	정보화교육	내부정보화	전자결재	전자민원	주민교육
39	760323.72	4.94	3335.39	118.87	3606.12	183.49	2454.08
	62%	62%	33%	100%	100%	100%	100%
40	740276.91	5.44	2818.53	143.12	1821.26	134.29	827.96
	54%	54%	54%	100%	100%	101%	192%
41	654174.10	5.34	2645.06	148.17	2790.42	15.43	385.34
	76%	76%	67%	100%	101%	103%	664%
42	74560.49	0.73	192.94	19.85	104.15	1.33	98.69
	9%	10%	10%	99%	#DIV/0!	#DIV/0!	88%
43	451659.89	4.61	561.80	117.03	1655.19	16.17	275.53
	72%	77%	77%	100%	100%	101%	262%
44	112524.02	1.28	179.37	25.07	208.83	28.56	619.06
	13%	12%	13%	100%	#DIV/0!	102%	101%
45	501391.72	3.38	2467.44	100.03	1602.62	15.99	444.72
	28%	56%	56%	100%	101%	100%	100%
46	656660.70	4.77	2830.15	131.06	1787.32	17.57	2110.11
	53%	68%	68%	100%	150%	98%	100%
48	966011.34	7.07	1541.81	141.20	5843.28	29.91	7767.29
	64%	64%	64%	100%	100%	100%	100%
49	492631.79	5.71	1040.87	114.08	4877.31	44.46	624.99
	48%	38%	21%	100%	100%	185%	102%
50	658233.05	5.73	1988.02	142.02	3266.49	97.26	623.73
	57%	57%	5%	100%	100%	100%	121%
51	708001.10	4.40	3432.61	118.89	2080.90	49.90	3159.78
	24%	24%	24%	100%	100%	100%	100%
52	1669349.90	8.94	9648.02	241.95	9679.76	248.21	4241.08
	81%	81%	65%	100%	100%	100%	108%
53	551466.26	3.33	2748.45	87.87	3176.89	18.77	2443.87
	33%	33%	25%	72%	85%	87%	97%
54	782728.35	6.08	2067.90	160.80	2049.78	40.74	1641.17
	42%	68%	67%	100%	100%	99%	100%
56	770617.20	4.57	4322.77	113.19	3475.41	64.35	5207.49
	38%	38%	8%	100%	100%	379%	100%
57	740694.08	5.00	2680.55	122.09	6341.18	19.84	1822.67
	26%	56%	56%	100%	100%	99%	100%

DMU	정보화예산	정보화인력	정보화교육	내부정보화	전자결재	전자민원	주민교육
58	714154.52	3.88	2907.08	93.83	5184.56	64.73	2453.97
	34%	43%	43%	100%	100%	100%	100%
59	569571.07	6.49	1642.53	127.00	4563.27	56.64	2471.06
	93%	50%	27%	100%	100%	142%	100%
61	1306491.69	6.03	6045.14	156.97	3924.83	307.23	3461.69
	86%	86%	86%	100%	100%	100%	118%
63	820163.52	4.51	5305.58	141.05	2665.11	70.13	1512.70
	32%	75%	46%	100%	100%	305%	100%
64	871554.83	5.75	3790.14	127.16	5361.18	283.55	1765.41
	41%	41%	37%	100%	100%	100%	137%
67	545217.53	3.13	3514.34	98.96	1739.03	33.59	747.57
	71%	78%	68%	100%	258%	99%	304%
68	1025648.45	5.25	6227.80	142.12	3038.71	263.82	3549.49
	87%	87%	68%	100%	#DIV/0!	100%	997%
69	627346.68	4.26	3154.87	111.08	2764.69	131.23	650.37
	85%	85%	38%	100%	100%	100%	239%
70	288942.35	3.44	300.32	84.04	791.11	13.86	400.58
	31%	31%	6%	100%	101%	99%	100%
71	904786.21	4.17	5559.08	112.89	4882.85	162.93	3372.50
	52%	60%	21%	100%	100%	1253%	100%
72	679062.53	5.01	2545.10	126.00	5597.19	12.11	1234.11
	50%	50%	37%	100%	100%	#DIV/0!	100%
73	756464.66	7.50	2663.40	139.91	6885.38	67.14	5223.30
	68%	68%	12%	100%	100%	168%	100%
74	469963.33	5.08	463.75	133.00	156.47	25.53	433.40
	42%	63%	63%	100%	#DIV/0!	98%	98%
75	536335.51	5.29	845.34	126.92	3314.51	44.76	612.93
	66%	66%	17%	100%	100%	99%	100%
76	689914.20	3.66	1663.16	98.31	1394.23	85.18	270.40
	35%	41%	41%	100%	101%	100%	102%
77	263724.74	2.95	410.90	79.00	170.28	4.82	161.07
	34%	37%	37%	100%	#DIV/0!	#DIV/0!	#DIV/0!
79	560320.80	5.28	849.69	120.17	5516.42	29.32	451.25
	59%	59%	13%	100%	100%	101%	#DIV/0!
80	1394575.13	7.36	3729.19	118.68	5939.75	165.87	16852.48
	82%	82%	24%	111%	100%	259%	100%

DMU	정보화예산	정보화인력	정보화교육	내부정보화	전자결재	전자민원	주민교육
81	724044.76	6.20	2452.65	149.16	3906.82	53.19	2706.21
	62%	62%	60%	100%	100%	100%	100%
82	1051668.69	6.09	4167.07	158.12	3324.26	138.45	4237.20
	54%	61%	61%	100%	100%	100%	100%
83	1175310.31	8.27	2184.20	142.86	13203.80	373.12	1562.21
	83%	83%	83%	100%	100%	100%	#DIV/0!
84	722770.93	4.11	2828.49	104.12	3789.59	44.00	3027.18
	49%	68%	68%	100%	100%	100%	100%
85	420890.30	3.81	742.83	69.82	5015.09	23.45	1679.70
	39%	29%	39%	100%	100%	#DIV/0!	99%
87	678009.70	4.39	4076.50	121.12	2270.73	52.37	2672.05
	55%	55%	45%	100%	99%	101%	100%

- 구(CCR) -

DMU	정보화예산	정보화인력	정보화교육	내부정보화	전자결재	전자민원	주민교육
1	1043819.83	10.09	3385.10	183.91	8859.18	501.25	2201.67
	67%	67%	67%	100%	100%	100%	199%
3	539776.14	4.43	1913.60	84.35	5268.56	112.95	1561.46
	44%	44%	20%	#DIV/0!	100%	105%	101%
5	1565032.62	9.25	4902.69	189.09	11058.40	212.56	8727.68
	77%	77%	66%	101%	97%	394%	101%
7	1599574.75	12.63	1084.39	194.62	9544.03	253.73	5126.87
	84%	84%	84%	117%	100%	875%	100%
8	1565241.82	11.55	4300.71	195.86	13167.90	322.49	5195.42
	89%	89%	89%	100%	100%	100%	100%
10	1664423.43	12.23	2833.00	222.01	12069.17	264.39	4009.30
	94%	94%	94%	100%	100%	508%	100%
11	1616616.14	8.66	6425.90	241.14	7393.45	236.94	5935.84
	79%	79%	79%	100%	100%	146%	100%
14	1086763.89	7.73	3658.26	151.82	9856.46	201.86	2515.25
	86%	86%	46%	100%	100%	374%	99%
15	1132511.37	8.55	4171.05	209.26	7260.77	264.34	3389.52
	61%	61%	42%	100%	100%	102%	101%
17	1522843.71	11.28	303.36	208.52	7889.15	264.05	3019.61
	81%	81%	81%	453%	100%	156%	146%
19	1966517.84	10.55	6362.95	234.92	14056.06	291.87	6006.24
	81%	81%	71%	100%	100%	99%	100%
20	1753370.81	8.37	7166.00	220.17	9249.17	334.74	4181.42
	70%	70%	70%	100%	100%	99%	196%
21	971327.90	10.89	4484.81	189.78	9747.68	210.84	13458.48
	80%	78%	67%	122%	100%	137%	100%
22	2746498.04	8.47	14095.18	141.09	9089.17	1936.39	15486.06
	94%	94%	29%	107%	100%	100%	100%
25	1168642.94	11.70	4434.58	230.07	11632.15	272.86	4561.91
	90%	90%	36%	100%	100%	146%	100%
26	321270.79	6.75	1338.80	120.05	186.27	67.23	2191.97
	61%	61%	8%	100%	#DIV/0!	182%	101%
27	1141959.82	8.96	1788.84	249.13	3512.94	146.87	2089.26
	60%	60%	60%	100%	100%	233%	116%

DMU	정보화예산	정보화인력	정보화교육	내부정보화	전자결재	전자민원	주민교육
29	392505.76	4.00	1224.04	126.99	12.85	35.72	775.00
	67%	67%	28%	100%	#DIV/0!	315%	100%
31	470234.12	4.23	1630.90	145.87	47.07	84.39	825.14
	60%	60%	44%	100%	#DIV/0!	96%	164%
32	468922.70	4.14	1562.64	135.18	413.11	90.20	1651.30
	46%	46%	47%	100%	#DIV/0!	105%	102%
33	249474.51	1.99	1207.64	67.06	116.90	125.85	613.10
	27%	33%	14%	100%	#DIV/0!	98%	103%
34	571561.29	3.87	1810.91	133.00	178.90	98.36	2168.78
	36%	55%	41%	100%	#DIV/0!	102%	101%
35	531643.55	4.32	1738.65	148.16	189.52	65.58	2201.62
	62%	62%	23%	100%	#DIV/0!	97%	102%
36	427574.25	3.28	1360.57	114.05	110.58	58.92	1456.85
	55%	55%	28%	100%	#DIV/0!	103%	102%
38	479632.31	3.95	2106.58	136.12	163.97	190.37	1035.59
	34%	49%	46%	100%	#DIV/0!	102%	100%
39	526043.84	4.59	1578.96	166.01	0.00	39.27	856.04
	82%	92%	53%	100%	#DIV/0!	207%	100%
40	345549.57	5.17	1392.09	118.92	47.07	98.25	764.96
	65%	65%	33%	100%	#DIV/0!	96%	1093%
41	489357.34	5.01	564.86	100.16	2802.31	122.94	1000.77
	46%	46%	46%	100%	100%	362%	357%
42	523630.98	6.42	2194.67	112.97	5462.97	135.85	3519.62
	40%	34%	17%	100%	100%	453%	100%
43	369172.94	3.69	1189.41	116.95	83.50	32.14	1257.79
	37%	37%	37%	100%	#DIV/0!	124%	98%
44	480117.89	6.43	1771.40	133.07	3053.77	108.26	992.33
	58%	58%	42%	100%	100%	271%	591%
45	480107.62	4.28	1559.19	121.99	962.50	83.20	3846.91
	43%	43%	43%	100%	#DIV/0!	100%	100%
46	530707.40	6.27	1922.53	147.97	2719.11	111.55	1135.10
	35%	35%	7%	100%	100%	99%	101%
47	570153.19	7.41	2431.50	129.93	5901.01	208.03	1252.70
	43%	31%	36%	100%	100%	97%	106%
48	1002003.43	4.57	3070.91	114.82	5771.15	106.88	1329.17
	76%	76%	76%	100%	100%	171%	509%

DMU	정보화예산	정보화인력	정보화교육	내부정보화	전자결재	전자민원	주민교육
49	716857.54	5.84	2073.24	154.91	3904.23	106.60	1210.47
	73%	73%	73%	100%	100%	124%	252%
51	591799.49	5.89	1253.88	121.22	4341.33	140.52	1176.00
	74%	74%	74%	100%	100%	180%	173%
52	1157026.74	6.76	3643.16	137.34	9776.60	187.59	1588.73
	61%	61%	27%	132%	100%	180%	368%
53	858856.97	7.45	3485.31	142.98	8439.56	295.84	1583.49
	47%	47%	3%	100%	100%	98%	101%
54	660209.34	4.68	3661.76	107.83	4103.95	450.36	1381.59
	94%	94%	44%	100%	100%	100%	102%
55	1124634.55	8.81	985.20	125.76	7226.81	239.65	2005.67
	88%	88%	88%	110%	100%	100%	538%
56	597731.78	7.19	2268.89	148.16	4800.79	138.11	2009.64
	90%	90%	33%	100%	100%	155%	100%
57	765575.92	8.23	3570.70	158.78	6854.79	229.56	7820.84
	48%	48%	16%	100%	100%	99%	100%
58	664245.48	8.93	2158.56	158.03	5608.38	182.74	1868.34
	56%	56%	56%	100%	100%	389%	100%
59	677774.01	8.02	2651.46	145.04	7699.37	191.81	1673.19
	47%	22%	17%	100%	100%	141%	100%
60	897535.68	14.65	4726.22	232.02	5402.00	268.45	14521.30
	54%	54%	37%	100%	100%	102%	100%
62	1134573.73	5.87	1372.98	142.81	5662.20	118.38	1902.37
	65%	65%	65%	100%	100%	168%	1087%
63	1121870.12	6.50	4676.98	179.15	5767.14	123.02	3268.23
	50%	50%	50%	100%	100%	99%	100%
64	1029645.75	5.64	4889.96	132.94	7309.50	132.63	1172.88
	81%	81%	76%	100%	100%	247%	167%
65	921708.38	8.38	6066.50	157.08	5192.18	508.15	18343.72
	84%	84%	60%	100%	100%	100%	100%
66	540592.20	6.01	2098.52	120.13	5297.84	132.88	2116.75
	67%	67%	65%	100%	100%	180%	100%
67	810190.07	6.11	2735.83	145.01	5725.15	142.45	1989.13
	61%	61%	23%	100%	100%	102%	101%
68	658353.30	9.03	1344.87	150.84	4535.25	191.24	1485.45
	84%	69%	84%	100%	100%	315%	313%
69	543415.26	8.41	1728.53	138.01	3717.20	149.12	2879.72
	100%	70%	100%	100%	100%	746%	100%

〈부록 3〉 SAS/DEA Module

1. LIBRARY 생성용

```
%macro data;
data NY;
infile &__OutData delimiter='09'X missover
dsd;
array NYarray(&__nOutput) $ NY1-
NY&__nOutput;
length unitname $ 50;
input unitname $
NYarray(*) $;
if __n__ eq 1 then output;
drop unitname;
run;
data AY DMUs;
infile &__OutData delimiter='09'X missover
dsd;
array AYarray(&__nOutput) AY1-AY&__nOutput;
length unitname $ 50;
input unitname $
AYarray(*);
if __n__ gt 1 then output;
run;
data NX;
infile &__InData delimiter='09'X missover
```

```
dsd;
array NXarray(&_nInput) $ NX1-NX&_NInput;
length unitname $ 50;
input unitname $
NXarray(*) $;
if _n_ eq 1 then output;
drop unitname;
run;
data AX;
infile &_InData delimiter='09'X missover
dsd;
array AXarray(&_nInput) AX1-AX&_nInput;
length unitname $ 50;
input unitname $
AXarray(*);
if _n_ gt 1 then output;
call symput('_nDmu',_n_-1);
run;
data DMUs;
set AY (keep=UnitName);
Uj0=_n_;
run;
%mend data;

%macro model;
%local i j j0;
data MODEL1;
```

```
%let __nUnit=&__nDmu;
array NYarray(&__nOutput) $ NY1-NY&__nOutput;
array AYarray(&__nOutput) AY1-AY&__nOutput;
array NXarray(&__nInput) $ NX1-NX&__NInput;
array AXarray(&__nInput) AX1-AX&__nInput;
array Jarray(&__nUnit) U1-U&__nUnit;
length __row__ $ 50 __col__ $ 50 __type__ $ 8;
keep __row__ __col__ __type__
__coef__;
J0=&jj; /* Jo is unit under assessment*/
if &__Orienta='InputMin' then do;
__type__='MIN';
__row__ ='OBJ';
__col__='.';
__coef__=.;
output;
__type__='.';
__row__ ='OBJ';
__col__ ='FI';
__coef__=1;
output;
__type__='.';
__row__ ='OBJ';
__col__='__rhs__';
__coef__=0;
output;
end;
```

```
link ReadNX;
do j= 1 to &_nUnit;
link ReadAX;


do i= 1 to &_nInput;
_col_ ='LA' || put(j,3.);
_row_ =NXarray(i);
_type_ ='.';
_coef_ =AXarray(i);
output;
if j=J0 then do;
select(&_Orienta);
when('InputMin') do;
_row_ =NXarray(i);
_type_ ='.';
_coef_ =-AXarray(i);
_col_ ='FI';
output;
_col_ ='_rhs_';
_row_ =NXarray(i);
_type_ ='LE'; *LE;
_coef_ =0;
output;
end;
when('OutputMax') do;
_row_ =NXarray(i);
_type_ ='LE';
```

```
__coef__ = AXarray(i);
__col__ = '__rhs__';
output;
end;
otherwise;
end;
end;
end;
end;
ReadNX: set NX; return;
ReadAX: set AX; return;
run;


data MODEL2;
%let __nUnit = &__nDmu;
array NYarray(&__nOutput) $ NY1-NY&__nOutput;
array AYarray(&__nOutput) AY1-AY&__nOutput;
array NXarray(&__nInput) $ NX1-NX&__NInput;
array AXarray(&__nInput) AX1-AX&__nInput;
array Jarray(&__nUnit) U1-U&__nUnit;
length __row__ $ 50 __col__ $ 50 __type__ $ 8;
keep __row__ __col__ __type__ __coef__;
J0 = &jj; * Jo is unit under assessment;
if &__Orienta = 'OutputMax' then do;
__type__ = 'MAX';
__row__  = 'OBJ';
__col__ = '.';
```

```
__coef__=.;
output;
__type__=',';
__row__ ='OBJ';
__col__ ='FI';
__coef__=1;
output;
__type__=',';
__row__ ='OBJ';
__col__='__rhs__';
__coef__=0;
output;
end;
link ReadNY;
do j= 1 to &__nUnit;
link ReadAY;
do r= 1 to &__nOutput;
__col__='LA' || put(J,3.);
__row__=NYarray(r);
__type__=',';
__coef__=AYarray(r);
output;
if j=J0 then do;
select(&__Orienta);
when('InputMin') do;
__col__='__rhs__';
__row__=NYarray(r);
```

```
__type__='GE';
__coef__=AYarray(r);
output;
end;
when('OutputMax') do;
__col__='FI';
__row__=NYarray(r);
__type__='.';
__coef__=-AYarray(r);
output;
__col__='__rhs__';
__row__=NYarray(r);
__type__='GE';
__coef__=0;
output;
end;
otherwise;
end;
end;
end;
end;
ReadNY: set NY; return;
ReadAY: set AY; return;
run;
data MODEL; set MODEL1 MODEL2; run;
%mend model;
```

```
%macro report;
data eff(drop=Uj0);
merge DMUs Eff;
by Uj0;
run;
proc sort data=Eff; by eff; run;
proc print data=Eff; run;
proc sort data=Eff; by UnitName; run;
proc print data=Eff; run;
%mend report;


%macro sasdea;
libname sasdea 'C:\sasdea';
proc datasets nolist; delete Eff Report1
report2; run;
%data;
%let __nUnit=&__nDmu;
%do jj=1 %to &__nUnit;
%model;
proc lp data=MODEL noprint sparsedata
primalout=lp2 dualout=lp3; run;
data EffJ0(keep=Uj0 eff); set lp2 (where=
(__var__='OBJ')); Uj0=&jj;
if &__Orienta='OutputMax' and __value__
ne 0 then Eff=1/__value__;else Eff=__value__;
run;
proc datasets nolist; append base=Eff
```

```
data=EffJ0; run;
data lp2; set lp2; Uj0=&jj;run;
proc datasets nolist; append base=Report1
data=lp2;run;
data lp3; set lp3; Uj0=&jj;run;
proc datasets nolist; append base=Report2
data=lp3;run;
%end;
%report;
%mend sasdea;
```

2. RUN을 위한 Module

```
%let __InData='a:\InVar.TXT';
%let __nInput=3;
%let __OutData='a:\Outvar.TXT';
%let __nOutput=4;
%let __Orienta='InputMin';
%sasdea;
```

· 저자 ·

김건위
(金虔煒)

· 약력 ·

명지대학교 법정대학 행정학과
명지대학교 대학원 행정학 석사
명지대학교 대학원 행정학 박사
충주대학교 행정학과 겸임교수
한국지방행정연구원 수석연구원

· 주요 논저 ·

「DEA를 통한 지방정부 정보화의 상대적 효율성 측정」
: 기초자치단체를 중심으로
「기초자치단체 정보화의 효율성 측정에 관한 연구」
「지방정부의 정보공동활용 활성화 방안」
외 다수

DEA를 통한 지방행정 정보화

· 초판 인쇄	2006년 3월 20일
· 초판 발행	2006년 3월 20일
· 지 은 이	김건위
· 펴 낸 이	채종준
· 펴 낸 곳	한국학술정보㈜
	경기도 파주시 교하읍 문발리 526-2
	파주출판문화정보산업단지
	전화 031) 908-3181(대표) · 팩스 031) 908-3189
	홈페이지 http://www.kstudy.com
	e-mail(e-Book사업부) ebook@kstudy.com
· 등 록	제일산-115호(2000. 6. 19)
· 가 격	17,000원

ISBN   89-534-4680-5 93350 (Paper Book)
       89-534-4681-3 98350 (e-Book)